Erhaltungsarbeiten im Streik

Europäische Hochschulschriften
Publications Universitaires Européennes
European University Studies

Reihe II
Rechtswissenschaft

Série II Series II
Droit
Law

Bd./Vol. 3012

PETER LANG
Frankfurt am Main · Berlin · Bern · Bruxelles · New York · Oxford · Wien

Jana Kraus

Erhaltungsarbeiten im Streik

PETER LANG
Europäischer Verlag der Wissenschaften

Die Deutsche Bibliothek - CIP-Einheitsaufnahme

Kraus, Jana:

Erhaltungsarbeiten im Streik / Jana Kraus. - Frankfurt am Main ; Berlin ; Bern ; Bruxelles ; New York ; Oxford ; Wien : Lang, 2000
(Europäische Hochschulschriften : Reihe 2, Rechtswissenschaft ; Bd. 3012)
Zugl: Marburg, Univ., Diss., 2000
ISBN 3-631-36807-0

D 4
ISSN 0531-7312
ISBN 3-631-36807-0

Vorwort

Ich bedanke mich sehr herzlich bei Herrn Professor Dr. Winfried Mummenhoff für die Betreuung dieser Dissertation. Dank schulde ich des weiteren Herrn Professor Dr. Erich Schanze für die zügige Erstellung des Zweitgutachtens.

Herrn Hauke Rinsdorf bin ich für seine ständige Bereitschaft zu Diskussionen über die Arbeit, aus denen ich stets wertvolle Anregungen mitnehmen konnte, zu großem Dank verpflichtet. Ohne die geduldige und zuverlässige Betreuung durch Herrn Mike Bezold hätte ich die Arbeit zu diesem Zeitpunkt noch nicht fertig gestellt.

Das Manuskript ist am 23.04.2000 abgeschlossen worden.

Ich widme die Dissertation meinen Eltern.

Marburg, im August 2000 Jana Kraus

Inhaltsverzeichnis

§ 1 Einleitung - Begriffsbestimmung und Problemdarstellung

Das gewöhnliche Bild eines Streiks ist die Arbeitsniederlegung in den betroffenen Bereichen durch große Teile der dort beschäftigten Arbeitnehmer. Gerade mit der Vorenthaltung ihrer einzelvertraglich geschuldeten Arbeitsleistung wollen die Arbeitnehmer, vertreten durch die Gewerkschaften, das von ihnen angestrebte Ziel, meist eine Lohnerhöhung, erzwingen. Dabei leuchtet ein, daß sich in der Regel der gewünschte Erfolg um so schneller einstellen wird, je stärker der ausgeübte Druck, bestimmt durch das Ausmaß der Arbeitsniederlegung, ist. Trotzdem wird in jedem Fall eine Grundversorgung aufrechterhalten, also in einem gewissen Mindestumfang weitergearbeitet.

Illustriert werden kann das am Beispiel eines Hüttenwerkes. Um zu verdeutlichen, daß es sich bei der Stahlindustrie nicht um einen Randindustriezweig handelt, dem nur noch geringe wirtschaftliche Bedeutung zukommt, muß man sich klarmachen, daß es sich bei den heute in Deutschland befindlichen Stahlwerken zum größten Teil um hochmoderne und -produktive Anlagen handelt. Ihre Produkte sind für große Teile des verarbeitenden Gewerbes, wie zum Beispiel die Autoindustrie, den Maschinenbau, die Elektroindustrie oder die Hausgeräteindustrie unverzichtbar.

Das Herzstück eines Hüttenwerkes sind die Hochofenanlagen, in denen aus Eisenerz, Koks und Zuschlägen Eisen erschmolzen wird.[1] Dem Hochofen wird das Roheisen in regelmäßigen Abständen entnommen und in Torpedopfannen per Bahn zum Stahlwerk transportiert. Dort erfolgt durch anlagenspezifische Verfahren (Siemens-Martin-Verfahren, Windfrisch- oder Sauerstoff-Wasserdampfverfahren, Sauerstoffblasverfahren, Elektrostahlverfahren) die Stahlschmelze. Durch den Abstich des Konverters wird der Flüssigstahl in Stahlpfannen abgegossen. Im abschließenden Gießprozeß kann der Stahl bereits seine endgültige Gestalt annehmen, wenn er in Formen für Fertigprodukte mit größeren Abmessungen gegossen wird. Der größte Teil des Rohstahls erhält seine endgültige Gestalt jedoch erst durch Walzen, Schmieden oder Pressen. Für diese Weiterverarbeitungsstufen wird der Rohstahl zunächst zu Blöcken, Knüppeln oder Brammen gegossen oder in der Stranggußanlage in einen kontinuier-

---

1 Die gesamte Darstellung nach *Hindrichs*, Neue Technologien, S. 185ff.

lichen Strang. Um den Stahl anschließend walzen oder schmieden zu können, muß er im Wärmeofen auf bestimmte Temperaturen wiedererwärmt werden. Im Warmwalzwerk werden auf verschiedenen sogenannten Straßen unterschiedliche Produkte gewalzt. Die dabei unter anderem entstehenden Bleche gelangen zum Teil in das Kaltwalzwerk, wo sie zu Blechen von noch geringerer Stärke weitergewalzt werden. Charakteriskum von Hüttenwerken ist der vollkontinuierliche Betrieb eines Großteils dieser Anlagen, für die vier Schichtbelegschaften rund um die Uhr das ganz Jahr über eingesetzt werden. Dies gilt für Hochöfen, die ohne Unterbrechung mit Eisenerz, Koks und Zuschlägen beschickt werden müssen, und für die Stahlwerke, die Gießanlagen, die Wärmeöfen und zum Teil die Warmwalzwerke. Um diese Anlagen zu betreiben, muß außerdem die gesamte Energie-, Strom-, Gas-, Wasser- und Windversorgung ununterbrochen aufrechterhalten werden.

Im Falle eines Arbeitskampfes kann zwar die Gesamtproduktion stillgelegt werden, trotzdem wird zum Teil weitergearbeitet. So ist es notwendig, die Hochöfen weiter zu beschicken und so unter Feuerung zu halten, daß ein Erstarren des Möllers, das heißt der Mischung aus Eisenerz, Koks und Kalk verhindert wird. Eine Einstellung dieser Arbeiten würde ein Zusammenbrechen der Ofenausmauerung und weitere Schäden an der Hochofenanlage nach sich ziehen. Bei älteren Anlagen ist es zudem notwendig, verzögerte Abstiche (etwa alle 8 Stunden) vorzunehmen, nur bei modernen Anlagen können die Hochöfen so unter Feuer gehalten werden, daß überhaupt kein Eisen mehr erschmolzen wird. Das an einem heruntergefahrenen Hochofen abgestochene Roheisen, das sogenannte Masselgut, kann nicht weiterverarbeitet werden. Es muß aufbewahrt werden, um später wieder eingeschmolzen werden zu können. Um den Hochofenbetrieb unter Feuer halten zu können, müssen auch in den ihm zugeordneten Anlagen der Energie-, Strom-, Gas-, Wasser- und Winderzeugung Arbeitnehmer weiter tätig sein. Auch in der Sinterei, die den Möller erstellt, muß zum Teil weitergearbeitet werden. Ist im Stahlwerk der Konverter zu Beginn des Streiks noch gefüllt, muß auch dort die Arbeit entweder bis zum Abstich fortgesetzt oder eine Mindesttemperatur aufrechterhalten werden, um ein Erstarren des Schmelzgutes und Beschädigungen der Anlagen zu vermeiden. Weiterhin ist bei den Wärmeöfen die Einhaltung einer Mindesttemperatur notwendig. Das Walzwerk kann in der Regel stillgelegt werden. Findet der Streik allerdings im Winter bei Frosttemperaturen statt, müssen die Walzen am Laufen gehalten werden, ohne daß der Stahl verwalzt werden muß. Dies ist deshalb notwendig, weil die Walzen durch Wasserdruck angetrieben werden. An dieser Darstellung ist ersichtlich, daß trotz eines Streiks eine Vielzahl von Tätigkeiten durchgeführt werden muß, wenn ueber den Produktionsausfall hinausgehende Schäden vermieden werden sollen.

Dieses Phänomen wird als Erhaltungsarbeiten bezeichnet. Es ist Gegenstand einer stetig fortdauernden und nie beendeten Diskussion.[2] Betrachtet man die Brisanz des Themas Erhaltungsarbeiten, erklärt sich das Verhältnis des Diskurses zur Stellung der Erhaltungsarbeiten als Teil des Arbeitskampfrechts. Mit der Festlegung des Ausmaßes dieser Arbeiten, sowohl personell als auch bezüglich der zu verrichtenden Tätigkeiten kann Einfluß auf den Arbeitskampf genommen werden, der bis zur Beendigung desselben reicht. Das betrifft auch die Frage, welche Seite des Arbeitskampfes für die Erhaltungsarbeiten zuständig ist. Trotz der zum Teil umfangreichen Erörterungen wurden jedoch bisher keine abschließenden Lösungen für die Hauptstreitpunkte dieser Diskussion angeboten. Es handelt sich dabei um die Fragen, welche Tätigkeiten von Erhaltungsarbeiten überhaupt erfaßt werden, wer sie organisieren und die dafür benötigten Arbeitnehmer auswählen darf, wie bei einer Nichtvornahme der Erhaltungsarbeiten zu reagieren ist und welche Möglichkeiten einer vertraglichen Vereinbarung bestehen. Besonders der letzte Punkt gewinnt durch die laufende Debatte über eine Flexibilisierung der Tarifverträge, das Aufbrechen des Systems der Flächentarifverträge und der Suche nach betriebsnahen Lösungen eine besondere Bedeutung. Zu beachten ist zudem, daß in unserer vom Konsensgedanken geprägten Zeit die friedensstiftende Wirkung von Vereinbarungen nicht gering geschätzt werden sollte, so daß diese Problematik einen Hauptschwerpunkt der Untersuchung bilden soll.

Eine Untersuchung der Erhaltungsarbeiten als Phänomen im Streik ist jedoch erst möglich, wenn Klarheit über den Begriff selbst besteht. Zunächst ist es daher notwendig zu beschreiben, was der Begriff Erhaltungsarbeiten umfaßt.

I. Begriffsbestimmung

Dem Streik als Arbeitskampfgeschehen ist, wie schon gesagt, immer die kollektive Arbeitsniederlegung wesenseigen. [3] In Kauf genommen wird dabei eine Vermögensschädigung des Arbeitgebers, der Produktions- und Umsatzausfälle

---

2 Siehe nur als letzten Beitrag *Bauer/Haußmann*, DB 1996, 881.

3 Siehe nur MünchArbR/*Otto*, § 274, RdNr. 10.

erleidet, gleichzeitig aber die laufenden Kosten weiter finanzieren muß. Bei längeren Arbeitskämpfen droht zudem ein Verlust von Marktanteilen.[4] Darüber hinaus ist in jedem Fall die Allgemeinheit betroffen, wobei das Ausmaß dieser Folgen von der Art und Weise der Kampfführung abhängt. So kann die Allgemeinheit als eher zufälliges Opfer, als in die Kampfstrategie eingeplante mittelbar wirtschaftlich Betroffene oder als mittelbar Leidtragende der Auseinandersetzungen, wie zum Beispiel bei Streiks des öffentlichen Dienstes, miteinbezogen sein. Diese Nachteile werden jedoch wegen der Funktion des Arbeitskampfes als Mittel der Tarifautonomie in Kauf genommen.[5]

Eine konsequent bis zum äußerst Möglichen durchgeführte Arbeitsniederlegung würde aber zu Notsituationen sowohl für den betroffenen Betrieb als auch seine Umwelt[6], demzufolge für die Allgemeinheit führen, die über die eben genannten Schäden weit hinausgehen. Um sich das zu verdeutlichen, muß man nur die anfangs genannten, im Hüttenwerk entstehenden Störungen oder die Schäden betrachten, die entstehen, wenn eine chemische Anlage während eines Streiks nicht weiter betreut wird oder wenn in einem Bergwerk Wasserhaltung, Grubenbau und Wetterführung nicht gewährleistet sind.[7] Im schlimmsten Fall würden die weiterlaufenden chemischen Reaktionen in einer derartigen Anlage zur vollständigen Zerstörung dieser führen, mit der weiteren Folge, daß Emissionen freigesetzt werden, die möglicherweise umwelt- und gesundheitsgefährdend sind. Ein Bergwerk, dessen Grunderhaltungsfunktionen, wie Belüftung und Abpumpen des Wassers, nicht sichergestellt sind, ist nach einer gewissen Zeit nicht mehr funktionsfähig; es wird vollkommen unbrauchbar, die noch lagernden Rohstoffe können nicht mehr erschlossen und abgebaut werden. Zusammenfassend ist also festzuhalten, daß über die normalen Streikvermögensschäden hinaus weitere Rechtsgüter beeinträchtigt werden.

Um die Gefährdung beziehungsweise Beeinträchtigung derartiger Rechtsgüter zu verhindern, werden daher trotz Streiks bestimmte Arbeiten fortgesetzt. Grundmerkmal dieser Arbeiten ist die Gewährleistung unaufschiebbaren

---

4 MünchArbR/*Otto*, § 275, RdNr. 33.

5 Vgl. nur *Heckelmann*, Erhaltungsarbeiten, S. 7.

6 Der Begriff wird hier nicht nur im biologisch-geographischen Sinn, sondern auch im gesellschaftlichen gebraucht.

7 Beispiele siehe *Apfel*, Sicherung, S. 25 und *Breitenstein*, Organisation, S. 3 mwN.

Rechtsgüterbestandsschutzes.[8] Sie sind mit dem zusammenfassenden Oberbegriff „Notarbeiten" zu charakterisieren. [9] Allerdings ist diese Bestimmung noch sehr allgemein und reicht als weitere Arbeitsgrundlage nicht aus. Es muß daher eine detailliertere Begriffsbestimmung vorgenommen werden. Orientiert man sich bei der Konkretisierung des Begriffs Notarbeiten an der eben vorgenommenen Ermittlung der möglichen Schadensrichtungen, so fällt auf, daß es verschiedene Einwirkungsrichtungen gibt. Zum einen wird die Allgemeinheit betroffen, zum anderen der Betrieb, der Streikort, selbst. Es läßt sich also schon jetzt eine Unterscheidung bei den Notarbeiten hinsichtlich ihrer Schutzrichtung vornehmen. Je nachdem, ob die Rechtsgüter der Allgemeinheit oder der Betrieb und damit vorrangig, aber nicht nur, die Rechtsgüter des Arbeitgebers geschützt werden sollen, handelt es sich um unterschiedliche Vorgänge.

1. Notstandsarbeiten

Entfaltet ein Streik demnach Wirkungen, die weit über das eigentliche Beziehungsfeld hinausgehen und Unbeteiligte treffen, werden somit auch die Rechtsgüter Außenstehender, die sich nicht im Arbeitskampf befinden, berührt.[10] Dies können zum Beispiel die genannte Beeinträchtigung der Mobilität der Bevölkerung durch Streiks im Verkehrsgewerbe oder eine Beeinträchtigung der medizinischen Versorgung durch Streiks im Gesundheitswesen sein. Tätigkeiten, die zur Sicherung zumindest einer Grundversorgung dieser Rechtsgüter erbracht werden, sind demzufolge im Interesse Dritter oder der Allgemeinheit zur Aufrechterhaltung einer Mindestversorgung mit lebensnotwendigen Gütern notwendig. Arbeiten, die diese erforderliche Mindestversorgung zur Befriedigung der elementaren persönlichen, sozialen und staatlichen Bedürfnisse gewährleisten, sind als Notstandsarbeiten zu bezeichnen.[11] Hierunter fallen insbesondere die Versorgung mit Nahrung, Energie und Wasser, die Sicherstellung der Gesundheitsbetreuung, des Verkehrs, der Post, des Fernmeldewesens, der Feuer-

---

8 *Apfel*, Sicherung, S. 25, *Breitenstein*, Organisation, S. 3.

9 Vgl. dazu *Däubler*, AuR 1981, 257, 257 und *Oetker*, Erhaltungsarbeiten, S. 1 sowie *Breitenstein*, Organisation, S.4.

10 Siehe *Apfel*, Sicherung, S. 26.

11 Statt aller MünchArbR/*Otto*, § 278 RdNr.140 und Däubler/*Schumann*, Arbeitskampfrecht, RdNr. 225a.

wehr und der öffentlichen Hygiene sowie der Landesverteidigung und inneren Sicherheit.[12]

Diese Notstandsarbeiten erfolgen aber nicht im Interesse beider Kampfparteien, sondern im Interesse Dritter oder der Allgemeinheit. Hauptziel ist nicht die Fortführung der betrieblichen Tätigkeit selbst, die bei den sogenannten Erhaltungsarbeiten im Vordergrund steht. Notstandsarbeiten haben damit eine ganz andere Schutzrichtung als die Erhaltungsarbeiten. Es geht um den Schutz und die Sicherung von Gemeinwohlinteressen.

Allerdings gibt es durchaus Fallgestaltungen, in denen sich Notstands- und Erhaltungsarbeiten decken. So sind zum Beispiel Tätigkeiten zum Schutz der Anlagen in einem Kernkraftwerk immer auch Tätigkeiten zum Schutz der Allgemeinheit und zur Sicherstellung der Versorgung mit Energie. Ein anderes Beispiel ist das bereits genannte der nicht überwachten Chemieanlage, bei der eine Beschädigung oder sogar Zerstörung immer auch Gesundheit und Leben der Menschen in der näheren und weiteren Umgebung betreffen würde. Dies rechtfertigt trotzdem nicht eine generelle Gleichsetzung von Notstands- und Erhaltungsarbeiten. Regelmäßig liegt der oben aufgezeigte Unterschied vor, Fälle wie der Schutz eines Atomkraftwerkes sind Ausnahmen.[13] Primär geht es bei den Notstandsarbeiten um den Schutz der Allgemeinheit, nicht um die Verhinderung der Zerstörung des Betriebes. Die Notstandsarbeiten sind deshalb von den Erhaltungsarbeiten zu unterscheiden. Da die Erhaltungsarbeiten hier im Zusammenhang mit der Führung eines gleichgewichtigen Arbeitskampfes gesehen werden, womit die Belange der Allgemeinheit nur mittelbar tangiert werden, sollen die Notstandsarbeiten im folgenden auch nicht in die Betrachtung miteinbezogen werden.

2. Erhaltungsarbeiten

Betrachtet man nun die Gefahren, die im Betrieb selbst durch einen Arbeitskampf entstehen, so sind unter den sekundären die augenfälligsten die Schädigung von Produktionsanlagen, von Rohstoffen oder bereits gefertigten Produkten beziehungsweise sogar deren völlige Zerstörung.[14] So werden bei dem dar-

---

12 MünchArbR/*Otto*, § 278 RdNr. 140 iVm *Birk*, *Konzen* u.a., Entwurf, S. 55 (Begründung).

13 Siehe dazu auch *Apfel*, Sicherung, S. 27f.

14 Vgl. *Hohenstatt*, Erhaltungsarbeiten, S. 13.

gestellten Beispiel des Hütten- und Stahlwerkes bei einer vollständigen Stillegung die Grundlage der Produktion, die Hochöfen zerstört. Um eine Schädigung dieser Güter und damit der Rechtsgüter des Arbeitgebers, wie Eigentum oder eingerichteter und ausgeübter Gewerbebetrieb, zu verhindern, ist in bestimmten und noch abzugrenzenden Fällen ein Mindestbestand an Weiterarbeit notwendig. Dazu kommt, daß eine Vernichtung der Produktionsanlagen dazu führt, daß eine Rückkehr der Arbeitnehmer an ihren Arbeitsplatz nach Streikende und damit die Ausnutzung der erkämpften Arbeitsbedingungen nicht möglich ist. Diese trotz Streiks fortlaufenden Tätigkeiten sollen demzufolge zu nichts anderem als der Gewährleistung von Arbeit und Produktion nach dem Arbeitskampf dienen, der, wenn seine Dauer oder Intensität die Fortsetzung der durch den Kampf unterbrochenen Arbeitsleistungen verhindert, die Kämpfenden auf beiden Seiten selbst schädigt.[15] Demnach sind primär der Arbeitgeber, sekundär aber auch die Arbeitnehmer Schutzobjekte dieser bereits als Erhaltungsarbeiten benannten Tätigkeiten.[16] Es handelt sich daher bei den Tätigkeiten, die den oben genannten Zwecken dienen, um eine Form von Notarbeiten, mit denen die Funktionsfähigkeit des Betriebes gewährleistet werden soll[17], das heißt es geht bei Erhaltungsarbeiten nur um Arbeiten, die im Interesse beider Kampfparteien erfolgen, um den Betrieb in seiner Substanz aufrechtzuerhalten.

Faßt man dies zusammen, ergibt sich folgende Definition: Unter Erhaltungsarbeiten werden diejenigen Arbeiten verstanden, die erforderlich sind, um für die Dauer des Arbeitskampfes die sächlichen Betriebsmittel in dem Zustand zu erhalten, in dem sie sich bei Beginn des Arbeitskampfes befinden, damit nach Beendigung des Kampfes die Rechtsgüter des Arbeitgebers noch nutzbar sind und die Arbeit wieder aufgenommen werden kann.[18]

3. Abgrenzung zur Streikarbeit

Bei den Tätigkeiten, die Arbeitnehmern in unmittelbar kampfbetroffenen Betrieben während eines Arbeitskampfes aufgetragen werden, muß es sich jedoch

---

15 Siehe *Heckelmann*, Erhaltungsarbeiten, S. 7.

16 Vgl. zum Begriff *Breitenstein*, Organisation, S. 5 und *Hohenstatt*, Erhaltungsarbeiten, S. 13 mwN.

17 MünchArbR/*Otto*, § 278 RdNr. 141.

18 BAG AP Nr. 74 zu Art. 9 GG Arbeitskampf unter II. 1.; MünchArbR/*Otto*, § 278 RdNr. 141; *Hohenstatt*, Erhaltungsarbeiten, S. 13 mwN.

nicht zwingend um Erhaltungs- oder Notstandsarbeiten handeln. Unter Umständen kann auch Streikarbeit vorliegen.

Bei der Abgrenzung ist zwischen direkter und indirekter Streikarbeit zu unterscheiden.[19] Indirekte Streikarbeit liegt nur vor bei Hilfestellungen oder dem Auffangen einer durch den Arbeitskampf hervorgerufenen Betriebsstörung in mittelbar betroffenen Betrieben.[20] Dies ist zum Beispiel der Fall, wenn in einem mittelbar betroffenen Betrieb der Arbeitgeber seine Arbeitnehmer anweist, die benötigten Produkte oder Produktbestandteile, die sonst der bestreikte Zulieferer liefert, in seinem Betrieb selbst herzustellen. Auch die vollständige oder teilweise Übernahme der Produktion eines bestreikten Betriebes oder die Ausführung von Dienstleistungen ist als indirekte Streikarbeit einzuordnen.[21] Bei der Frage der Erhaltungsarbeiten geht es hingegen immer um Arbeiten in unmittelbar kampfbetroffenen, also zum Zeitpunkt des Arbeitskampfes nicht produzierenden Betrieben, so daß eine Abgrenzung nur zur direkten Streikarbeit zu treffen ist. Diese liegt dann vor, wenn von einem Arbeitnehmer Verrichtungen gefordert werden, die bisher von den Streikenden erledigt wurden und die allein wegen des Streiks diesem Arbeitnehmer übertragen werden.[22]

Da nun Erhaltungsarbeiten, wie oben ausgeführt, lediglich die Funktionsfähigkeit des Betriebes, also die Erhaltung der sächlichen Betriebsmittel, gewährleisten sollen, können sie dann nicht vorliegen, wenn es bei den Tätigkeiten um mehr als diese Erhaltung geht. In einem solchen Fall handelt es sich um Streikarbeit.[23] Es geht dann darum, alle negativen Folgen des Arbeitskampfes zu kompensieren und diesen damit zu unterminieren. Demgegenüber sollten Erhaltungsarbeiten arbeitskampfneutral[24] sein. Die vom Arbeitnehmer geforderte Arbeit darf deshalb nicht geeignet sein, den Arbeitskampf dergestalt zu beeinflussen, daß durch eine "Produktivität" der Tätigkeit ein Ungleichgewicht im Arbeitskampf hervorgerufen werden kann.[25] Erhaltungsarbeiten sollen den Arbeitskampf weder fördern noch hindern, sondern nur einen Neuanfang nach

---

19 Vgl. nur *Hueck/Nipperdey*, ArbR I, S. 203 f. und *Birk*, *Konzen* u. a., Entwurf,S 46.

20 *Nicolai*, Streikarbeit, S. 46.

21 Beispiele nach *Nicolai*, Streikarbeit, S. 22 ff.

22 BAG AP Nr. 3 zu § 615 BGB Betriebsrisiko, BL. 620; BAG AP Nr. 86 zu Art. 9 GG Arbeitskampf unter B. II. der Gründe.

23 Vgl. auch Abgrenzung bei *Nicolai*, Streikarbeit, S. 28.

24 So *Birk*, *Konzen* u. a., Entwurf, S. 56.

25 *Büchner*, Streikarbeit, S. 117.

dem Ende des Kampfes ermöglichen. Die Vermeidung jeglicher Streikschäden gehört dazu nicht. Tätigkeiten, die dies bezwecken sollen, sind deswegen nicht als Erhaltungsarbeiten, sondern als Streikarbeit einzuordnen.

II. Problemstellung und Gang der Untersuchung

Aus dieser Begriffsbestimmung, die trotz der vorgenommenen Abgrenzungen immer noch sehr abstrakt und allgemein ist, ergibt sich vordergründig die Frage, welchen genauen Umfang Erhaltungsarbeiten im Streik haben. Vorab läßt sich dazu folgende examplarische Darstellung geben, die zur besseren Orientierung von einer Kategorisierung in drei Bereiche ausgeht: [26]

Zum einen ist der Schutz der Produktionsanlagen und der Werksschutz zu nennen. Dazu zählen zum Beispiel der Schutz temperaturempfindlicher Anlagen vor dem Einfrieren, die Überwachung von Heizungsanlagen, Schutz vor Korrosion von Maschinen und Anlagen oder die Besetzung und Wartung von Kesselanlagen, Turbinen, Generatoren oder Schaltanlagen.[27] Das klassische Beispiel ist der bereits erwähnte Hochofen beziehungsweise das gefährdete Bergwerk.[28] Schon hier ist fraglich, inwieweit dabei produktive Tätigkeiten verrichtet werden dürfen. Ebenfalls in die Fallgruppe Schutz der Produktionsanlagen einzuordnen ist die Abwehr äußerer Gefahren, wie zum Beispiel Diebstahl oder Sachbeschädigung mittels eines entsprechenden Werksschutzes.[29]

Neben den sächlichen Betriebsmitteln, deren Substanz durch Erhaltungsarbeiten geschützt werden soll, werden gerade im industriellen Produktionsprozeß Werkstoffe, also Ausgangs- und Grundstoffe, für die Erzeugung von Produkten[30] verwandt. Tätigkeiten, die im Arbeitskampf diese Werkstoffe schützen sollen, werden zu den sogenannten Abwicklungsarbeiten gerechnet. Es handelt sich dabei um Tätigkeiten, die zur Abwicklung der Arbeitseinstellung gehören

---

26 Ein Überblick über mögliche geforderte Arbeiten im Streik wird in den Arbeitskampfrichtlinien der Arbeitgeberverbände gegeben, vergleiche nur Arbeitskampfrichtlinien-Gesamtmetall, S. 12f.

27 Bezgl. der Beispiele siehe nur Arbeitskampfrichtlinien-Gesamtmetall, S. 13.

28 Siehe *Apfel*, Sicherung, S. 39f.

29 Siehe dazu nur *Buschmann*, AuR 1980, 230, 234.

30 Vgl. dazu *Bestmann*, Betriebswirtschaftslehre, S. 250; *Gutenberg*, Betriebswirtschaftslehre, S.3.

und den Verderb von Werkstoffen und bereits produzierter Ware verhindern sollen.[31] Dazu gehören aber auch Arbeiten, die dem Warenaustausch dienen, einschließlich der Entgegennahme von Waren im Arbeitskampf. Im Gegensatz zu den Erhaltungsarbeiten, die der Sicherung und Wartung von Produktionsanlagen dienen, sind Tätigkeiten, die zu den Abwicklungsarbeiten gehören, nicht so unproblematisch als Erhaltungsarbeiten einzuordnen.[32] Hier kann die Gefahr bestehen, daß eine extensive Einordnung von Tätigkeiten als Erhaltungsarbeiten den Streik unterläuft und wirkungslos macht.

Neben Betriebsmitteln und Werkstoffen verfügt ein Unternehmen auch über sogenanntes immaterielles Kapital wie zum Beispiel Patente, Urheberrechte, aber auch einen gesicherten Kundenstamm und den guten Ruf eines Unternehmens. Auch die Aufrechterhaltung dieser Beziehungen zum Beispiel mit dem Ziel, das Abwandern von Kunden zu verhindern, wird zum Teil zu den Erhaltungsarbeiten gerechnet.[33] Bei den ebenfalls erwähnten Annexarbeiten handelt sich um für die Erbringung von Erhaltungsarbeiten notwendige Tätigkeiten[34], also Vorarbeiten, Hilfs- oder Unterstützungsdienste.

Schon diese grobe Eingrenzung des Umfanges der Erhaltungsarbeiten ist indes, wie das bisher Gesagte zeigt, nicht unumstritten. Der Gang der Untersuchung ist damit vorbestimmt. Trotz der Einigkeit darüber, daß Erhaltungsarbeiten im Streik erbracht werden müssen[35], ist es demzufolge notwendig, die Untersuchung mit der Beantwortung der Frage zu beginnen, warum Erhaltungsarbeiten im Streik überhaupt erbracht werden müssen. In Frage kommt eine individualrechtliche oder eine kollektivrechtliche Begründung. Wenn man jedoch von der Prämisse ausgeht, daß Erhaltungsarbeiten eine notwendige Beschränkung des Streiks darstellen, läßt sich danach der genaue Umfang der Erhaltungsarbeiten bestimmen. (§ 2)

Mit der dogmatischen Fundierung ist aber noch nicht gesagt, warum Arbeitnehmer, deren Arbeitspflicht bei Teilnahme am Streik suspendiert ist, verpflich-

---

31 *Löwisch/Mikosch*, ZfA 1978, 153, 162; *Oetker*, Erhaltungsarbeiten, S. 17f.; *Schiffer*, Erhaltungsarbeiten, S. 81.

32 Zum Streitstand siehe nur *Hohenstatt*, Erhaltungsarbeiten, S. 15 FN 14.

33 So *Schell*, BB 1969, 1179, 1180.

34 *Oetker*, Erhaltungsarbeiten, S. 28.

35 *Bauer/Haußmann*, DB 1996, 881, 881 mit FN 3.

tet sein sollen, Erhaltungsarbeiten zu leisten. Hier ist festzustellen, woraus sich diese Verpflichtung für den einzelnen Arbeitnehmer ergibt. (§ 3) Daran schließt sich die Überlegung an, welche Seite im Arbeitskampf, Arbeitgeber oder Gewerkschaft, berechtigt ist, die Arbeitnehmer, deren einzelvertragliche Verpflichtung feststeht, auszuwählen, die für Erhaltungsarbeiten benötigt werden. Insbesondere soll hier die Frage einer gemeinsamen Auswahl aufgeworfen werden. (§ 4)

In diesem Zusammenhang ergibt sich das Folgeproblem, welche Ansprüche die nicht zur Auswahl berechtigte Kampfpartei hat und wie diese durchzusetzen sind. Insbesondere der Rechtsschutz des von einer mangelhaften Auswahl betroffenen Arbeitgebers soll dort erörtert werden, was auch ein Notauswahlrecht des Arbeitgebers einschließt. (§ 5)

Schließlich ist zu überprüfen, inwieweit die Tarifvertragsparteien Regelungen über die Durchführung von Erhaltungsarbeiten treffen können. Zu unterscheiden ist dabei zwischen Tarifverträgen, auch schuldrechtlicher Art, und sogenannten sonstigen kollektivrechtlichen Vereinbarungen auf der Ebene des Tarifvertrages. Zu denken ist dabei insbesondere an die Einordnung der häufig zwischen Arbeitgeber und örtlicher Streikleitung abgeschlossenen „Notdienstvereinbarungen". Zu guter Letzt ist zu überlegen, ob überhaupt und in welchem Maße der Betriebsrat in die Durchführung der Erhaltungsarbeiten mit einbezogen werden und damit auf betrieblicher Ebene eine Lösung gefunden werden kann. (§ 6)

§ 2 Die kollektivrechtliche Notwendigkeit von Erhaltungsarbeiten im Streik

Als bisheriges Ergebnis der Untersuchung hat sich ergeben[36], daß die Erhaltungsarbeiten eine Schädigung der Rechtsgüter des Kampfgegners, konkret im Streik der des Arbeitgebers, verhindern sollen. Zudem soll mit der Durchführung der Erhaltungsarbeiten die Aufnahme der Arbeit durch die Arbeitnehmer nach Beendigung des Streiks und damit die Nutzung der Ergebnisse des Arbeitskampfes gesichert werden. Es stellt sich daher die Frage, ob im Streikfall die Gewerkschaft als Trägerin des Streiks diese Rücksichten nehmen muß. Um dies zu beantworten, ist zunächst festzustellen, was unter einem Streik zu verstehen ist und woraus er seine Legitimation ableitet. Danach ist der Blick darauf zu wenden, welche Grenzen dem Streik als Arbeitskampfmittel gesetzt sind. Damit verbunden ist die Untersuchung, welcher Zusammenhang zwischen den Streikgrenzen und der Notwendigkeit der Erbringung von Erhaltungsarbeiten besteht. Aufbauend darauf soll dann festgestellt werden, welchen Umfang die Erhaltungsarbeiten im Streik einnehmen.

I. Begriff und Legitimation des Streiks

Unter einem Streik ist die kollektive Druckausübung einer Mehrheit von Arbeitnehmern durch die gemeinsame Vorenthaltung einer nach den individualrechtlichen Regeln an sich zu erbringenden Arbeitsleistung zu verstehen.[37] Eine direkte gesetzliche Grundlage für das Streikrecht fehlt. Im Grundgesetz ist keine ausdrückliche Festschreibung des Streikrechts vorhanden. Art. 9 III GG schützt <u>unmittelbar</u> nur die Betätigung der Koalitionen und ermöglicht diesen damit ihren Koalitionszweck, die Wahrung und Förderung der Arbeits- und Wirtschaftsbedingungen.[38] Zur Wahrung und Förderung der Arbeits- und Wirtschaftsbedingungen gehört nun auch das freie Aushandeln von Arbeitsbedingungen.[39]

---

36 Vgl. § 1 I. 2.

37 Vgl. nur *Zöllner/Loritz*, ArbR § 39 III 1. a.; Brox/Rüthers-*Brox*, Arbeitskampfrecht, RdNr. 26, 28 und MünchArbR/*Otto* § 274, RdNr. 3.

38 BVerfGE 84, 212 = AP Nr. 117 zu Art. 9 GG Arbeitskampf unter C I 1a.

39 BVerfGE 4, 96 (106) = AP Nr. 1 zu Art. 9 GG; 58, 233 (246) = AP Nr. 31 zu § 2 TVG

Grundlage dieses Gedankens ist die Vorstellung, daß Arbeitnehmerschaft und Arbeitgeberschaft in prinzipiell freiem, antagonistischem Wettbewerb ihre Interessengegensätze austragen sollen.[40] Das „freie Spiel der Kräfte" ist aber im Verhältnis des einzelnen Arbeitnehmers zum Arbeitgeber wegen dessen tatsächlicher sozialer Übermacht nicht möglich. Die Marktmechanismen versagen dort.[41] Um dennoch einen autonomen Interessenausgleich zu erzielen, wird das erwünschte ordnungspolitische Ziel der Verwirklichung der Privatautonomie im freien Wettbewerb durch die Koalitionen als organisierte Arbeitnehmerschaft in Form von Gewerkschaften und Arbeitgeberschaft durch die Arbeitgeberverbände wahrgenommen.[42] Indem die Individuen ihre gleichgerichteten Interessen zusammenfassen und sie als Gruppe gegenüber anderen zur Geltung bringen (Koalitionsverhandlung), wird der marktförmige Preismechanismus in Situationen, in denen der Markt aus sich selbst heraus kein angemessenes Verhandlungsergebnis herbeiführen kann, beeinflußt. Kollektivverhandlungen haben also auf Märkten, die in diesem Sinne durch ein spezifisches Funktionsversagen gekennzeichnet sind, die legitime Aufgabe, die über den Markt ausgetauschten Güter und Entgelte unter verteilungspolitischen Gesichtspunkten neu zu definieren.[43] Damit heißt Koalitionseinigung kollektive Privatautonomie, und Koalitionsgegensatz bedeutet freies Spiel der Kräfte beziehungsweise kontradiktorischer oder antagonistischer Wettbewerb auf der Grundlage der wechselseitigen kollektiv-rechtlichen Organisationen.[44]

Es besteht allerdings ein großer Unterschied zum allgemeinen ökonomischen Wettbewerb: Dieser wird dadurch bestimmt, daß typischerweise mehrere Wettbewerber um den gleichen ökonomischen Erfolg ringen Es besteht also eine funktionale Parallellage in der Konkurrenzsituation zwischen diesen Wettbewerbern. Dies gilt zum Teil sogar für die Positionen der einzelnen Arbeitnehmer oder Arbeitgeber. Auch diese konkurrieren durchaus mit ihresgleichen. Sie sind nur weniger mobil als die Wettbewerber auf anderen Märkten. Dieser Individualwettbewerb entfaltet indes nicht die gleichen Wirkungen wie auf anderen Märkten. Er bestimmt vor allem die Verteilung der Arbeit, genauer: der Arbeitsplätze. Die Preisbildung am „Markt" und die Festlegungen der Arbeitsbe-

---

40 Vgl. dazu *Scholz*, ZfA 1990, 377, 382.

41 *Rieble*, Arbeitsmarkt, Rdnr. 100. In Rdnr. 95 spricht er von Machtasymetrie.

42 Siehe dazu auch BAG AP Nr. 117 zu Art. 9 GG Arbeitskampf unter C I. 3. b. aa.

43 *Behrens*, Ökon. Grundlagen, S. 246, 250.

44 *Scholz*, ZfA 1990, 377, 382.

dingungen als Vertragsbedingungen werden anders als auf den Gütermärkten vor allem durch Tarifverträge bestimmt.[45] Bei der Frage der Ableitung der Begründung des Streikrechts geht es daher gerade nicht um die Wettbewerbssituation der Einzelarbeitnehmer beziehungsweise Einzelarbeitgeber untereinander, sondern um die Marktsituation im Verhältnis Arbeitnehmerseite und Arbeitgeberseite insgesamt. Hier ist der arbeitsrechtliche Wettbewerb im Gegensatz zu anderen Märkten vorbestimmt, es gibt grundsätzlich nur zwei Beteiligte, Gewerkschaft und Arbeitgeberverband, die nur gegeneinander antreten können. Sie vermögen weder frei über ihre eigene ökonomische Zielsetzung zu entscheiden, noch darüber, ob sie am jeweiligen Wettbewerb um den jeweiligen Markt teilnehmen wollen.[46] Im Gegensatz zu den oben genannten Wettbewerbern auf einem normalen Markt kann keine der beiden Seiten zu einem anderen Wettbewerber ausweichen, um mit diesem einen Tarifvertrag abzuschließen. Gewerkschaften sind zum Abschluß von Tarifverträgen auf die Verhandlungsbereitschaft bestimmter Arbeitgeber oder Arbeitgeberverbände angewiesen. Sie können auch nicht davon ausgehen, daß die Gegenseite ebenso interessiert an einem Tarifabschluß und deshalb verhandlungsbereit ist.[47] Im Gegenteil: Ein tarifloser Zustand ist für die Arbeitgeberseite unter Umständen sogar vorteilhafter. Möglich ist nur der völlige Ausstieg aus dem Markt. Dann aber ist die legitimierte Kartellwirkung des durch Verhandlungen zu erzielenden Tarifvertrages nicht zu erreichen. Gerade diese angestrebte Wirkung soll indes im normalen Marktgeschehen vermieden werden. Im Raum stehen im wettbewerblichen Geschehen um einen Tarifvertrag nur die Arbeitgeber- und die Arbeitnehmerseite, vertreten durch die Gewerkschaften und die Arbeitgeberverbände mit ihrer kontradiktorischen Interessenlage.

Verteilungs- und ordnungspolitisch erwünscht ist aber, daß dieser zwischen den Koalitionen bestehende Interessengegensatz ausgeglichen wird. Ohne einen solchen Ausgleich ist bezüglich des Vereinbarten keine Richtigkeitsgewähr, daraus folgend auch nicht die mittels des Vereinbarten angestrebte Befriedungswirkung zu erreichen. Um diesen Ausgleich im Wettbewerb zu erreichen, sind wiederum Druckmittel, hier in Form von Arbeitskampfmitteln, notwendig. Art. 9 III GG schützt deshalb auch die Mittel, von deren Einsatz die effiziente

---

45 *Rieble*, Arbeitsmarkt, Rdnr. 126.

46 Vgl. *Scholz*, ZfA 1990, 377, 383.

47 Siehe BAG AP Nr. 64, 65, 66 zu Art.9 GG Arbeitskampf jeweils unter A. I. 2. a. der Gründe.

Verfolgung des Koalitionszwecks abhängt.[48] Dazu zählen auch Arbeitskampfmaßnahmen, die auf den Abschluß von Tarifverträgen gerichtet sind[49] und eine Beschränkung in ihrer Wirkung auf die Vorenthaltung der arbeitsvertraglich geschuldeten Leistung beinhalten, also auch ein hierauf gerichteter Streik. Aufgrund seiner dienenden Funktion als Mittel, dessen sich die Gewerkschaften bedienen, um ihren Koalitionszweck zu verfolgen, ist auch ein solcher Streik von Art. 9 III GG mittelbar geschützt. Das Streikrecht ist deshalb bei einem von der Gewerkschaft getragenen Streik zur Durchsetzung tarifvertraglicher Ziele grundsätzlich verfassungsrechtlich anerkannt.[50] Für eine Zulässigkeit tarifbezogener Arbeitskämpfe durch den einfachen Gesetzgeber sprechen die Erwähnungen in §§ 2 I Nr. 2 ArbGG, 74 II BetrVG, 66 BPerVG, 116 AFG, 11 V AüG, 21VI SchwbG und 25 KSchG.

II. Ableitung der Notwendigkeit von Erhaltungsarbeiten aus dem Gesichts punkt der Beschränkung des Arbeitskampfs

Diese verfassungsrechtliche Anerkennung bedeutet jedoch nicht, daß das Recht zum Streik schrankenlos gewährt wird. Es hat sich vielmehr in die Rechtsordnung einzufügen.

Zwar ist der Streik als Form des Arbeitskampfes eine Ausnahme vom staatlichen Gewaltmonopol, eine legitimierte Ausübung von Eingriffen in die Rechte des Kampfgegners, Dritter und der Allgemeinheit. Die Schäden, die durch ihn entstehen, werden vom Gesetzgeber hingenommen. Legitimiert ist ein Arbeitskampf aber erst dann, wenn klar ist, wann die kollektivrechtlichen Zwecken dienende Kollektivaktion in die Individualrechtskreise der sich aus dem Arbeitsvertrag ergebenden Rechte und Pflichten (der Arbeitnehmer und der Arbeitgeber) und der nach § 823 I BGB geschützten Rechtsgüter eindringen darf.[51] Da das Streikrecht das Resultat einer Rechtsfortbildung ist, mit der erlaubte Eingriffe in fremde Rechtspositionen ermöglicht werden, muß folgerichtig mit dieser Rechtsfortbildung auch die Grenze bestimmt werden, bis zu der

---

48 BVerfG AP Nr. 117 zu Art. 9 GG Arbeitskampf unter C I 1a.
49 BVerfG AP Nr. 117 zu Art. 9 GG Arbeitskampf unter C I 1a.
50 BVerfG AP Nr. 117 zu Art. 9 GG Arbeitskampf unter C I 1a.
51 *Löwisch*, ZfA 1971, 319, 324, 342.

durch den Streik in fremde Rechtspositionen eingegriffen werden darf.[52] Erhaltungsarbeiten bilden einen Raum, in dem trotz Streiks gearbeitet werden muß. Demzufolge gibt es dort keinen Eingriff in fremde Rechtspositionen. Erhaltungsarbeiten könnten daher die genannte Grenze darstellen. Bevor dies festgestellt werden kann, ist jedoch zu untersuchen, auf welcher Grundlage diese Grenze zu begründen ist.

1. Gewohnheitsrechtliche Herleitung

Grundsätzlich wird die Tatsache, daß im Arbeitskampf Erhaltungsarbeiten zu leisten sind, von beiden Kampfparteien im Arbeitskampf, also Gewerkschaften und Arbeitgebern, akzeptiert. So heißt es zum Beispiel in den Arbeitskampfrichtlinien des Gesamtverbandes der metallindustriellen Verbände e. V. Köln (Gesamtmetall), daß Notdienste vorzubereiten sind, damit sie bei Ausbruch eines Arbeitskampfes aufgenommen werden können. [53] Auch die Arbeitskampfrichtlinien des Deutschen Gewerkschaftsbundes[54] sehen Regelungen über die Erbringung von Erhaltungsarbeiten vor. Betrachtet man die Praxis, so zeigt sich, daß Erhaltungsarbeiten an sich nicht in Frage gestellt werden.[55] Die Durchführung dieser Arbeiten deshalb aber als Gewohnheitsrecht zu charakterisieren,[56] würde bedeuten, daß es sich dabei um eine längere Zeit hindurch überwiegend befolgte Regel zwischenmenschlichen Verhaltens handelt, die in dem Bewußtsein beachtet wird, einem Gebot des Rechts nachzukommen.[57] Der Nachweis, daß die Menschen sich tatsächlich so verhalten, genügt nicht, dieses Verhalten muß Ausdruck einer es begleitenden Rechtsüberzeugung sein.[58]

Die oben angesprochene praktische Durchführung der Erhaltungsarbeiten bedeutet aber gerade nicht, daß damit eine kollektivrechtliche Pflicht anerkannt wird. So verneinen die Gewerkschaften einen Anspruch der Arbeitgeber gegen sie auf Vornahme von Erhaltungsarbeiten und schließen ihn nach ihrer Satzung

---

52 *Konzen*, AcP 177 (1977), 473, 508.

53 S. 12 der Arbeitskampfrichtlinien-Gesamtmetall.

54 Vgl. Arbeitskampf-Richtlinien (DGB) § 8 Nr. 3, abgedruckt in AuR 1974, 272.

55 Vgl. statt aller *Däubler*, AuR 1981, 257, 257.

56 So *Grote*, Streik, S. 84, 85, 177; *Hoeninger*, RdA 1953, 204, 206; *Söllner*, Festschr. für Molitor, S. 333, 342.

57 Vgl. zur Begründung von Gewohnheitsrecht *Larenz*, Methodenlehre, S. 356.

58 Vgl. zur Begründung von Gewohnheitsrecht *Larenz*, Methodenlehre, S. 356.

im Fall einer Aussperrung sogar gänzlich aus.[59] Aber auch im Streikfall haben die Satzungspflichten nur verbandsinterne Wirkung und weisen der Arbeitgeberseite keinen Anspruch zu.[60] Eine Übereinstimmung zwischen den Tarifparteien nicht nur in Bezug auf das Grundprinzip, daß diese Arbeiten zu erbringen sind, sondern auch in Hinblick auf die rechtliche Grundlagen von Durchführung, Umfang der zu leistenden Arbeiten und Organisation, besteht ebenfalls nicht. Das Erbringen der Erhaltungsarbeiten im Arbeitskampf ist deshalb nicht als Ausdruck einer diesbezüglichen bestehenden Rechtsüberzeugung anzusehen. Eine gewohnheitsrechtliche Grundlage der Erhaltungsarbeiten existiert demzufolge nicht.

2. Ableitung der Begrenzung des Streiks aus dem individualrechtlichen Pflichtenverhältnis im Arbeitsverhältnis

Möglicherweise läßt sich aber eine Grundlage für die Begrenzung des Streiks finden, wenn man von dem oben[61] dargestellten Grundansatz ausgeht, daß der Arbeitskampf als Mittel zur Korrektur des im Verhältnis Arbeitgeber - Arbeitnehmer bestehenden tatsächlichen Ungleichgewichts bezüglich des Aushandelns der Arbeitsbedingungen dient. Es könnte denkbar sein, daß nicht nur eine Beeinflussung des individualrechtlichen Verhältnisses durch das kollektive Geschehen erfolgt, sondern dies auch umgekehrt der Fall ist. Zu untersuchen ist deshalb, ob sich aus dem arbeitsvertraglichen Verhältnis zwischen Arbeitgeber und Arbeitnehmer eine Begrenzung ableiten läßt, die auch im Arbeitskampf gilt.

Auszugehen ist vom Normalfall, also dem Arbeitsverhältnis in „Friedenszeiten". Dieser Normalfall gestaltet sich so, daß das Arbeitsverhältnis durch die Existenz von Haupt- und Nebenpflichten gekennzeichnet ist. Als Hauptpflicht des Arbeitnehmes, die im Synallagma zur Hauptpflicht des Arbeitgebers, der Lohnzahlung, steht, ist die Arbeitspflicht anzusehen. Sie kann durch Nicht- oder Schlechtleistung verletzt werden.[62] Daneben existieren gewisse über die Hauptpflicht des Arbeitnehmers hinausgehende arbeitsvertragliche Pflichten des Arbeitnehmers, die Nebenpflichten genannt werden. Sie beziehen sich auf die Vorbereitung der eigentlichen Leistung, die Art ihrer Durchführung, das etwa

---

59 Vgl. Arbeitskampf-Richtlinien (DGB) § 8 Nr. 3, abgedruckt in AuR 1974, 272ff.

60 *Heckelmann*, Erhaltungsarbeiten, S. 11.

61 § 2 I.

62 Vgl. *Zöllner/Loritz*, ArbR § 12 VII.

erforderliche Zusammenwirken beider Teile und die Rücksicht, die jeder Teil in einem derartigen Verhältnis von dem Anderen billigerweise erwarten kann.[63] § 242 BGB, aus dem diese Verpflichtung abgeleitet wird, beinhaltet einen objektiven Verhaltensmaßstab, der jeden Schuldner verpflichtet, seine Leistung so zu erbringen, wie Treu und Glauben es mit Rücksicht auf die Verkehrssitte erfordern. Das durch einen Vertrag begründete Schuldverhältnis, hier also das Arbeitsverhältnis, erzeugt demnach als Sonderverbindung zwischen den Parteien auch ein Schutzverhältnis[64], aus dem sich zahlreiche Schutzpflichten als Nebenpflichten im Arbeitsverhältnis ergeben. Zu diesen Schutzpflichten zählen Unterlassungs-(=Rücksichts)pflichten und Handlungspflichten.[65] Konkret besagen diese Schutzpflichten unter anderem, daß der Arbeitnehmer verpflichtet ist, den Weisungen des Arbeitgebers als Eigentümer oder Besitzer der Betriebsmittel zu folgen sowie Gefahren abzuwenden. Der Arbeitnehmer darf demnach Gegenstände des Arbeitgebers nicht beschädigen oder zerstören und hat alles zu unterlassen, was die arbeitsvertraglichen Ziele gefährden oder vereiteln könnte.[66]

Überträgt man nun diesen Gedanken auf den Arbeitskampf, so könnte man beim ersten Hinschauen argumentieren, daß der Arbeitnehmer seine Arbeitsleistung vorenthalten darf, aber nicht mehr. Schäden an den sächlichen Betriebsmitteln dürfen nicht entstehen.[67] Man könnte also diese arbeitsvertragliche Verpflichtung als Kampfgrenze ansehen. Notwendig ist jedoch, genau zu analysieren, welche Pflichten der Arbeitnehmer wann verletzt und ob die Gewerkschaft, als Trägerin des Streiks, wirklich daran gebunden ist, ob demnach dieser individualrechtliche Ansatz überhaupt im Arbeitskampf anwendbar ist.

Im Streik dürfen die Arbeitnehmer bei Befolgen des Streikaufrufs die Durchführung der arbeitsvertraglichen Hauptleistungspflicht unterlassen. Die Beteiligung an einem Streik hat zur Folge, daß die arbeitsvertraglichen Hauptleistungspflichten suspendiert werden.[68] Die Nebenpflichten werden allerdings nicht suspendiert. Damit besteht das Verbot, keine Schäden beim Arbeitgeber anzu-

---

63 *Larenz*, SchR AT, § 10 II e.

64 MünchArbR/*Blomeyer*, § 49, Rdnr. 16.

65 Vgl. MünchArbR/*Blomeyer*, § 49, Rdnr. 16.

66 Vgl. MünchArbR/*Blomeyer*, § 49, Rdnr. 21f

67 Siehe oben § 1 I. 2. Es gilt das Verbot der Substanzschädigung.

68 MünchArbR/*Otto*, § 281 RdNr. 1.

richten, auch im Streik fort.[69] Die Schäden, die durch Erhaltungsarbeiten verhindert werden sollen, wären aber gar keine durch Verletzung einer Nebenpflicht entstandenen. Derartige Schäden kämen nur zustande, wenn alle Arbeitnehmer von ihrem Streikrecht Gebrauch machen und keiner mehr arbeitete. Dann käme es durch das Unterlassen der arbeitsvertraglichen Hauptleistungspflicht aufgrund der Suspendierung zu Substanzschäden. Das zeigt, daß zwischen der normalen individualvertraglichen (Neben-)Pflicht, keine mutwilligen Schäden am Eigentum des Arbeitgebers hervorzurufen, und der Pflicht zu Erhaltungsarbeiten, also der Sicherung der Betriebsmittel im Fall eines Streiks, ein Unterschied besteht. Die Ursache hierfür ist keine Verletzung einer arbeitsvertraglichen Nebenpflicht, sondern ein Unterlassen, im Endeffekt hervorgerufen durch den Streikaufruf der Gewerkschaft. Würde man nun sagen, daß die einzelnen Arbeitnehmer auch eine Pflicht hätten, durch Erbringung ihre Arbeitsleistung Schäden zu vermeiden, kollidierte das mit ihrem Recht zum Streik. Davon abgesehen würde diese Vorgehensweise auch große Rechtsunsicherheit für den Arbeitnehmer mit sich bringen, der auf die Rechtmäßigkeit des Streikaufrufs vertrauen darf.

Man müßte also einen Schritt weiter gehen und der Gewerkschaft, die zum Streik aufruft, diese Grenze zum Verbot der Substanzschädigung setzen, die aufgrund der Nebenpflicht zur Abwendung von Schäden im Betrieb im Individualarbeitsverhältnis gilt, da sie verantwortlich für den Aufruf ist. Dann aber stellt sich das Problem, ob sich die Gewerkschaft in ihrem kollektivrechtlichen Handeln an Grenzen halten muß, die im Arbeitsverhältnis des einzelnen Arbeitnehmers abgesteckt sind. Fest steht, daß der Arbeitskampf ein kollektives Phänomen ist, dem nur eine kollektive Betrachtungsweise gerecht wird.[70] Daraus folgend werden Abweichungen vom normalen Vertragsrecht zugelassen, wie die Suspendierung der Hauptpflichten des Arbeitsverhältnisses statt der individualrechtlich, um einen Bruch des Arbeitsvertrags zu vermeiden, eigentlich notwendigen Kündigung. Das kollektive Phänomen Arbeitskampf wird demzufolge nicht allein mit individualvertraglichen Mitteln bewältigt.

---

69 Vgl auch *Zöllner/Loritz*, ArbR, § 40 IV. 4.: „Der Arbeitskampf berechtigt nur zur Zurückbehaltung der Leistungen, Sachbeschädigungen...sind auch dann rechtswidrig, wenn der Arbeitskampf als solcher rechtmäßig ist."

70 Vgl. nur BAG AP Nr. 1 zu Art. 9 GG Arbeitskampf unter I. 3.

Eine Anwendung der Grenzen des Individualarbeitsverhältnisses auf den Streik hätte zur Folge, daß ein Arbeitsverhältnis, welches die Beschädigung von Sachen des Arbeitgebers durch den Arbeitnehmer verbietet, diese Grenze einem Streik setzen könnte. Mit der verfassungsrechtlichen Gewährleistung des Streiks als Mittel der Tarifautonomie wurden jedoch gerade auch die Möglichkeit von Substanzschäden an Sachen des Arbeitgebers während eines Arbeitskampfes in Kauf genommen und als solche Wirkungsweise geschützt. Eine solche Begrenzung der möglichen Aktionen könnte dann so weit gehen, daß durch diese Grenzen der Streik wirkungslos würde und damit kein Mittel mehr zur Gewährleistung der Tarifautonomie wäre. Eine rein zivilrechtliche Betrachtungsweise, die den verfassungsrechtlichen Grundsätzen des Arbeitskampfrechts nicht gerecht wird, ist daher nicht sachgemäß.[71] Das Verhältnis der Kampfparteien ist keine Fortsetzung des Arbeitsverhältnisses auf kollektiver Ebene. Der Zweck der Nebenpflichten im Arbeitsverhältnis, die dazu dienen, die Erbringung der Hauptleistungspflicht vorzubereiten und zu fördern, die Leistungsmöglichkeit zu erhalten und den Leistungserfolg zu sichern[72], ist auf der Ebene der Kampfparteien im Fall eines Arbeitskampfes nicht gegeben. Dafür spricht zudem, daß Gewerkschaften nicht nur eine Summe von Arbeitnehmern sind, sondern mehr als das.[73] Sie haben als Koalitionen eine verfassungsrechtlich verankerte Aufgabe zugewiesen bekommen. Das Sonderverhältnis, das durch das Arbeitsverhältnis begründet wird, besteht zwischen Gewerkschaft und Arbeitgebern nicht. Zwischen diesen Parteien ist eine Sonderverbindung nur über die zwischen ihnen bestehenden rechtlichen Beziehungen zu begründen. Mögliche Pflichten zur Gestaltung des Vertragsverhältnisses zwischen Gewerkschaften und Arbeitgeberseite können sich daher nur, wenn überhaupt, aus diesem Verhältnis, nicht aber aus einer Übertragung aus dem Individualarbeitsvertrag ergeben.

---

71 *Wank*, Festschr. Kissel, 1225, 1249.

72 Vgl. Erman-*Werner*, BGB-Kom., § 242, Rdnr. 54, 59ff.

73 *Picker*, Warnstreik, S. 164f spricht davon, daß „durch Vereinigung zahlreicher, je für sich mit Privatautonomie begabter Personen eine neuartige und eigenständige Regelungszuständigkeit der Koalitionen entsteht... [wobei] die Autonomie der Koalitionen [nicht] als bloße Summe der Selbstbestimmungsrechte ihrer Mitglieder zu begreifen [ist].“

3. Dauerrechtsbeziehungen zwischen den Tarifparteien als Ursache für eine mögliche Begrenzung des Arbeitskampfes

Diesem Gedanken entspricht der Ansatz, eine Verpflichtung der Kampfparteien zur Vornahme von Erhaltungsarbeiten aus Treu und Glauben innerhalb des durch die Anbahnung des Tarifvertrages begründeten vorvertraglichen Schuldverhältnisses herzuleiten.[74] Aus den daraus resultierenden Schutzpflichten ergebe sich danach, daß die Kampfgegner deshalb nach den Umständen billige Rücksicht auf die Interessen des jeweils anderen nehmen und ihre Kampfführung fair und angemessen sein müsse.[75] Dies beinhalte auch die Notwendigkeit der Erbringung von Erhaltungsarbeiten.

Grundlage eines solchen Anspruches ist im Zivilrecht der Umstand, daß bereits die tatsächliche Aufnahme von Vertragsverhandlungen geeignet ist, erhöhte Sorgfalts- und Rücksichtspflichten unter den Beteiligten zu begründen.[76] Derartige Schutzpflichten sorgen dafür, daß bei schuldrechtlichen Verträgen oder vertragsähnlichen Beziehungen zur Kompensation der intensiveren Einwirkungsmöglichkeit auf Sachen, Rechte, Rechtsgüter und auch Vermögen, die dadurch entsteht, daß der Partner infolge der Vertragsanbahnung mit diesen Gütern näher in Berührung kommt, der außervertragliche Rechtsschutz verstärkt wird.[77] Durch die Aufnahme von Vertragsverhandlungen oder eines diesen gleichzustellenden geschäftlichen Kontakts entsteht unter den Beteiligten eine rechtliche Sonderverbindung, die noch keine Leistungspflicht, wohl aber spezielle Verhaltenspflichten zum Inhalt hat und daher als Schuldverhältnis ohne primäre Leistungspflicht zu charakterisieren ist.[78] Voraussetzung für eine Entstehung derartiger Schutzpflichten und damit gleichzeitig die Abgrenzung der „Sonderrechtsbeziehung“, aus der der außervertragliche Rechtsgüterschutz resultiert, vom nomalen Integritätsrisiko, dessen Schutz das Deliktsrecht übernimmt[79], ist ein Einbringen der betreffenden Güter in die Sonderverbindung gerade in Hinblick

---

[74] So *Zöllner/Loritz*, ArbR,§ 40 VIII.; ähnl. *Lauschke*, Notarbeiten, S. 78ff., insbes. S. 82 ff. u. DB 70, 1175, 1176f.

[75] *Zöllner/Loritz*, ArbR,§ 40 VIII.

[76] *Larenz*, SchuldR AT, § 9 I a, S. 106.

[77] Vgl. dazu MünchKom-*Kramer*, Einleitung vor § 241, Rdnr. 72, und *Roth*, § 242, Rdnr. 183; Soergel-*Teichmann*, § 242, Rdnr. 178.

[78] *Larenz*, SchuldR AT, § 9 I a, S. 106.

[79] *Konzen*, Festschr. Kissel, 571, 600.

auf den Vertragszweck oder den Sinn des geschäftlichen Kontakts.[80] Anders ausgedrückt, es muß ein Anvertrauen nach dem normativen Maßstab einer typischen Vertrauenserwartung[81] vorhanden sein.[82] Der Inhaber des Gutes darf dann insoweit auf die Sorgfalt und Rücksicht des anderen Teils vertrauen und auf die normativen Sicherungsvorkehrungen gegen Fremdeinflüsse verzichten.[83]

Dieser Gedanke wird nun aufgenommen und auf die Beziehungen zwischen den Tarifpartnern nach Ende des alten Tarifvertrages und während der Verhandlungen zu einem neuen angewandt.[84] Die sozialpolitischen Realitäten und die vom Gesetzgeber zugewiesene Funktion einer Sozialpartnerschaft innerhalb des Tarifwesens würden einen sozialen Kontakt im Sinne einer dauerrechtlichen Verbindung begründen.[85] Die Tarifpartner hätten demzufolge eine Rechtspflicht zur vertrauensvollen Zusammenarbeit, aus der sich eine partielle Friedenspflicht als Teil der allgemeinen Friedenspflicht ergebe, welche die Vornahme der Erhaltungsarbeiten gebieten würde.[86] Faßt man diesen Ansatz in eine juristische Kategorie, bedeutet er nichts anderes, als daß die aus dem Zivilrecht bekannte Rechtsfigur der culpa in contrahendo auf die Beziehungen zwischen den Tarifparteien angewandt werden soll.

Dieser Denkansatz setzt jedoch voraus, daß das Modell der vertraglichen Sonderverbindung, aus der spezielle Schutzpflichten erwachsen, auf das Tarifvertragssystem hinreichend übertragbar ist. Auf den ersten Blick findet sich viel Übereinstimmendes. Ein Tarifvertrag ist zwar in erster Linie ein Normenvertrag, denn er setzt gegenüber den aufgrund der Mitgliedschaft in einer Tarifvertragspartei Normunterworfenen materielles Recht. Neben dem normativen Teil kann ein Tarifvertrag aber auch einen schuldrechtlichen Teil enthalten, in dem die Rechte und Pflichten der Tarifvertragsparteien zueinander geregelt werden.

---

80 Staudinger-*Schmidt* (12.A.), § 242, Rdnr. 1255, 1222, 1257; Bezüglich der Abgrenzung der Sonderrechtsbeziehung vom allgemeinen Lebensrisiko besteht eine Parallele zur Abgrenzung „bei Gelegenheit" im Rahmen des § 278 BGB.

81 Siehe dazu *Canaris*, JZ 1965, 475, 476 und *Larenz*, SchuldR AT, § 9 I a, S. 106.

82 Staudinger-*Schmidt* (12.A.), § 242, Rdnr. 1222; Soergel-*Teichmann*, § 242, Rdnr. 178.

83 *Konzen*, Festschr. Kissel, 571, 601; siehe auch MünchKom-*Roth*, § 242, Rdnr. 185, 201f.

84 Vgl. *Lauschke*, Notarbeiten, S. 78 ff.

85 *Lauschke*, Notarbeiten, S. 80.

86 *Lauschke*, Notarbeiten, S. 82 und *Künster*, cic, S. 125ff; bezüglich der Dauerrechtsbeziehung zwischen den Tarifvertragsparteien siehe auch *Seiter*, ZfA 1989, 283, 295.

Dieser Teil des Tarifvertrages unterliegt dem Vertragsrecht. Aber auch der Abschluß des normativen Teils ist trotz aller materiellen Gesetzlichkeit ein Vertragsschluß, dem Vertragsverhandlungen vorausgehen. Dies spricht für eine Übertragbarkeit von vorvertraglichen oder vertraglichen Schutzpflichten auf die Tarifvertragsparteien. Zwischen den Tarifvertragsparteien besteht ein ständiger sozialer Kontakt, ob während der Laufzeit des Tarifvertrages oder davor und danach in der Verhandlungsphase. Auch der Druck, den das Recht zum Arbeitkampf auf die Tarifvertragsparteien ausübt, spricht nicht gegen eine Anerkennung der Übertragung von Schutzpflichten. Dieser Druck entspringt der Gegenmachtsbildung, die die Tarifautonomie prägt. Er kann mit dem Kontrahierungszwang gegenüber Monopolen in marktwirtschaftlich geordneten Bereichen verglichen werden.[87] Parallel zu den Schutzpflichten aus laufender Geschäftsbeziehung ist deshalb auch eine tarifrechtliche Dauerbeziehung anzuerkennen.[88] In der sogenannten tariflosen Zeit[89] wirken deshalb auch bestimmte Pflichten aus dem Tarifvertrag nach, so daß zum Beispiel ein Mißbrauch von übermittelten Informationen die gleichen Folgen wie bei anderen „normalen" Vertragsverhandlungen hätte. Insoweit gelten Schutzpflichten auch im Tarifvertragsrecht.[90]

Damit ist aber noch nicht festgestellt, ob auch eine Schutzpflicht für anvertraute Güter zur Abwehr von drohenden Kampfschäden durch rechtswidrige Maßnahmen, im konkreten Fall durch das Unterlassen von Erhaltungsarbeiten, besteht. Dies setzt voraus, daß tatsächlich der genannte Tätigkeitskreis einer Tarifpartei und deren Vermögen sowie - auf der Arbeitgeberseite - die Güter der Mitgliedsunternehmen der anderen Tarifpartei so anvertraut werden, daß diese verpflichtet ist, die andere Seite vor Schaden zu bewahren.[91] Ein bestehendes Vertrauen als Basis zwischen den Kampfparteien läßt sich nicht mit der Argumentation begründen, der Arbeitskampf dürfe nicht mit einem Vernichtungskrieg gleichgesetzt werden, sondern sei ein Verfahren der Konfliktlösung durch Druckausübung nach rechtlich geordneten und kontrollierten Regeln.[92] Auch

---

87 *Konzen*, Festschr. Kissel, 571, 604.

88 *Seiter*, ZfA 1989, 283, 297; Waas, AuR 1991, 334, 337f.

89 Vgl. *Seiter*, ZfA 1989, 283, 296.

90 *Konzen*, Festschr. Kissel, 571, 604.

91 Siehe *Konzen*, Festschr. Kissel, 571, 605 und auch *Otto*, SAE 1991, 45, 48, der von einem Fehlen des gerade durch die Sonderbeziehung begründeten Zusammenhangs spricht.

92 *Seiter*, ZfA 1989, 283, 299.

wenn hier ausdrücklich anerkannt wird, daß die Druckausübung im Arbeitskampf lediglich durch Entziehung der geschuldeten arbeitsvertraglichen Leistung zulässig ist, wobei die Existenzvernichtung eine absolute Grenze bildet[93], besteht trotzdem zwischen arbeitskampfrechtlichen und normalen privatrechtlichen Verhandlungsbeziehungen ein Unterschied. Bei anderen Verhandlungsbeziehungen als denen zu einem Tarifvertrag gehen beide Seiten regelmäßig von einer Nichtgefährdung ihrer jeweiligen Rechtsgüter aus. Eine Gefährdung ist eher die Ausnahme, die nicht erwartet und die deshalb durch die außervertragliche nichtdeliktische Haftung aus der Sonderrechtsbeziehung besonders abgesichert wird. Dagegen wird bei den Verhandlungen zu einem Tarifvertrag ein bestimmter Gefährdungsgrad von vornherein akzeptiert. Beide Parteien wissen, daß ein Arbeitskampf als Mittel zur Erzwingung eines Tarifvertrages benutzt werden kann und damit auch die Möglichkeit einer zielgerichteten Zufügung eines Vermögensschadens verbunden ist. Daher rührt auch der Einwand gegen eine Übertragung von Schutzpflichten vom Schuldvertragsrecht auf das Tarifrecht, der besagt, daß die Einwirkungsmöglichkeit der Kampfparteien auf die Rechtsgüter der Gegenseite sich nicht aus der Dauerhaftigkeit der Beziehungen, sondern aus den rechtlichen Koalitionsprivilegien ergibt.[94] Gegen einen Arbeitskampf wiederum werden jedoch gewisse Vorkehrungen getroffen, um mögliche Folgen gering zu halten. Dies wird gerade auf der Arbeitgeberseite von jedem Mitgliedsunternehmen auch erwartet.[95] Insofern darf eben nicht auf Sorgfalt und Rücksicht des anderen Teils vertraut und auf normative Sicherungsmaßnahmen verzichtet werden. Der typische Fall einer gesteigerten Einwirkungsmöglichkeit auf den Rechtskreis des Verhandlungspartners gegenüber einer bloßen Jedermann-Beziehung liegt gerade nicht vor. Im Gegenteil, Schäden, die sich innerhalb des als adäquat betrachteten Bereiches bewegen, werden aufgrund des Verständnisses des Arbeitskampfes als dienenden Mittels der Tarifautonomie hingenommen und von vornherein einkalkuliert. Es fehlt jedenfalls in Zeiten des Arbeitskampfes im Verhältnis der Tarifvertragsparteien zueinander am typischen gegenseitigen Vertrauen, das sich beide Seiten entgegenbringen, als Grundlage für einen Verzicht auf Sicherungsvorkehrungen gegen Kampfmaßnahmen.[96]

---

93 Vgl. dazu *Seiter*, ZfA 1989, 283, 299.

94 *Reuter*, JuS 1986, 19, 19.

95 Siehe nur die Arbeitskampfrichtlinien von Gesamtmetall.

96 Siehe auch *Konzen*, Festschr. Kissel, 571, 605.

Nicht mehr akzeptiert werden allerdings Gefährdungen, die über diese Grenze hinausgehen, wie unterlassene Erhaltungsarbeiten. Es handelt sich dabei aber auch nicht um Gefährdungen, die entgegen dem sich gegenseitig entgegengebrachten Vertrauen entstehen. Nimmt ein Arbeitskampf ein solches Ausmaß an, daß er die Grenze der als noch hinnehmbar betrachteten Gefährdung überschreitet, wird er seiner Funktion im Tarifstreit nicht mehr gerecht. Er dient dann nicht mehr dazu, die Vereinbarungen der Tarifvertragsparteien im Wege des freien Verhandelns sicherzustellen.[97] Es handelt sich nicht mehr um einen von der Kampfgarantie des Art. 9 III GG geschützten Arbeitskampf, der damit rechtswidrig ist. Die Pflicht zur Erbringung von Erhaltungsarbeiten, deren Nichtleistung zu eben dieser Grenzüberschreitung und mithin zu eben dieser Rechtswidrigkeit führt, hat sich daher direkt aus der Frage der Reichweite eines Arbeitskampfes aufgrund seiner verfassungsrchtlichen Stellung abzuleiten. Den Maßstab für die Verhaltens- und Schutzpflichten der Kampfparteien bilden die Grundsätze des Arbeitskampfrechts.[98] Die Grenzen, die der Arbeitskampf gesetzt bekommen soll, sind allein im Regelwerk der kollektivrechtlichen Ebene zu entwickeln. Ein konkreter Ansatz für die Verankerung der Pflicht zu Erhaltungsarbeiten kann in diesem Zusammenhang entweder die Erhaltung der Kampfparität oder das Übermaßverbot sein.

Es mangelt aber auf alle Fälle an den Voraussetzungen zur Begründung eines vorvertraglichen Sonderverhältnisses, wie es oben dargestellt wurde. Auf eine rein schuldrechtliche Betrachtungsweise, so reizvoll dieses Modell erscheinen mag[99], kann deshalb nicht abgestellt werden.

4. Anwendung kollektivrechtlicher Regeln des Arbeitskampfes

Nachdem bisher festgestellt wurde, daß eine Übertragung individualvertraglicher Grundsätze zur Begrenzung des Arbeitskampfes und damit zur Feststellung des Grundes der Notwendigkeit von Erhaltungsarbeiten nicht geeignet ist, sollen nun die genannten Prinzipien des Arbeitskampfrechts auf ihre Tauglichkeit dahingehend untersucht werden, ob sie dem Streik Grenzen setzen können.

---

97 So Zweckbestimmung bei *Picker*, Warnstreik, S. 230.

98 *Heckelmann*, Erhaltungsarbeiten, S. 13.

99 So *Seiter*, ZfA 1989, 283, 303ff.

Ausgegangen wird von den Grundprinzipien, wie sie vom Bundesarbeitsgericht zum Arbeitskampf entwickelt wurden.[100]

a) Der Grundsatz der Kampfparität

Als erster soll der Grundsatz der Kampfparität auf seine Tauglichkeit bezüglich einer Begrenzung des Arbeitskampfes und der Heranziehung als dogmatische Grundlage für die Erbringung der Erhaltungsarbeiten untersucht werden.

aa) Begriff

Die Kampfparität wird heute als eine „tragende Säule der Arbeitskampfrechtsprechung“[101] bezeichnet. Sie beruht auf einer langen Rechtsprechungstradition[102]. Geboren wurde sie aus dem Gedanken, daß keine Partei (ob Arbeitnehmer oder Arbeitgeber) der anderen unterlegen sein soll, die Rollen der Arbeitskampfparteien sollen gleich verteilt sein.[103]

Heute wird der Gedanke der Kampfparität aus Art. 9 III GG abgeleitet. Wie oben[104] bereits dargelegt, soll die Tarifautonomie, also das Aushandeln der Arbeits- und Wirtschaftsbedingungen, das Zustandekommen von Vereinbarungen (Tarifverträgen) als Mittel für eben diesen Ausgleich der entgegengesetzten Interessen ermöglichen. Diese Funktion wird aber nur erfüllt, wenn die tarifvertraglichen Gegenspieler eine gleichgewichtige Verhandlungsposition einnehmen können. Es soll deshalb mit den grundgesetzlich gewährleisteten Arbeitskampfmitteln sichergestellt werden, daß nicht eine Tarifpartei der anderen ihren Willen aufzwingen kann, sondern daß gleiche Verhandlungschancen bestehen.[105] Es darf deshalb keine Tarifpartei im Arbeitskampf Vorteile erlangen, die zu einem Verhandlungsübergewicht führen.[106] Dieses Gleichgewicht soll dabei als abstrakt-materielle Parität bestehen[107]. Die Frage des Gleichgewichts ist eine

---

100 Siehe BAG AP Nr. 1 zu Art. 9 GG Arbeitskampf LS 4 und unter II. 1. der Gründe und BAG AP Nr. 43 zu Art. 9 GG Arbeitskampf LS 1.

101 So *Wank*, Festschr. Kissel, S. 1238.

102 Vgl. *Wank*, Festschr. Kissel, S. 1238.

103 RAG ARS 2, 122, 125f.

104 In § 2 I.

105 BAG AP Nr. 43 zu Art. 9 GG Arbeitskampf unter Teil III B. 1. der Gründe und BAG AP Nr. 84 zu Art. 9 GG Arbeitskampf unter II. 1. der Gründe.

106 BAG AP Nr. 84 zu Art. 9 GG Arbeitskampf unter II. 1. der Gründe.

107 Vgl. MünchArbR/*Otto*, § 275, Rdnr. 67 ff.; *Wank*, Festschr. Kissel, S. 1241; *Zöllner/Loritz*, ArbR § 40 X.

rechtlich-normative, das heißt nach juristischen Maßstäben zu beurteilende, keine sozialwissenschaftliche Frage, wobei allerdings sozialwissenschaftliche Fragen bei der Bewertung eine Rolle spielen.[108] Zugleich ist damit festgelegt, daß es sich nicht um eine formelle Parität in dem Sinne handelt, daß der Staat die Kampfmittel beider Seiten nicht ungleich behandeln darf.[109] Nach dem abstrakt-materiellen Paritätsbegriff greift die Rechtsordnung ein, wenn die Chancengleichheit offenkundig gestört ist, aber auch nur dann.[110] Kann dieses Gleichgewicht durch den Einsatz von Streik und Aussperrung nicht aufrecht erhalten werden, so kann es geboten sein, der unterlegenen Seite neue Arbeitskampfmittel zur Verfügung zu stellen oder alte einzuschränken. Die Parität bestimmt also über die generelle Zulässigkeit bestimmter Arbeitskampfmittel.[111]

bb) Erhaltungsarbeiten und der Grundsatz der Kampfparität

Aus diesem Grundsatz könnte nun folgen, daß im Streik die sächlichen Betriebsmittel in ihrer Substanz nicht beeinträchtigt werden dürfen und damit Erhaltungsarbeiten geleistet werden müssen, weil sonst die Verhandlungsparität zwischen den Tarifvertragsparteien durch die Zerstörung von Betriebsmitteln aufgrund eines Streiks, also bei Verweigerung der Durchführung von Erhaltungsarbeiten, beseitigt würde.[112]

Zuzugeben ist diesem Modell, daß der Einfluß von nicht durchgeführten Erhaltungsarbeiten auf den Durchhaltewillen der Arbeitgeberseite durchaus vorhanden ist. Es ist richtig, daß durch den zusätzlichen Schaden an den zerstörten Betriebsmitteln, über den Schaden aus dem Produktionsausfall hinaus, der Druck auf die Arbeitgeberseite, einzulenken und damit dem gewerkschaftlichen Vorschlag zuzustimmen, erhöht wird. Trotzdem handelt es sich bei den Erhaltungsarbeiten nicht um eine Frage der Möglichkeiten der Gegenwehr der Arbeitgeberseite. Zweck der Erhaltungsarbeiten ist nicht primär, die Kampfparität zu wahren, sondern die sächlichen Betriebsmittel zu erhalten. Damit soll die Durchführung des durch den Arbeitskampf erzielten Verhandlungsergebnisses, des Tarifvertrags, gesichert werden, nicht aber das Verhandlungsgleichgewicht.

---

108 MünchArbR/*Otto*, § 275 RdNr. 67.

109 So noch BAG AP. Nr. 1 zu Art. 9 GG Arbeitskampf unter II. 1. der Gründe.

110 *Scholz/Konzen*, Aussperrung, S. 180 f.

111 *Wank*, Festschr. Kissel, S. 1243 in Anlehnung an BVerfG AP Nr. 117 zu Art. 9 GG Arbeitskampf unter C I 3. b aa der Gründe.

112 *Hohenstatt*, Erhaltungsarbeiten, S. 82/84.

Wäre der Tarifvertrag nicht mehr durchführbar, hätte die den Koalitionen zugestandene Tarifautonomie keinen Sinn.

Zu beachten ist außerdem, daß die Parität, wie vorab dargelegt, nur über die generelle Zulässigkeit bestimmter Kampfmittel bestimmt. Sie dient dazu, die Balance zwischen den Arbeitskampfparteien bezüglich der angewendeten Kampfmittel zu erhalten.[113] Würde man sie als Grundlage dafür annehmen, daß Erhaltungsarbeiten geleistet werden müssen, würde das bedeuten, daß Erhaltungsarbeiten Kampfmaßnahmen seien, über deren Zulässigkeit dann diskutiert würde. Ein solcher Ansatz ist verfehlt. Dies zeigt sich dann, wenn von einem Verfechter der Kampfparität als Begründungsansatz Erhaltungsarbeiten und Betriebsblockaden sowie Betriebsbesetzungen, die unzweifelhaft Kampfmaßnahmen sind, gleich beurteilt werden.[114] Natürlich kann die Verweigerung kampftaktisch ausgenutzt werden.[115] Es wird jedoch bei einer derartigen Argumentation übersehen, daß Erhaltungsarbeiten gerade einen kampffreien Raum bilden, der nicht vom Arbeitskampf betroffen ist. Es geht also nicht um die Beschränkung eines Einsatzes eines Arbeitskampfmittels durch die Vornahme der Erhaltungsarbeiten. Die Durchführung von Erhaltungsarbeiten hat deshalb mit der Wahrung der Chancengleichheit im Arbeitskampf nicht so viel zu tun, als daß der Grundsatz der Kampfparität der Begründung der Notwendigkeit ihrer Durchführung dienen könnte.

b) Das Verhältnismäßigkeitsprinzip

Als weiterer Grundsatz des Arbeitskampfrechts, der zur Begrenzung des Arbeitskampfes und damit zur Begründung der Notwendigkeit der Durchführung von Erhaltungsarbeiten im Streik dienen könnte, kommt das Verhältnismäßigkeitsprinzip in Betracht.

---

113 *Kreuz*, Verhältnismäßigkeit, S. 114, FN 291; siehe auch *Rieble*, Anm. zu BVerfG EzA Art. 9 GG Arbeitskampf Nr. 97, S. 28: „Die Kampfparität soll das Verhandlungsgleichgewicht sichern."

114 Vgl. *Hohenstatt*, Erhaltungsarbeiten, S. 84, FN 365.

115 Siehe nur *Apfel*, Sicherung, S: 118 f. und *Hromadka*, Anm. zu BAG SAE 1983, 55, 62 mit Verweis auf *Buschmann*, AuR 1980, 230, 233.

aa) Begriff und Herleitung

Der Verhältnismäßigkeitsgrundsatz wurde als „übergreifende Leitlinie des staatlichen Handelns“ ursprünglich im Verfassungsrecht angewendet.[116] Die Terminologie ist nicht einheitlich. So wird einmal von Verhältnismäßigkeit im weiteren Sinne, ein anderes Mal vom Übermaßverbot gesprochen. Es gilt aber, daß die Inhalte beider Begriffe identisch sind.[117] Dabei dient das Übermaßverbot als Oberbegriff, der folgende drei Komponenten enthält: Geeignetheit, Erforderlichkeit und Verhältnismäßigkeit im engeren Sinne.[118] Es hat die Funktion, bei Eingriffen in fremde Rechtsgüter die Zweck-Mittel-Relation zu wahren, demnach also die Ausübung von Rechtspositionen zu kontrollieren.[119] Damit dient es dem harmonischen Ausgleich kollidierender Interessen und Rechtsgüter.[120]

Der Gedanke der Proportionalität, also der Verhältnismäßigkeit im engeren Sinne, ist aber keiner der Neuzeit. Er findet sich schon im antiken Recht.[121] Ältester neuzeitlicher Anwendungsbereich des Übermaßverbotes ist das Polizeirecht. Von dort fand der Grundsatz Eingang in alle Rechtsgebiete, die Grundlagen für Zwangsmaßnahmen aller Art enthalten, wurde seitdem auf immer weitere Bereiche der Exekutive ausgedehnt und gilt heute im gesamten öffentlichen Recht.[122] Aber auch im Bürgerlichen Recht und in anderen Teilen des Arbeitsrechts als dem Arbeitskampfrecht wird das Verhältnismäßigkeitsprinzip angewendet.[123] Das prinzipielle Verbot der Unverhältnismäßigkeit oder anders ausgedrückt, das prinzipielle Übermaßverbot, ist mithin zu einem allgemeinen Prinzip geworden, das die gesamte Rechtsordnung durchzieht.[124] Der Standort ist nicht einheitlich bestimmt.[125] Fest steht aber, daß das Übermaßverbot Ver-

---

116 Vgl. *Stern*, Staatsrecht, Bd. I, § 20 IV 7. mit S. 861, FN 608.

117 BAG AP Nr. 64 zu Art. 9 GG Arbeitskampf unter B. I. 2. a. der Gründe; *Czerweny*, Arbeitskampfmittel, S. 42; *Seiter*, Übermaßverbot, S. 88; *Stern*, Staatsrecht, Bd. I, § 20 IV 7. mit Fn. S. 861, 608.

118 *Stern*, Staatsrecht, Bd.I, § 20 IV 7., S. 862.

119 Vgl. dazu *Seiter*, Übermaßverbot, S. 89; vgl. *Stern*, Staatsrecht, Bd. I § 20 IV 7., S. 861 ff; *Kreuz*, Verhältnismäßigkeit, S. 35.

120 *Kreuz*, Verhältnismäßigkeit, S. 35 mFN 22 mwN.

121 *Wieacker*, Festschr. Fischer, S. 867, 875 ff.

122 *Stern*, Staatsrecht, Bd. I, § 20 IV 7.; *Wank*, Festschr. Kissel, S. 1225, 1231.

123 So zum Beispiel im Betriebsverfassungsrecht, bei § 626 BGB und im Gesellschaftsrecht. Auch die §§ 227, 228, 904 BGB sind ein Ausdruck dafür.

124 *Wank*, Festschr. Kissel, 1225, 1232; *Kreuz*, Verhältnismäßigkeit, S. 34; *Hirschberg*, Verhältnismäßigkeit, S. 250; *Wieacker*, Festschr. Fischer, S. 867 ff.; BVerfGE 43, 242, 288.

125 Vgl. *Stern*, Staatsrecht, Bd. I, § 20 IV 7.

fassungsrang hat.[126] Das Bundesverfassungsgericht leitet es aus dem Rechtsstaatsprinzip, das in Art. 20 Abs. 3 GG statuiert ist, ab.[127]

bb) Geltung des Übermaßverbotes für das Arbeitskampfrecht

Bevor die Frage beantwortet werden kann, ob das Übermaßverbot auch im Arbeitskampfrecht angewendet werden kann, ist eine Abgrenzung bezüglich der Funktion vorzunehmen. Die Bindung des Staates in allen seinen Funktionen an das Verhältnismäßigkeitsprinzip bedeutet für den Bereich des gesetzlich nicht kodifizierten Arbeitskampfrechtes, daß die mit den Rechtsproblemen des Arbeitskampfes primär befaßten Gerichte, voran das Bundesarbeitsgericht, ihr Handeln an dem Grundsatz der Verhältnismäßigkeit auszurichten haben, wollen sie sich nicht dem Vorwurf rechtswidrigen Handelns aussetzen.[128] Der Grundsatz der Verhältnismäßigkeit erlangt also Bedeutung im Arbeitskampfrecht, soweit er sich als Rechtmäßigkeitsgebot an den Staat und dessen Organe richtet. Es besteht damit im Verhältnis der Koalitionen beziehungsweise Kampfparteien und ihrer Kampfmittel zum Staat respektive zum Gesetzgeber ein Übermaßverbot, das als öffentlich-rechtlich zu charakterisieren ist.[129] Dieses gilt im Arbeitskampfrecht.

Davon zu trennen ist die Verwendung des Übermaßverbotes als Rechtmäßigkeitsmaßstab für Arbeitskampfmaßnahmen. Hier geht es um die arbeitskampfrechtliche Rechtsausübung, also um das Verhältnis der miteinander streitenden Kampfparteien selbst und damit um ein privatrechtliches Übermaßverbot.[130] Bei der Beantwortung der Frage, ob das Verhältnismäßigkeitsprinzip auch in dieser Funktion im Bereich des Arbeitskampfrechtes Geltung beanspruchen kann, ist vorauszuschicken, daß es sich nicht um zwei Verhältnismäßigkeitsgrundsätze handelt, sondern Anwendungsformen des einen Übermaßverbotes, das nur verschiedene Adressaten kennt[131] und die beide zudem rechtlich wie tatbestandlich unmittelbar zusammenhängen. Das Arbeitskampfrecht hat einen konfliktträchtigen Grundbezug, wonach mittels Eingriffs in bestimmte Rechtspositionen des

---

126 BVerfG JZ 86, 383, 384; *Stern*, Staatsrecht, Bd. I, § 20 IV 7.

127 BVerfGE 8, 71, 79 f.; 20, 150, 155; 32, 346, 364; 38, 26, 31; 46, 17, 31; 69, 1, 35.

128 *Kreuz*, Verhältnismäßigkeit, S. 44 m.w.N. in FN 3.

129 *Scholz*, ZfA 1990, 377, 397, vgl. auch *Seiter*, Streikrecht, S. 148ff., *Binkert*, Boykottmaßnahmen, S. 148f.

130 *Scholz*, ZfA 1990, 377, 397; vgl. dazu auch *Kreuz*, Verhältnismäßigkeit, S. 45.

131 *Kreuz*, Verhältnismäßigkeit, S. 46; *Scholz*, ZfA 1990, 377, 397.

Gegners auf die Gegenseite Druck ausgeübt wird.[132] Es ist also die Beeinträchtigung legitimer Rechtspositionen des Gegners erlaubt.[133] Diese gegenseitige Beeinträchtigung von Rechtspositionen darf jedoch nicht absolut und ohne Schranke erfolgen.[134] Das Arbeitsrecht indes vermittelt aus sich selbst heraus noch keine derartige Rechtsausübungsschranke.[135] Da aber der Staat mit der Befugnis der Koalitionen zur autonomen Rechtsfindung[136] eine Verteilung eines Teils seiner Macht (also eine Delegation staatlicher Befugnisse)[137] vornimmt, muß die vorgenannte Rechtsausübungsschranke auch aus dem öffentlichen Recht, das heißt aus der staatlichen Verantwortung zum Schutz privater Rechte folgen.[138] Es darf keinen Unterschied machen, ob der Staat selbst unmittelbar in fremde Rechtsgüter eingreift oder ob er den „Umweg" über die Ermächtigung eines Privaten zum Eingriff in diese Rechtsgüter wählt.[139] Derjenige, in dessen Rechtskreis eingegriffen wird, bedarf des Schutzes, unabhängig davon, ob dieser Eingriff durch den Staat oder durch Private erfolgt.[140] Auch im

---

132 Diese vorher nur durch die Rechtsprechung abgesicherte Prämisse wurde im Vertrag über die Schaffung einer Währungs-, Wirtschafts- und Sozialunion zwischen der Bundesrepublik Deutschland und der Deutschen Demokratischen Republik vom 18.Mai 1990 (BGBl. II S. 537) kodifiziert. Dort heißt es im gemeinsamen Protokoll über Leitsätze, „A. Generelle Leitsätze. I., II., ... III. Sozialunion: 1. ... Gewerkschaften und Arbeitgeberverbände sind in ihrer Bildung, ihrer Existenz, ihrer organisatorischen Autonomie und ihrer koalitionsgemäßen Betätigung geschützt. 2. Tariffähige Gewerkschaften und Arbeitgeberverbände müssen ... in der Lage sein, durch Ausüben von Druck auf den Tarifpartner zu einem Tarifabschluß zu kommen.." Diese Leitsätze sind auch nach dem Vollzug des Vertrages Bestandteil der gesamtdeutschen Rechtseinheit.

133 Vgl. *Scholz*, ZfA 1990, 377, 397; *Wank*, Festschr. Kissel, 1232, *Czerweny*, Arbeitskampfmittel, S. 46 m.w.N. in FN 36.

134 Vgl. *Czerweny*, Arbeitskampfmittel, S. 47 mit Bezug auf FN 39.

135 Siehe auch oben die Ausführungen in § 2 II. 2.

136 Siehe Nr. 3 der in Fußnote 132 zitierten Leitsätze: „3. Löhne und sonstige Arbeitsbediungungen werden nicht vom Staat, sondern durch freie Vereinbarungen von Gewerkschaften, Arbeitgeberverbänden und Arbeitgebern festgelegt."

137 Vgl. BAG AP Nr. 16 zu Art. 3 GG IV:, zuletzt bestätigt durch BAG AP Nr. 28 zu § 5 BetrAVG. Nach anderer Ansicht erfolgt die Legitimation der Tarifpartei durch die Mitglieder, siehe die Übersicht dazu bei *Gamillscheg*, Koll. ArbR, S. 558ff. Selbst nach dieser Ansicht ist das Übermaßverbot als wertentscheidende Grundsatzbegrenzung der Ausübung von Rechten auch zwischen den Arbeitskampfparteien anzuwenden. (Siehe nur MünchArbR/*Löwisch*, § 239, Rdnr. 108.)

138 *Scholz*, ZfA 1990, 377, 397; *Seiter*, Streikrecht, S. 153, *Czerweny*, Arbeitskampfmittel, S. 48 m.w.N. in FN 44; *Kreuz*, Verhältnismäßigkeit, S. 89.

139 *Kreuz*, Verhältnismäßigkeit, S. 89.

140 *Wank*, Festschr. Kissel, S. 1225, 1232.

Fall der Kollision bestimmter privater Rechtsgüter muß für deren verhältnismäßigen Ausgleich gesorgt sein. Auf der Ebene der Grundrechte geschieht dieser Ausgleich durch die Herstellung praktischer Grundrechtskonkordanz. Jedes Grundrecht findet seine Grenze in konfligierenden Rechtspositionen, insbesondere in den Grundrechten anderer. Zwischen beiden kollidierenden Rechtsgütern ist daher ein möglichst schonender Ausgleich herzustellen.[141]

Diese Konstellation der gegeneinander stehenden Rechtspositionen besteht auch im Arbeitskampfrecht und führt dogmatisch zum Prinzip des privatrechtlichen Übermaßverbotes als entsprechende Rechtsausübungsschranke für die Koalitionen im Arbeitskampf.[142] Die Befugnis in fremde Rechtskreise einzugreifen ist somit der eigentliche Geltungsgrund desÜbermaßverbotes, so daß es auch im Arbeitskampf anwendbar ist.[143] Es geht allein darum, bei der Zuteilung der Handlungsbefugnisse an die Beteiligten einen vernünftigen Ausgleich zu schaffen. Die vorbehaltslose Gewährleistung des Art. 9 Abs. 3 GG, der die Grundlage für jedwede Betätigung der Koalitionen bietet, bedeutet nicht, daß dieses Grundrecht außerhalb jeglicher Schranken steht. Art. 9 Abs. 3 GG ist in die Gesamtordnung des Grundgesetzes einbezogen und hat sich daher in diese Ordnung einzupassen. Es garantiert den Koalitionen keine absolute Freiheit, sondern ermächtigt diese im Rahmen der ihnen zugewiesenen Aufgabe zur Wahrung der Arbeits- und Wirtschaftsordnung nur zu einer verhältnismäßigen Beeinträchtigung anderer Rechtsgüter. Die kampfweise Beteiligung ist Rechtsmacht, die der Schranke des Rechtsmißbrauchs unterliegt.[144] Beide Seiten sind hiernach verpflichtet, die Rechtspositionen der Gegenseite in verhältnismäßiger Weise zu wahren und zu schonen[145], da das Übermaßverbot die Betroffenen vor den unverhältnismäßigen oder anders ausgedrückt exzessiven Auswirkungen des Arbeitskampfes schützen will.[146]

---

141 Vgl. unter anderem BVerfGE 28, 234, 260f.; 30, 173, 191ff.; 41, 29, 50f.; 57, 295, 321ff.

142 *Kreuz*, Verhältnismäßigkeit, S. 89ff., 91; *Scholz*, ZfA 1990, 377, 397; *Czerweny*, Arbeitskampfmittel, S. 46 FN 35 und S. 48f.; *Wank*, Festschr. Kissel, 1232; dazu auch *Gamillscheg*, Koll. ArbR, S. 1131 und *Rieble*, Anm. zu EzA Art. 9 GG Arbeitskampf Nr. 97, S. 28: „Der Verhältnismäßigkeitsgrundsatz ist Ausdruck praktischer Konkordanz."

143 *Wank*, Festschr. Kissel, S. 1225, 1232.

144 *Seiter*, Streikrecht, S. 153.

145 *Scholz*, ZfA 1990, 377, 397.

146 Siehe *Rieble*, Anm. zu EzA Art. 9 GG Arbeitskampf Nr. 97, S. 28.

Diesem Gedanken hat sich das Bundesverfassungsgericht teilweise entgegengestellt, als es ausführte, daß die Verhältnismäßigkeitsprüfung erst bei den Abwehrmaßnahmen im Arbeitskampf ansetzen dürfe. Bei einer Verhältnismäßigkeitsprüfung, die schon bei den Angriffsmitteln ansetzte, sei eine gerichtliche Kontrolle der Tarifziele kaum zu vermeiden. Eine solche Kontrolle würde jedoch dem Grundgedanken der Tarifautonomie widersprechen.[147] An dieser Aussage ist richtig, daß eine Tarifzensur nicht stattfinden darf. Wenn man aber davon ausgeht, daß das Übermaßverbot dazu dienen soll, die Rechte der beiden Kampfparteien so in Einklang zu bringen, daß eine Vernichtung des Kampfgegners, also ein Mißbrauch des Streiks, vermieden wird, soll dieser Grundsatz gerade nicht dazu benutzt werden, eine Tarifkontrolle durchzuführen. Seine Anwendung auf den gesamten Arbeitskampf steht dann den Ausführungen des Bundesverfassungsgerichts nicht engegen.

Die Anwendung des Übermaßverbotes im Arbeitskampf soll die Kampfparteien vor Auswüchsen schützen, es soll hingegen regelmäßig nicht dazu dienen, einen konkreten Streik wegen des dort verfolgten Ziels als unverhältnismäßig zu charakterisieren, indem der Inhalt der Tarifforderung zum Arbeitskampfmittel und dessen Anwendung ins Verhältnis gesetzt wird. Eine Anwendung in dem Sinn, daß ein Streik unverhältnismäßig sei, weil die damit angestrebte Lohnforderung der wirtschaftlichen Lage nicht gerecht werde, entspricht nicht dem Ziel, mittels des Verhältnismäßigkeitsprinzips zu erreichen, daß beide Kampfparteien nach dem Arbeitskampf noch existenzfähig sind. Aufgabe der Anwendung des Übermaßverbotes ist einzig und allein die Exzeß- oder anders ausgedrückt Mißbrauchskontrolle.[148] Dies entspricht der Figur des Rechtsmißbrauchs aus dem allgemeinen Zivilrecht, die in extremen Fällen eingreift, ohne daß eine Inhaltskontrolle vorgenommen wird.

Eine konsequent durchgeführte Verhältnismäßigkeitskontrolle, die fragen müßte, ob der konkrete Arbeitskampf gemessen am verfolgten Tarifziel gerechtfertigt ist, findet nicht statt. Erlaubt ist, wie schon gesagt, nur eine Exzeßkontrolle. Eine Untersuchung des Tarifabschlusses und damit eine Tarifkontrolle erfolgt gerade nicht. Entscheidend ist, daß das erreichte tarifliche Ziel nach Beendigung des Arbeitskampfes auch durchsetzbar sein muß. Dies ist nicht mehr gewährleistet, wenn der Kampfgegner, im Streik der Arbeitgeber, vernichtet wur-

---

[147] BVerfG AP Nr. 117 zu Art. 9 GG Arbeitskampf unter C I. 3. b) cc) der Gründe

[148] Siehe dazu *Rieble*, Arbeitsmarkt, RdNr. 1374.

de. Es erfolgt also eine Bereichssplittung, wonach alle Maßnahmen, die die Durchsetzung der tariflichen Regelung noch ermöglichen, verhältnismäßig, diejenigen Maßnahmen hingegen, die bewirken, daß dieses Ziel nicht mehr erreicht werden kann, indes unverhältnismäßig sind. Da es bei einer Exzeßkontrolle bleibt, die konkrete Geeignetheit und Erforderlichkeit jedoch nicht überprüft wird, unterliegt der Inhalt der Tarifforderungen eben nicht der gerichtlichen Bewertung, die Tarifautonomie bleibt unangetastet. Vielmehr geht es darum, Kampfgrenzen zu statuieren, die verhindern, daß die Gegenseite in ihrem koalitionsrechtlichen Grundstatus, der besagt, daß beide Seiten das Recht auf eine funktionsfähige Existenz, einen gesicherten Bestand wie eine effektive Betätigung haben[149], geleugnet oder gar vernichtet wird. Dies gilt sowohl für den Streik als Angriffsmittel als auch die Aussperrung als Abwehrmittel. In jedem Fall geht es darum, daß mit dem entsprechenden Kampfmittel auch ein tarifliches Ziel erreicht und kein Vernichtungsfeldzug, der den Untergang des Kampfgegners bewirken soll, geführt wird. Sowohl dem Streik als auch der Aussperrung müssen die Grenzen des Übermaßverbotes gesetzt werden. Eine Beschränkung allein auf die Aussperrung würde dem Sinn der Anwendung des Übermaßverbotes nicht gerecht. Eine Begrenzung des Abwehrmittels hat nur dann einen Sinn, wenn schon der vorhergegangene Angriff nicht grenzenlos erfolgen darf. Es wäre deshalb verfehlt, zu folgern, der Streik als Angriffsmaßnahme unterliege niemals der Verhältnismäßigkeitskontrolle.[150] Demzufolge stehen Arbeitskämpfe insgesamt unter dem privatrechtlichen Gebot der Verhältnismäßigkeit.

cc) Folgerung aus der Geltung dieses Grundsatzes für die Erhaltungsarbeiten

Mit der eben getroffenen Aussage ist klar, daß beide Seiten, Gewerkschaft und Arbeitgeber, die Rechtspositionen der Gegenseite im Arbeitskampf in verhältnismäßiger Weise wahren und schonen sollen. Die Existenz des Kampfgegners, welcher im Streik, der gewöhnlich als Angriffsmittel eingesetzt wird, der Arbeitsgeber ist, darf nicht vernichtet werden. Erreicht wird dieses Ziel während eines Arbeitskampfes, speziell eines Streiks, mit der Durchführung von Erhaltungsarbeiten. Diese bilden demzufolge eine innere Schranke des Arbeitskamp-

---

149 *Scholz*, ZfA 1990, 382, 399.

150 So auch *Konzen*, SAE 1991, 335, 340; in Anschluß daran *Czerweny*, Arbeitskampfmittel, S. 61.

fes. Allerdings soll mit den Erhaltungsarbeiten, wie bereits ausgeführt[151], nicht jeder Schaden verhindert werden.

Zu unterscheiden ist in einem Arbeitskampf zwischen wirtschaftlicher und technischer Existenzvernichtung: Wirtschaftliche Existenzvernichtung liegt dann vor, wenn infolge des Arbeitskampfes trotz aller Vorsorgemaßnahmen ein Unternehmen nicht mehr konkurrenzfähig ist und den Betrieb einstellen muß.[152] Die wirtschaftliche Existenzvernichtung ist also eine Folgeerscheinung des Arbeitskampfes. Im Gegensatz dazu tritt die technische Existenzvernichtung in der Regel unmittelbar ein, hier geht es um die Vernichtung der Betriebsmittel, die nur mit der Durchführung von Erhaltungsarbeiten aufgehalten werden kann.[153] Das klassische Beispiel dafür sind Hochöfen oder chemische Anlagen, die aufgrund der in ihnen ablaufenden Prozesse ununterbrochen in Gang gehalten werden müssen.[154] Es handelt sich demzufolge bei der technischen Existenzvernichtung um die Aufhebung der Funktionsfähigkeit des Betriebes. Damit ist das Problem der Erhaltungsarbeiten, welche genau diese Funktionsfähigkeit gewährleisten sollen, bei der Frage der technischen Existenzvernichtung angesiedelt. Vermögensschäden als Streikfolge sollen damit nicht verhindert werden.

Im Fall der Verweigerung von Erhaltungsarbeiten droht genau diese technische Existenzvernichtung. Eine Arbeitskampfführung, die eine zur Substanzvernichtung führende Schädigung der Betriebsanlagen beinhaltet, erreicht damit nicht nur die wegen der Beeinflussung der Verhandlungen zu einem Tarifvertrag gewünschte Unterdrucksetzung des Arbeitskampfgegners, sondern darüber hinaus eine Belastung desselben, die nichts mehr mit dem Arbeitskampf und dessen geduldeten Folgen zu tun hat. Ziel des Arbeitskampfes ist es nicht, den Gegner zu besiegen, ihn maximal zu schädigen und zur Kapitulation zu bewegen. Vielmehr soll in einer konkreten und begrenzten wirtschaftlichen Auseinandersetzung sein Tarifwille gebeugt werden.[155] Da eine Nichtleistung von Erhaltungsarbeiten gerade Folgen hat, die denen aktiver Schädigungshandlungen gleichkommen, also die Substanz des Betriebes zerstören, wird in einem solchen Fall aber gerade Druck auf den Kampfgegner ausgeübt, der völlig außer Verhältnis

---

[151] Siehe oben § 1.

[152] MünchArbR/*Otto*, § 278 RdNr. 154; *Seiter*, Streikrecht, S. 534.

[153] MünchArbR/*Otto*, § 278 RdNr. 154; *Seiter*, Streikrecht, S. 534.

[154] Vgl. dazu Bsp. bei *Apfel*, Sicherung, S. 39.

[155] *Rieble*, Arbeitsmarkt, Rdnr. 1310.

steht. Dem steht nicht entgegen, daß Tarifverhandlungen generell in einer Drucksituation stattfinden.[156] Der Druck des Streiks wird indes durch die Androhung wirtschaftlicher Einbußen, also eines Vermögensschadens, erreicht. Bei der Unterlassung von Erhaltungsarbeiten wird demgegenüber mit dem Eintreten eines Sachschadens gedroht, es wird Druck ausgeübt durch die Androhung der technischen Zerstörung des gesamten Betriebes beziehungsweise Unternehmens. Es handelt sich dabei um eine ganz andere Qualität von angedrohter Schädigung. Wichtig ist, daß mit der Androhung eines solchen Schadens die Konkordanz zwischen den beiden Arbeitskampfparteien nicht mehr gewährleistet ist. Die Existenz des Kampfgegners ist nicht mehr gewährleistet. Um dies zu verhindern, muß das Übermaßverbot dem Streik eine Schranke dergestalt setzen[157], daß ein solcher ohne durchgeführte Erhaltungsarbeiten unverhältnismäßig ist. Damit macht das Übermaßverbot als Grenze des Arbeitskampfes die Erbringung von Erhaltungsarbeiten seitens der Gewerkschaft als Trägerin des Streiks notwendig.[158]

III. Bestimmung des Umfangs von Erhaltungsarbeiten

Die Begründung der Notwendigkeit von Erhaltungsarbeiten ermöglicht nun auch die Bestimmung des Umfangs dieser Tätigkeiten. Durch die durchgeführten Erhaltungsarbeiten ist ein Schutz der Sachsubstanz des Betriebes und dem verbunden eine unverzügliche Wiederaufnahme der Produktion nach Beendigung des Arbeitskampfes zu ermöglichen, damit das mit dem Arbeitskampf verfolgte Ziel, die Vereinbarung neuer Arbeits- und Wirtschaftsbedingungen, auch genutzt werden kann. Also müssen Erhaltungsarbeiten in einem solchen Umfang gewährleistet werden, um genau dieses Ziel zu erreichen. Allerdings sind aufgrund der Vielgestaltigkeit der bestreikten Branchen die Verhältnisse im Einzelfall unter Einbeziehung der allgemeinen industriellen und der speziellen

---

156 So aber *Hohenstatt*, Erhaltungsarbeiten, S. 54.

157 Siehe auch *Däubler*, AuR 1997, 13, 15.

158 So auch *Birk*, *Konzen*, u.a., Entwurf, S. 55; Brox/Rüthers-*Brox*, Arbeitskampfrecht, RdNr. 291, *Buchner* in Lieb, Arbeitskampfrecht, S. 39; *Heckelmann*, Erhaltungsarbeiten, S. 18; *Hromadka*, Anm. zu BAG SAE 83, 55, 61; LAG Baden-Würtemberg, DB 80, 2041, 2042; *Lauschke*, Notarbeiten, DB 70, 1175, 1176; *Löwisch/Mikosch* , ZfA 78, 153, 158; *Oetker*, Erhaltungsarbeiten, S. 14; *Rieble*, Arbeitsmarkt, Rdnr. 1370.; *Schiffer*, Erhaltungsarbeiten, Erhaltungsarbeiten, S. 22. und BAG, DB 1995, 1817.

betrieblichen Gegebenheiten[159] entscheidend bei der Ermittlung eines Maßstabes. Es kann also keine genaue Festlegung für den Einzelfall getroffen werden. Jedoch ist es möglich, mit Hilfe der oben[160] bereits vorgenommenen Kategorisierung von möglichen geforderten Arbeiten Richtlinien zu ermitteln, die der Orientierung und konkreten Umsetzung im Einzelfall dienen.

1. Schutz der Produktionsanlagen

Der Schutz der sächlichen Betriebsmittel ist als klassische Erhaltungsarbeit anzusehen. Ohne das Funktionieren der Grundlagen einer Produktion beziehungsweise betrieblichen Tätigkeit ist eine Wiederaufnahme nach Arbeitskampfende regelmäßig unmöglich. Die Wartung der Produktionsanlagen ist deshalb unabdingbare Voraussetzung für die Durchführung eines rechtmäßigen Arbeitskampfes und gehört damit zu den Erhaltungsarbeiten.[161]

Der Schutz dieser Anlagen bedingt jedoch auch teilweise produktive Tätigkeiten.[162] Zwar ist die Produktionsstillegung das typische und erlaubte Kampfmittel zur Bedrängung und notfalls Schädigung des Kampfgegners.[163] Ist es aber aus technischen Gründen erforderlich, die Produktion fortzusetzen, um die Anlagen vor Schäden oder Zerstörung zu bewahren, gehören auch diese Arbeiten zu den Erhaltungsarbeiten.[164] Dazu zählen das schon genannte ununterbrochene Betreiben von Hochöfen oder chemischen Anlagen. Aber auch andere Anlagen können so beschaffen sein, daß ein Abschalten nicht möglich ist.

Zu fragen ist immer, ob eine Stillegung möglich ist oder ob sie zu Schäden an der Substanz führen würde. Verdeutlichen läßt sich dies am Beispiel von Computeranlagen. Derartige Anlagen werden gewöhnlich ununterbrochen betrieben, damit ein durchgehender Dateneingang sowie eine solche Datenverarbeitung möglich ist. Das bedeutet aber nicht, daß ein Abschalten unmöglich ist. Die einzige Voraussetzung dafür ist, daß dies von qualifiziertem Personal in der dafür

---

159 Däubler-*Schumann*, Arbeitskampfrecht, RdNr. 225; *Leinemann*, DB 1971, 2309, 2309.
160 In § 1 II.
161 *Apfel*, Sicherung, S. 38 f; *Leinemann*, DB 1971, 2309, 2309; *Steinert*, Notstandsarbeit, S. 73.
162 Brox/Rüthers-*Brox*, Arbeitskampfrecht RdNr. 292; *Löwisch/Mikosch*, ZfA 1978, 153, 161.
163 *Heckelmann*, Erhaltungsarbeiten, S. 20.
164 BAG AP Nr. 74 zu Art. 9 GG Arbeitskampf unter III. 1. der Gründe.

vorgesehenen Art und Weise ausgeführt wird.[165] Die gespeicherten Daten gehen dann nicht verloren, es kommt auch nicht zu Systemschäden. Der Schaden, der entsteht, ist kein Schaden an der Anlage, der durch Erhaltungsarbeiten gerade verhindert werden soll, sondern ein reiner Unproduktivitätsschaden.[166] Dieser soll jedoch durch Erhaltungsarbeiten gerade nicht abgewehrt werden. Die Schadenszufügung ist das Mittel, um Druck auszuüben. Ohne sie würde ein Arbeitskampf sinnlos werden.[167] Eine Weiterführung der Produktion ist also dann Erhaltungsarbeit, wenn es um die Bewahrung der Betriebsmittel vor Substanzschäden geht.[168] Da es aber nur um die für den Schutz der Produktionsanlagen unerläßliche Weiterproduktion geht, reicht häufig eine gedrosselte Fertigung aus. Beispiel dafür ist die genannte Roheisenproduktion, bei der Roheisen auf Vorrat produziert wird, das dann in die Stahlproduktion miteingebracht wird. Ein Substanzschutz bedingt aber auch, daß Anlagen sachgerecht stillgelegt werden müssen. Ein plötzliches Abschalten kann nämlich ebenfalls Schäden hervorrufen, die zur Unbrauchbarkeit führen würden. Dazu zählen zum Beispiel die Produktionsanlagen in der chemischen Industrie, die nicht einfach abgestellt werden können. Das Abfahren oder Drosseln chemischer Anlagen erfordert umfangreiche Sicherheitsvorkehrungen.[169] Damit ist festzuhalten, daß auch Arbeiten, die der sachgerechten Stillegung dienen, in die Gruppe der Arbeiten zum Schutz der sächlichen Betriebsmittel und damit der Erhaltungsarbeiten eingereiht werden müssen.

2. Werksschutz

Aus der Notwendigkeit, die Produktionsanlagen in einem Zustand zu erhalten, der die Wiederaufnahme der betrieblichen Tätigkeit nach Beendigung des Arbeitskampfes ermöglicht, folgt die Sicherung der Werksanlagen vor unbefugten Zugriffen Dritter (durch Diebstahl, Sachbeschädigung etc.) auch während des

---

165 Ein derartiges „Herunterfahren" wird auch ohne Arbeitskampf regelmäßig zur Systempflege durchgeführt.

166 Vgl dazu die Angaben zu Schäden bei Streiks in der Computerindustrie am Beispiel von Digital Equipment in *Cramer*, Hardware, S. 137.

167 BAG AP Nr. 74 zu Art. 9 GG Arbeitskampf unter III. 3. der Gründe.

168 Brox/Rüthers-*Brox*, Arbeitskampfrecht, RdNr. 292; *Heckelmann*, Erhaltungsarbeiten, S. 20.

169 Siehe dazu *Hindrichs*, Neue Technologien, S. 161 und 164.

Arbeitskampfes.[170] Das bedeutet, daß eine Bewachung des Betriebes vorzunehmen ist. Die Wahrnehmung dieser Aufgabe ist dann keine Frage von Erhaltungsarbeit, wenn der Werksschutz ohnehin von externen Firmen durchgeführt wird. In einem solchen Fall sind nur die Zugangsregeln zu klären, die Frage eines Einsatzes von Arbeitnehmern des sich im Arbeitskampf befindlichen Betriebes stellt sich nicht.
Etwas anders gestaltet sich jedoch die Lage, wenn das Unternehmen eine eigene Werksschutzabteilung besitzt. Im Gegensatz zur unmittelbaren Sicherung der Produktionsanlagen sind bei der Betriebsbewachung keine detaillierten Kenntnisse über den Betrieb der Anlagen, sondern nur bezüglich der Sicherung und Bewachung von Objekten erforderlich. Es stellt sich deshalb die Frage, ob die Bewachung im Fall des Arbeitskampfes von den eigenen Mitarbeitern erbracht werden oder ob nicht vielmehr der Arbeitgeber primär Fremdfirmen einschalten muß.[171] Bei auf derartige Aufgaben spezialisierten Bewachungsfirmen kann eine Grundfachkenntnis vorausgesetzt werden, so daß es nur einer Einweisung für das konkrete Objekt bedarf.

Eine Übernahme durch eine externe Firma, bei der für die Dauer des Arbeitskampfes die im Betrieb angestellten Arbeitnehmer durch die Mitarbeiter dieser Firma ersetzt werden, hätte den Vorteil, daß diesen Arbeitnehmern das Streikrecht erhalten bliebe. Außerdem würden etwaige Interessenkonflikte zwischen bewachenden Belegschaftsangehörigen und der Gewerkschaft auf der einen Seite sowie dem Arbeitgeber auf der anderen Seite, die in einem eskalierten Arbeitskampf durchaus auftreten können, vermieden. Der Arbeitgeber hätte zudem den Vorteil, daß er selbst disponieren könnte, unabhängig von der Arbeitskampfsituation. Zudem ist es zur Sicherung des Betriebes nicht erforderlich, daß diesen Schutz die dort angestellten Arbeitnehmer übernehmen. Zwar ist der Schutz der Betriebsanlagen erforderlich, um nur möglicherweise eintretende Schäden zu verhindern[172], damit ist jedoch nur die Sicherung an sich gemeint. Es ist also nur die abstrakte Tätigkeit erforderlich, nicht aber die Erbringung durch eigene Arbeitnehmer. Daraus folgt, daß, sofern diese Tätigkeit von Exter-

---

170 Vgl. *Apfel*, Sicherung, S.36 f.; Brox/Rüthers-*Brox*, Arbeitskampfrecht, RdNr. 292; *Buschmann*, AuR 1980, 230,234/235; *Hohenstatt*, Erhaltungsarbeiten, S. 87; *Löwisch/Mikosch*, ZfA 1978, 153, 161; *Oetker*, Erhaltungsarbeiten, S. 16; *Schell*, BB 1969, 1179, 1180; *Siebrecht*, Arbeitskampf, S.96.

171 Dieser Gedanke bei *Däubler*, AuR 1981, 257, 261.

172 *Löwisch/Mikosch*, ZfA 1978, 153, 161.

nen erbracht werden kann, die Arbeit der eigenen Arbeitnehmer nicht erforderlich ist. Dies ist auch damit zu begründen, daß der Kreis der Erhaltungsarbeiten so eng wie möglich gehalten werden soll, um eventuellem Mißbrauch vorzubeugen. Mit dem Tätigwerden einer externen Firma wird außerdem den Einwänden der Boden entzogen, die sich beim Einsatz von Leiharbeitnehmern bzw. bei der Einstellung neuer Arbeitnehmer aufdrängen würden. Den eingesetzten Arbeitnehmern steht nämlich durch § 11 Abs. 5 AÜG ein gesetzlich eingeräumtes Leistungsverweigerungsrecht zu, wenn sie im Arbeitskampf streikende oder ausgesperrte Arbeitnehmer ersetzen sollen[173], so daß der Arbeitgeber unter Umständen trotz Einsatzes von Fremdkräften keine Arbeitswilligen hätte.

Die Einstellung von Arbeitnehmern für die Dauer des Arbeitskampfes ist häufig schon deshalb nicht effektiv , weil die Streikdauer oft viel zu kurz ist und die Arbeitskräftenachfrage im Tarifbereich auch viel zu groß sein wird.[174] Außerdem werden in der Regel tarifliche Wiedereinstellungsklauseln vereinbart, so daß der Arbeitgeber in die Gefahr von Doppelbesetzungen kommt.[175] Im Gegensatz zu externen Firmen geht es hier zudem immer um Arbeitsverträge mit einzelnen Arbeitnehmern, nicht jedoch um zeitlich begrenzte Dienstverträge mit einer auf die betreffende Tätigkeit spezialisierten Firma. Diese kann auf jeden Fall tätig werden. Demzufolge gehört die Erbringung von Sicherungsleistungen grundsätzlich zum Kreis der von Arbeitnehmern des im Arbeitskampf stehenden Betriebes auszuführenden Erhaltungsarbeiten, sofern eine Zuhilfenahme von Externen nicht erlangbar ist. Eine Bewachung durch Externe hätte den Vorteil der größeren Flexibilität bezüglich der Vertragsdauer und sollte deshalb vorrangig sein. Die bloße Möglichkeit einer solchen Bewachung reicht allerdings nicht aus. Kommt also aus Kapazitäts- oder anderen Gründen ein Bewachungsvertrag nicht zustande, fällt die Durchführung der Sicherungstätigkeiten wieder an die Arbeitnehmer des im Arbeitskampf stehenden Betriebes zurück.

3. Abwicklungsarbeiten

Neben den Betriebsmitteln, deren Substanz durch Erhaltungsarbeiten geschützt werden soll, werden gerade im industriellen Produktionsprozeß Werkstoffe, al-

---

173 Vgl. dazu auch *Seiter*, Streikrecht, S. 358.

174 *Seiter*, Streikrecht, S. 358.

175 *Seiter*, Streikrecht, S. 358 m.FN 6.

so Ausgangs- und Grundstoffe, für die Erzeugung von Produkten[176] verwandt. Tätigkeiten, die im Arbeitskampf diese Werkstoffe schützen sollen, werden zu den sogenannten Abwicklungsarbeiten gerechnet. Es handelt sich dabei um Tätigkeiten, die zur Abwicklung der Arbeitseinstellung gehören und den Verderb von Werkstoffen und bereits produzierter Ware verhindern sollen.[177] Hierunter fallen Tätigkeiten, wie die oben genannte Entleerung eines Konverters im Stahlwerk und das Leerarbeiten von noch gefüllten Stoffbütten in einer Papierfabrik oder bereits angesetzter Farbflotten in der Textilverarbeitung. Dazu gehören aber auch Arbeiten, die dem Warenaustausch dienen, inklusive der Entgegennahme von Waren im Arbeitskampf. Die sachgerechte Stillegung von Anlagen, die ja nach deren Wortsinn auch der Abwicklung der Arbeitseinstellung dient, ist hingegen, wie oben ausgeführt[178], zur Fallgruppe der Wartung und Instandhaltung der Produktionsanlagen zu rechnen. Bei ihnen steht im Gegensatz zu den Abwicklungsarbeiten nicht die Sicherung von Werkstoffen im Mittelpunkt.

Im Gegensatz zu den Erhaltungsarbeiten, die der Sicherung und Wartung von Produktionsanlagen dienen, sind Tätigkeiten, die zu den Abwicklungsarbeiten gehören, nicht so unproblematisch als Erhaltungsarbeiten einzuordnen. Hintergrund dieser Schwierigkeiten ist die Tatsache, daß die Bandbreite dessen, was von den Tarifvertragsparteien als erforderlich angesehen wird, sehr weit auseinandergeht. Das ist darauf zurückzuführen, daß gerade Abwicklungsarbeiten, wenn sie weit gefaßt werden, de facto eine Weiterführung der Produktion darstellen und dadurch Schäden verhindern können, die nicht mehr vom Ansatz der Erhaltungsarbeiten gedeckt werden. Darausfolgend kann mittels ihrer Durchführung sogar ein Arbeitskampf „abgewürgt" werden.[179] Es ist deshalb unter Anwendung des oben[180] entwickelten Maßstabes zu ermitteln, inwieweit derartige Abwicklungsarbeiten zu den Erhaltungsarbeiten gerechnet werden können.

---

176 Vgl. dazu *Bestmann*, Betriebswirtschaftslehre, S. 250; *Gutenberg*, Betriebswirtschaftslehre, S.3.

177 *Löwisch/Mikosch*, ZfA 1978, 153, 162; *Oetker*, Erhaltungsarbeiten, S. 17f.; *Schiffer*, Erhaltungsarbeiten, S. 81.

178 Vgl. dazu § 2 III.1.

179 Anschauliches Beispiel hierfür bei *Buschmann*, Anm. zu BAG AuR 1983, 251.

180 Vgl. § 2 II. 4. b. cc.

a) Verarbeitung empfindlicher Rohstoffe

Häufiger Fall von Abwicklungsarbeiten ist die Verarbeitung verderblichen Materials, um empfindliche Rohstoffe beziehungsweise Naturerzeugnisse oder Fertigwaren zu sichern. Natürlich belastet den Unternehmer die Nichtverarbeitung solcher Stoffe. Bei der Frage, ob eine solche Arbeit auch erforderlich ist, ist aber davon auszugehen, daß Rohstoffe und Naturerzeugnisse eine viel kürzere Lebensdauer, ein niedrigeres Nutzungspotential und darausfolgend einen geringeren Kapitalbedarf als Betriebsmittel haben, also eine weniger bedeutende Investition als letztere darstellen.[181] Zu den Rohstoffen zählen alle aus der Natur gewonnenen mineralischen, pflanzlichen und tierischen Erzeugnisse, aber auch die daraus hergestellten Zwischenprodukte. Naturerzeugnisse sind vor allem tierische und pflanzliche Erzeugnisse, die im naturbelassenen Zustand verbraucht oder zu anderen Produkten verarbeitet werden.[182] Langfristige Investitionsentscheidungen werden daher in der Regel nur bei der Zerstörung von Betriebsmitteln durch den Arbeitskampf durchkreuzt, dagegen liegt es in der Natur der Sache, daß Rohstoffe und Naturerzeugnisse, die bei der Produktion gerade verbraucht werden, immer wieder erneuert werden müssen.[183] Sie binden nicht dauerhaft Kapital wie die Betriebsmittel, sondern werden schnell in den Warenkreislauf zurückgeführt, sind also in der Regel schnell und unproblematisch ersetzbar. Demzufolge liegt mit der Zerstörung von Rohstoffen und Naturerzeignissen kein langfristiger Eingriff in die unternehmerische Disposition wie bei der Zerstörung der Sachsubstanz des Betriebes, der Betriebsmittel, vor. Bei Arbeiten zum Schutz von Rohstoffen handelt es sich lediglich um die Abwehr eines Vermögensschadens, der nichts mit der Verhinderung der technischen Existenzvernichtung und damit der Sicherung der Wiederaufnahme der betrieblichen Tätigkeit nach Streikende zu tun hat. Dieses Ergebnis wird durch das neue Arbeitszeitgesetz gestützt. In § 10 Abs. 1 Nr. 15 des Arbeitszeitgesetzes ist die Beschäftigung von Arbeitnehmern an Sonn- und Feiertagen zur Verhütung der Verderbens von Naturerzeugnissen und Rohstoffen oder des Mißlingens von Arbeitsergebnissen erlaubt. Sonntagsarbeit wird dabei als legitim angesehen, wenn durch die Unterbrechung der Produktion eine zusätzliche technische Ausschußproduktion von höchstens 5 % der Wochenproduktion erreicht wird. Begründet wird dies damit, daß eine derartige Ausschußquote in etwa dem Verlust

---

181 *Bestmann*, Betriebswirtschaftslehre, S. 427, 300; *Gutenberg*, Betriebswirtschaftslehre, S.70ff.

182 *Baeck/Deutsch*, ArbzG, § 10, RdNr.119.

183 Vgl. dazu *Bestmann*, Betriebswirtschaftslehre, S. 422.

der Arbeitsergebnisse einer 8-Stunden-Schicht entspricht.[184] Schon in der Normalsituation ohne Streik wird ein Verlust unterhalb der 5 % Grenze hingenommen, um die in Art 140 GG iVm. Art. 137 WRV verfassungsrechtlich geschützte Sonn- und Feiertagsruhe zu bewahren. Daraus ist zu folgern, daß im Fall eines Streiks, der zumindest indirekt durch Art. 9 Abs. 3 GG geschützt ist und bei dem die Druckausübung und die Schadenszufügung als deren Folge in einem gewissen Umfang erlaubt sind, erst recht Vermögensverluste des Arbeitgebers in Kauf genommen werden. Die Verarbeitung von Rohstoffen zählt deshalb grundsätzlich nicht zum Kreis der erforderlichen Erhaltungsarbeiten.[185]

Diese Prämisse ist jedoch wiederum am Maßstab der Verhältnismäßigkeit zu messen. Das kann dazu führen, daß bei gewissen Konstellationen eine Verweigerung der Erbringung dieser Tätigkeiten unverhältnismäßig wäre. Wenn nämlich die Rohstoffe in ihrer Bedeutung hinsichtlich des Investitionseinsatzes die Betriebsmittel überragen, rücken sie in einen diesen vergleichbaren Rang auf. Betriebsmittel dürfen aber wie bereits dargelegt gerade nicht durch den Arbeitskampf vernichtet werden. Wenn die Rohstoffe in einer solchen Konstellation aber den Betriebsmitteln gleichstehen, ist eine Vernichtung der erstgenannten dann auch eine unverhältnismäßige Schädigung. Beispiel hierfür ist die Verhinderung des endgültigen Verderbs von Obst oder Tiefkühlware[186], allgemein von organischen Rohstoffen, wenn sich das Unternehmen auf die Verarbeitung oder den Handel mit solchen Waren spezialisiert hat und das Betriebskapital demzufolge in diesen Rohstoffen steckt. In solchen Fällen muß weitergearbeitet werden, um diese Waren zu retten, wobei diese Tätigkeiten dann auch zu den Erhaltungsarbeiten zählen.[187]

Ebenfalls als Ausnahme zu dem oben getroffenen Grundsatz der Ablehnung der Einordnung von Abwicklungsarbeiten als Erhaltungsarbeiten sind die Tätigkei-

---

184 *Baeck/Deutsch*, ArbzG, § 10, RdNr. 126.

185 Brox/Rüthers-*Brox*, Arbeitskampfrecht, RdNr. 292; *Buschmann*, AuR 1980, 230, 235; *Däubler*, AuR 1981, 257, 257; *Fenn*, DB 1982, 430, 432 f.; *Hromadka*, Anm. zu BAG SAE 1983, 55, 61; *Löwisch/Mikosch*, ZfA 1978, 153, 162; *Oetker*, Erhaltungsarbeiten, S. 20; *Schiffer*, Erhaltungsarbeiten, S. 83; Däubler-*Schumann*, Arbeitskampfrecht, RdNr. 225; *Steinert*, Notstandsarbeit, S. 73.

186 Vgl. dazu BAG AP Nr. 74 zu Art. 9 GG Arbeitskampf unter III. 1. am Ende; *Apfel*, Sicherung, S. 40; *Oetker*, Erhaltungsarbeiten, S. 20; *Schell*, BB 1969, 1179, 1180; *Schiffer*, Erhaltungsarbeiten, S. 83 f.; *Siebrecht*, Arbeitskampf, S. 96.

187 MünchArbR/*Otto*, § 278, Rdnr.142.

ten anzusehen, bei denen eine Weiterproduktion für die Erhaltung der Betriebsmittel notwendig ist. Es handelt sich dabei neben den bereits genannten Arbeiten, insbesondere der Aufrechterhaltung der Hochofenproduktion, auch um Tätigkeiten wie die Entleerung der erwähnten Konverter, Papierbütten oder allgemein angesetzter Produktgrundstoffe, deren weitere unbearbeitete Lagerung in den Herstellungsapparaturen zu einer Schädigung letzterer führen würde.

Bei der Frage, ob auch die Verarbeitung von Rohstoffen, die für die Weiterarbeit nach Kampfende notwendig sind, zu den Abwicklungsarbeiten gerechnet wird, gilt zuerst der Grundsatz, daß die Wiederbeschaffung von Rohstoffen regelmäßig Vorrang hat. Kurzfristige Verzögerungen der Arbeitsaufnahme nach Ende des Kampfes sind zu dessen erforderlichem Umfang zu rechnen.[188] Der Verlust solcher Rohstoffe ist ein reiner Vermögensschaden, der bei der Vorbereitung auf den Arbeitskampf einkalkuliert werden muß. Der Arbeitgeber kann zudem solche Verzögerungen deshalb der Selbstregulierung durch den Markt überlassen, da sowieso keine Lohnzahlungspflicht seitens des Arbeitgebers besteht, wenn nach Arbeitskampfende die Arbeitnehmer infolge des Streiks nicht mehr im Betrieb beschäftigt werden können[189]. Eine Ausnahme ist nur dann zu machen, wenn durch die Vernichtung der Rohstoffe ein unverhältnismäßiger Schaden ensteht.[190] Insofern gilt das oben gesagte.

b) Auslieferung gefertigterWare

Ebenfalls zu den Abwicklungsarbeiten wird teilweise[191] die Auslieferung gefertigter Ware gerechnet. Eine Auslieferung vor dem Arbeitskampf produzierter Ware würde bedeuten, daß das Unternehmen seine Liefertermine einhalten kann und deshalb nicht in Schuldnerverzug gemäß § 284 BGB gerät mit der Folge, daß den Kunden keine Schadenersatzansprüche aus §§ 326 beziehungsweise 286 BGB zustehen, falls man überhaupt davon ausgeht, daß

---

188 Nach *Löwisch/Mikosch*, ZfA 1978, 153, 162 1-2 Tage.

189 Siehe BAG AP Nr. 45 zu Art. 9 GG Arbeitskampf LS 3 und unter 3. der Gründe sowie *Zeuner*, Anm. zu BAG AP Nr. 45 zu Art. 9 GG Arbeitskampf unter 2. a. mwN; MünchArbR/*Otto* § 281, RdNr. 10.

190 BAG AP Nr. 74 zu Art. 9 GG Arbeitskampf unter III. 1. der Gründe; *Apfel*, Sicherung, S. 40; Brox/Rüthers-*Brox*, Arbeitskampfrecht, RdNr. 292; *Gamillscheg*, Koll ArbR., S. 1168; *Löwisch/Mikosch*, ZfA 1978, 153, 162; *Oetker*, Erhaltungsarbeiten, S. 20; *Schiffer*, Erhaltungsarbeiten, S. 83; *Steinert*, Notstandsarbeit, S. 74.

191 *Schiffer*, Erhaltungsarbeiten, S. 81, *Steinert*, Notstandsarbeit, S. 37.

im Streik den Kunden Schadenersatzansprüche wegen Verzuges zustehen.[192] Damit käme es zu jeglicher Schadensabwehr. Zwar ist das verfassungsmäßige Kampfmittel nicht die Schädigung des Arbeitgebers, sondern die Arbeitsniederlegung in Form des Streiks[193], die Schadenszufügung ist aber die gewollte Folge des Streiks, um Druck auszuüben, ohne die ein Streik sinnlos würde.[194] Eine Einordnung der Auslieferungsarbeiten als Erhaltungsarbeit würde die Streikfreiheit deshalb zu sehr begrenzen. Hinzu kommt, daß das Unternehmen im Vorfeld zumindest eine begrenzte Politik der Schadensverminderung betreiben kann. Da Arbeitskämpfe nicht vom Himmel fallen, wie treffend festgestellt wurde[195], kann gewährleistet werden, daß kurz vor dem Arbeitskampf produzierte Ware das Haus verlassen kann.[196] Natürlich kann diese Möglichkeit nicht überall angewendet werden. Gerade bei just-in-time-Produktion ist eine Vorratshaltung oder Lieferung früher als geplant und vereinbart aufgrund der genau getakteten Produktion unmöglich. Dann besteht allerdings immer noch die Möglichkeit, sich gegen einen doch entstehenden Streikschaden zu versichern oder eine Freizeichnungsklausel in die Allgemeinen Geschäftsbedingungen aufzunehmen.[197]

Probleme könnten sich jedoch insoweit ergeben, als gerade Zulieferer auf ein ganz bestimmtes Produkt ihres Abnehmers spezialisiert sind und bei längeren Arbeitskämpfen damit rechnen müssen, daß Aufträge verloren gehen, was in einem solchen Fall die Gefahr der Existenz- und Arbeitsplatzvernichtung mit sich bringt.[198] Dann wäre nach Ende des Arbeitskampfes die Wiederaufnahme der Produktion zwar technisch möglich, aber wirtschaftlich nicht sinnvoll. Eine

---

192 Vgl. den Streitstand dazu bei *Löwisch*, AcP 174 (1974), 202, 228 ff., 233 ff., 262 (Nr. 17, 18) und neuerdings *Däubler*, AuR 1997, 13,18ff. Siehe auch *Rieble*, Arbeitsmarkt, Rdnr. 246.

193 So richtig *Bauer/Haußmann*, DB 1996, 881, 881.

194 BAG AP Nr. 74 zu Art. 9 GG Arbeitskampf unter III. 3. der Gründe.

195 *Buschmann*, AuR, 1980, 230, 235.

196 Dieser Vorschlag bei *Hohenstatt*, Erhaltungsarbeiten, S. 77.

197 Zu dieser Möglichkeit vgl. bei *Löwisch*, AcP 174 (1974), 202, 208 ff. Von Gesamtmetall wird ein solcher Haftungsausschluß und eine derartige Lieferhilfe auf Seite 15 der Arbeitskampfrichtlinien empfohlen.

198 Dazu die Zahlen bei *Bauer/Haußmann*, DB 1996, 881, 882: 80% des Umsatzes gehen auf einen Auftraggeber zurück. Siehe auch *Däubler*, AuR 1997, 13, 18, der darauf verweist, daß ein derart abhängiges Unternehmen die oben beschriebenen Schutzmaßnahmen wie Freizeichnungsklauseln oder eine entsprechende Versicherung sowie ein eventuelles Nachkaufen von zu liefernden Produkten nicht ermöglichen kann.

solche Folge droht aber im Grunde jedem Unternehmen. Konsequenz müßte dann sein, eine Quote festzulegen, ab der die wirtschaftliche Abhängigkeit von einem Auftraggeber so groß wäre, daß ein Wegfall der Geschäftsbeziehungen ruinös wäre. Im dargestellten Fall tritt eine reine Druckwirkung auf den Unternehmer ein. Im Unterschied zur Verweigerung von Arbeiten, die der Instandhaltung der Betriebsmittel dienen, bleibt die Substanz der Betriebsmittel erhalten. Wollte man nun die Vernichtung von Aufträgen durch Verweigerung von Auslieferungen mit einbeziehen, bestünde das Problem, welche Auftragsverlustquote noch zumutbar ist. Zudem wäre eine Quotenbildung wie oben angesprochen keine Exzeßkontrolle mehr wie mit der Anwendung des Verhältnismäßigkeitsgrundsatzes bezweckt, sondern führte wirklich zur Tarifzensur. Außerdem ist zu beachten, daß ein Auftragsverlust auch durch die Verweigerung der Weiterproduktion eintreten kann. Ob nun die Waren gar nicht erst produziert oder nicht ausgeliefert werden, macht dann keinen Unterschied. Als Konsequenz müßte daraus gefolgert werden, daß bei der Gefahr von Auftragsverlusten und einer Abhängigkeit vom Abnehmerunternehmen immer weitergeliefert und gearbeitet werden muß. Das aber würde eine Willensbeeinflussung zugunsten der Arbeitgeberseite bedeuten. In einem solchen Fall derartige Arbeiten zu verweigern, würde dagegen nur Auswirkungen auf den Druck, der auf den Arbeitgeber einwirkt und damit auf die Dauer des Arbeitskampfes haben. Da aber Tarifverhandlungen nicht nur nach dem Muster des individuell ausgehandelten Vertrages im Rahmen freier Konkurrenz geführt werden, sondern wegen der oben[199] erörterten Monopolsituation auch nach dem Muster der machtmäßigen Konfliktregulierung und der Drohung[200], ist ein solcher Druck legitim. Erst wenn ein Unternehmen den Produktionsstillstand und die daraus entstehenden Kosten nicht mehr für vertretbar hält, sorgt dieses für Kompromißbereitschaft des Verbandes oder es schließt einen „Separatfrieden" in Form eines Firmentarifvertrages.[201]

Das Argument, daß verfassungsmäßig garantiertes Kampfmittel nicht die Schädigung des Arbeitgebers, sondern die Arbeitsniederlegung in Form des Streiks ist[202], trifft zwar zu, unterschlägt aber, daß genau mit diesem Streik Vermögensschäden in Kauf genommen werden. Entscheidend ist daher, daß es sich bei der

---

199 § 2 I.

200 BAG AP Nr. 81 zu Art. 9 GG Arbeitskampf unter B. II. 2. c. der Gründe.

201 *Löwisch*, BB 1987, 1030, 1034.

202 So *Bauer/Haußmann*, DB 1996, 881.

hier dargestellten Konstellation um das Problem des ruinösen Arbeitskampfes handelt, der im Gegensatz zur Durchführung der Erhaltungsarbeiten Außenschranke des Arbeitskampfes ist. Der zu verhindernde Schaden ist ein reiner Vermögensschaden, der den Betrieb in seinem Bestand als solchen unberührt läßt und bei dem auch keine Gleichsetzung mit der technischen Existenzvernichtung, wie oben erörtert, möglich ist.[203] Es handelt sich hier um ein Problem, das im Zusammenhang mit dem arbeitskampfrechtlichen Paritätsprinzip zu sehen ist. Es geht um die Zulässigkeit eines Arbeitskampfes mit derartigen Folgen überhaupt, nicht aber um dessen Grenzen. Auslieferungsarbeiten sind deshalb auf keinen Fall zu den Erhaltungsarbeiten zu rechnen.[204]

c) Entgegennahme von Lieferungen

Bezüglich der Entgegennahme von Lieferungen als Erhaltungsarbeit gilt grundsätzlich das zur Auslieferung Gesagte. Hier ist allerdings eine Ausnahme zuzulassen, die die Entgegennahme von verderblichen Waren betrifft, sofern diese einen (großen) überwiegenden Anteil am Kapital des Unternehmens ausmachen. Es sind hier die Maßstäbe anzulegen, die bei der Einordnung der Verarbeitung von verderblichen Waren entwickelt worden waren. Damit ist nur in diesen Ausnahmefällen die Entgegennahme von Waren zu den Erhaltungsarbeiten zu rechnen, ansonsten gehören derartige Tätigkeiten nicht zum Kreis der Erhaltungsarbeiten.[205]

4. Schutz des immateriellen Kapitals und Annexarbeiten

Neben Betriebsmitteln und Werkstoffen verfügt ein Unternehmen auch über sogenanntes immaterielles Kapital wie zum Beispiel Patente, Urheberrechte, aber auch einen gesicherten Kundenstamm und den guten Ruf eines Unternehmens. Wollte man jedoch die Erhaltungsarbeiten so weit ausdehnen, daß auch die Kundenbetreuung und Auftragssicherung während des Arbeitskampfes gewährleistet ist, würde eine effektive Druckwirkung sehr erschwert.[206] Erforder-

---

203 So auch explizit *Däubler*, AuR 1997, 13, 15 bzw. implizit in seinen Ausführungen in derselben Publikation S. 17ff.

204 Siehe auch *Däubler*, AuR 1997, 13, 19.

205 *Buschmann*, AuR 1980, 230, 235; *Fenn*, DB 1982, 430, 432; *Löwisch/Mikosch*, ZfA 1978, 153, 162; MünchArbR/*Otto*, § 278, RdNr. 143; Däubler-*Schumann*, Arbeitskampfrecht, RdNr. 224.

206 Vgl. dazu auch *Oetker*, Erhaltungsarbeiten, S. 22 ff.; Brox/Rüthers-*Brox*, Arbeitskampfrecht, RdNr. 292.

lich ist deshalb nur eine grundsätzliche Aufrechterhaltung der Verbindung nach außen, was ohne die Tätigkeit der sonst für diese Aufgaben zuständigen Abteilungen geschehen kann.[207] In Frage kommt zum Beispiel die Bildung eines Notstabes, der sich aus einigen Mitarbeitern der sonst dafür zuständigen Abteilungen zusammensetzen kann. Darüber hinausgehende Tätigkeiten würden der Beschäftigung Arbeitswilliger dienen und sind deshalb nicht als Erhaltungsarbeiten anzusehen.[208]

Etwas anders stellt sich die Lage bei den sogenannten Annexarbeiten dar. Es handelt sich dabei um für die Erbringung von Erhaltungsarbeiten notwendige Tätigkeiten[209], also Vorarbeiten, Hilfs- oder Unterstützungsdienste. Diese Arbeiten, ohne die die Erbringung der eigentlichen Erhaltungsarbeiten ausgeschlossen ist, gehören damit auch zu den Tätigkeiten, deren Leistung im Arbeitskampf erforderlich ist. Das Übermaßverbot begrenzt indes auch wiederum die Durchführung dieser Annexarbeiten. Ihr Umfang wird eingegrenzt durch das, was für die Sicherung der Erhaltungsarbeiten notwendig ist, und darf nicht darüber hinausgehen, da keine Fortführung des Betriebes ermöglicht werden soll.[210] Allerdings kann eine Weiterführung der Produktion dann notwendig werden, wenn nur so die für die Erhaltungsarbeiten erforderlichen Annexarbeiten erbracht werden können. Die Situation stellt sich demnach hier genauso dar wie bei der Sicherung und Instandhaltung der Produktionsanlagen.

---

207 *Löwisch/Mikosch*, ZfA 1978, 153, 162.

208 Vgl. dazu BAG AP Nr. 135 zu Art. 9 GG Arbeitskampf unter II. 2. b. der Gründe. Eine solche Ausdehnung würde außerdem der Risikoverteilung im Arbeitskampf widersprechen. Gehen wegen eines Arbeitskampfes Aufträge verloren, so trägt dieses Risiko der Arbeitgeber, die Arbeitnehmer hingegen tragen das Risiko der Nichtfunktionsfähigkeit der Produktionsanlagen. Vgl. auch *Fenn*, DB 1982, 430, 432.

209 *Oetker*, Erhaltungsarbeiten, S. 28.

210 BAG AP Nr. 74 zu Art. 9 GG Arbeitskampf unter III. 4. der Gründe; *Buschmann*, AuR 1980, 320, 235; *Heckelmann*, Erhaltungsarbeiten, S.21; *Löwisch/Mikosch*, ZfA 1978, 153, 161 f.

§ 3 Verpflichtung der Arbeitnehmer zur Erbringung der Erhaltungsarbeiten

Nachdem im vorhergehenden Kapitel die kollektivrechtliche Notwendigkeit der Erbringung von Erhaltungsarbeiten dargestellt wurde, ist im folgenden zu untersuchen, aus welchem Rechtsgrund die einzelnen Arbeitnehmer verpflichtet sind, diese Erhaltungsarbeiten zu erbringen. Es ist also das Geflecht durchschaubar zu machen, das zwischen der Ebene des Individualarbeitsvertrages und der kollektivrechtlichen Ebene besteht.[211]

Kein Problem bereitet die Verpflichtung streikunwilliger Arbeitnehmer zu Erhaltungsarbeiten. Arbeitnehmer, die dem gewerkschaftlichen Streikaufruf nicht folgen, nehmen nicht am Streik teil, womit ihre arbeitsvertragliche Hauptleistungspflicht auch nicht suspendiert wird. Damit haben sie weiterhin die vereinbarten Arbeitsleistungen zu erbringen, mithin auch Erhaltungsarbeiten.[212] In diesem Fall bestehen auch keine Bedenken dahingehend, daß von diesen streikunwilligen Arbeitnehmern die Erhaltungsarbeiten Streikender übernommen werden, sofern dies vom Direktionsrecht gedeckt ist. Das Interesse beider Kampfparteien, also auch der Streikenden, den Produktionsapparat zu erhalten, drängt hier den Solidaritätsgedanken zurück. Dies ist insofern akzeptabel, als streikunwillige Arbeitnehmer dann gerade die Tätigkeiten verrichten, die die geforderte Arbeitskampfneutralität besitzen, also den Arbeitskampf weder fördern noch beeinträchtigen. Damit greift auch das Argument nicht durch, daß mit einer derartigen Tätigkeit den kämpfenden Kollegen in den Rücken gefallen werde.

Etwas anders stellt sich die Sachlage bei Arbeitnehmern dar, die am Streik teilnehmen. Problematisch ist dabei, daß der gewerkschaftliche Streikaufruf alle Arbeitnehmer, gleich ob Organisierte oder Nichtorganisierte, zur Teilnahme am Streik berechtigt[213], was bei Streikteilnahme die Suspendierung der Hauptleistungspflicht aus dem Arbeitsverhältnis zur Folge hat.[214] Damit sind Arbeitnehmer, die am Streik teilnehmen, grundsätzlich nicht verpflichtet, ihre Arbeits-

---

[211] So treffend *Hohenstatt*, Erhaltungsarbeiten, S. 20.
[212] Vgl. nur *Heckelmann*, Erhaltungsarbeiten, S. 14.
[213] BAG AP Nr. 130 zu Art. 9 GG unter II. 3. der Gründe mwN.
[214] Siehe nur BAG AP Nr. 43 zu Art. 9 Arbeitskampf, LS 2.

leistung zu erbringen. Hier ist also zu überlegen, wie trotz Suspendierung eine Arbeitspflicht begründet werden kann.

I. Erhaltungsarbeiten als Beitrag gegenüber der Gewerkschaft

Eine Kollision mit dem Problem der Suspendierung wird vermieden, wenn man die Pflicht der Arbeitnehmer, Erhaltungsarbeiten zu erbringen, als vereinsrechtlich zu leistenden Beitrag im Sinne des § 58 BGB gegenüber der Gewerkschaft ansieht.[215] Der Erhaltungsarbeiter würde dann mit seinen Tätigkeiten Geschäfte der Gewerkschaft im Sinne der §§ 675, 662 BGB aufgrund seines Mitgliedsverhältnisses zur Gewerkschaft besorgen.[216] Dieser Ansatz hat den Vorteil, daß die Suspendierung der Hauptleistungspflichten aus dem Arbeitsverhältnis keine Rolle mehr spielen würde, da der Arbeitnehmer nur im Verhältnis zur Gewerkschaft tätig wird. Allerdings wird bei einer derartigen Herangehensweise verkannt, daß zwischen der Pflicht der organisierten Arbeitnehmer gegenüber der Gewerkschaft, Erhaltungsarbeiten zu übernehmen und der Pflicht der Arbeitnehmer gegenüber dem Arbeitgeber, derartige Arbeiten zu erbringen, zu differenzieren ist:

Bei letzterer Pflicht geht es um den individualvertraglichen Anspruch des Arbeitgebers zur Sicherung der kollektivvertraglichen Notwendigkeit, Erhaltungsarbeiten zu leisten, während es bei erstgenannter Pflicht um das organisationsinterne Pflichtengefüge geht. Die in den Satzungen der Gewerkschaften aufgenommene Verpflichtung, Erhaltungsarbeiten zu leisten, begründet lediglich Rechte und Pflichten zwischen der jeweiligen Gewerkschaft und ihren Mitgliedern. Diese gewerkschaftliche Verpflichtung begründet indes keine Rechtspflicht in dem Sinn, daß ein Anspruch des Arbeitgebers gegenüber den nicht gewerkschaftlich organisierten Arbeitnehmern besteht.[217] Damit würden aber diese Arbeitnehmer, denen gegenüber der Gewerkschaft gerade keine Verpflichtungen obliegen[218], nicht herangezogen werden können. Die Erklärung, daß diese einen Solidaritätsbeitrag zur Erreichung des gemeinsamen Kampfzie-

---

215 So *Lauschke*, Notarbeiten, S. 73.

216 *Lauschke*, Notarbeiten, S. 75.

217 Vgl. *Heckelmann*, Erhaltungsarbeiten. S. 15.

218 *Fenn*, DB 1982, 430, 433; *Heckelmann*, Erhaltungsarbeiten, S. 16; *Hohenstatt*, Erhaltungsarbeiten, S. 22.

les leisten[219], befriedigt in dieser Beziehung nicht. Unabhängig von der Frage, ob eine gewerkschaftliche Satzung überhaupt eine Außenwirkung entfaltet und damit eventuell einen Anspruch des Arbeitgegners gegenüber den organisierten Arbeitnehmern ermöglicht, bedeutet daher die Unmöglichkeit der Nichteinbeziehung der großen Gruppe der nicht gewerkschaftlich organisierten Arbeitnehmer, daß eine mitgliedschaftliche Begründung der Notwendigkeit von Erhaltungsarbeiten nicht erfolgversprechend ist.

Zudem würde bei einer mitgliedschaftlichen Begründung der Leistung von Erhaltungsarbeiten der Arbeitgeber sein Direktionsrecht und damit die Einflußnahme auf die konkrete Durchführung der Arbeiten verlieren, da die Gewerkschaft in eine Art Arbeitgeberstellung eintreten würde.[220] Schon deswegen widerstreitet eine solche Lösung den Interessen der Arbeitgeber. Aber auch die Gewerkschaft wird an einer solchen Lösung nicht unbedingt großes Interesse haben. Sie müßte den Erhaltungsarbeitern, die bei einer Heranziehung auf individualvertraglicher Grundlage vom Arbeitgeber ihren Lohn bekämen, zumindest Streikgeld zahlen und würde außerdem die Verkehrssicherungspflichten sowie das Haftungsrisiko gegenüber dem Arbeitgeber zu tragen haben.[221] Aufgrund dieser aufgezeigten Nachteile ist eine Verpflichtung der Arbeitnehmer, Erhaltungsarbeiten als Beitrag gegenüber der Gewerkschaft zu leisten, nicht begründbar.

II. Arbeitsvertragliche Herleitung

Der Versuch, die Frage der Leistung von Erhaltungsarbeiten durch die entsprechenden Arbeitnehmer auf individualvertragsrechtlicher Ebene zu lösen, stößt aber immer an das oben angesprochene Hindernis der suspendierten arbeitsvertraglichen Hauptleistungspflichten.

1. Arbeitsvertragliche Treuepflicht

Ein Weg, dieses Hindernis zu umgehen und trotzdem einen Anspruch gegen den Arbeitnehmer aus dem Arbeitsverhältnis zu begründen, ist, das zu nutzen, was

219 So *Lauschke*, Notarbeiten, S. 73.
220 Vgl. *Fenn*, DB 1982, 430, 432; *Hohenstatt*, Erhaltungsarbeiten, S. 22.
221 Vgl. dazu *Fenn* DB 1982, 430, 433; *Löwisch/Mikosch*, ZfA 1978, 153, 165.

im Arbeitsverhältnis trotz Streiks nicht suspendiert wird. Da das Arbeitsverhältnis ja weiter bestehen bleibt, werden die arbeitsvertraglichen Nebenpflichten nicht suspendiert.[222] Sofern aus diesen nun eine derartige Verpflichtung abzuleiten wäre, könnten sie als Grundlage zur Erbringung der Erhaltungsarbeiten durch die Arbeitnehmer genutzt werden. Konkret wird dabei die Treuepflicht der Arbeitnehmer benannt.[223]

Die Treuepflicht des Arbeitnehmers ist im Grunde eine Zusammenfassung einer Reihe von Nebenpflichten des Arbeitnehmers.[224] Sie wird heute aber nicht mehr als Ergebnis der Betrachtung des Arbeitsverhältnisses als personenrechtliches Gemeinschaftsverhältnis verstanden.[225] Trotzdem beinhaltet, wie oben bereits ausgeführt[226], das Arbeitsverhältnis Nebenpflichten für den Arbeitnehmer, die besagen, daß er seine Verpflichtungen aus dem Arbeitsverhältnis so zu erfüllen, seine Rechte so auszuüben und die im Zusammenhang mit dem Arbeitsverhältnis stehenden Interessen des Arbeitgebers so zu wahren hat, wie dies von ihm unter Berücksichtigung seiner Stellung im Betrieb nach Treu und Glauben billigerweise erwartet werden kann.[227] Dazu gehört vor allem die Verpflichtung des Arbeitnehmers zur Anzeige von Schäden, Mißständen und Unregelmäßigkeiten und generell das Verbot jedes schädigenden Verhaltens.[228] Damit ergibt sich für den Arbeitnehmer die Pflicht, dem Arbeitgeber bei der Abwehr drohender Schäden behilflich zu sein.[229] Das bedeutet nun nicht, daß die Arbeitnehmer aufgrund ihrer Treuepflicht alle während eines Streiks dem Arbeitgeber und dem Betrieb drohenden Schäden abzuwenden hätten und somit ihr Streikziel gefährden müßten.[230] Es widerspräche dem Grundsatz der Kampfparität und dem Kampfrisiko, wenn die Pflicht der Arbeitnehmer, ein den Betrieb schädigendes Verhalten zu unterlassen, so weit reichen würde, daß die Arbeitnehmer

---

222 *Bertele*, Aussperrung, S. 104, 112; R. *Dietz*, JuS 1968, 1, 8; *Fabricius*, RdA 1962, 94, 100; *Schell*, BB 1969, 1179, 1180.

223 So *Bertele*, Aussperrung, S. 112; Brox/Rüthers-*Brox*, Arbeitskampfrecht RdNr. 291 m. FN 25; R. *Dietz*, JuS 1968, 1, 8; *Fabricius*, RdA 1962, 94, 100; Hueck-Nipperdey/*Säcker*, ArbR II/2 § 47 B VI 3c; *Schell*, BB 1969, 1179, 1180; *Steinert*, Notstandsarbeit, S. 41 f.

224 *Schaub*, ArbR, § 53 I 1.

225 *Schaub*, ArbR, § 53 I 1.

226 § 2 II 2.

227 *Schaub*, ArbR, § 53 I 1.

228 Vgl. *Bertele*, Aussperrung, S. 105, 112 f.; *Steinert*, Notstandsarbeit, S. 41.

229 *Bertele*, Aussperrung, S. 112.

230 *Steinert*, Notstandsarbeit, S. 42 (§ 42).

gezwungen wären, Arbeiten zu leisten, die das Streikergebnis zu ihren Ungunsten beeinflussen.[231] Da aber die Erhaltungsarbeiten, wie oben in § 2 dargelegt, die Verhältnismäßigkeit wahren sollen, werden gerade auch die Interessen der Streikenden verwirklicht. Die Erbringung von Erhaltungsarbeiten aufgrund der Treuepflicht steht also dem Arbeitskampf durchaus nicht wesensfremd gegenüber.[232]

Bedenken gegen eine Herleitung der Pflicht zur Verrichtung von Erhaltungsarbeiten aus den arbeitsvertraglichen Nebenpflichten ("Treuepflicht") bestehen jedoch insofern, als heute kaum mehr ein Arbeitnehmer zu Erhaltungsarbeiten herangezogen werden kann, für den die zu erfüllenden Aufgaben fachfremd sind. Statt dessen verrichten die für Erhaltungsarbeiten ausgewählten Arbeitnehmer diejenigen Arbeiten, die außerhalb des Arbeitskampfes ihre vertragliche Hauptleistungspflicht darstellen.[233] In der heutigen Zeit, in der Fertigungsprozesse rationalisiert und dadurch die Tätigkeitsbereiche der Arbeitnehmer immer mehr spezialisiert worden sind, ist es realitätsfern anzunehmen, daß dann im Streik ein fachfremder Arbeitnehmer die Erhaltungsarbeiten übernehmen könnte. Gerade in Beispielsfällen wie dem Weiterbetrieb chemischer Anlagen, aber auch bei der Überwachung von Hochöfen oder dem Betrieb von Pumpstationen in Bergwerken[234] sind die dafür qualifizierten Arbeitnehmer zur Aufrechterhaltung der Anlagen notwendig. Ein fachfremder Arbeitnehmer würde höchstwahrscheinlich das gleiche Ergebnis erzielen wie gar kein Erhaltungsdienst, nämlich die Beschädigung oder Zerstörung der Anlagen.[235]

---

231 *Bertele*, Aussperrung, S. 105; *Schell*, BB 1969, 1179, 1180.

232 Vgl. auch *Bertele*, Aussperrung, S. 113; *Steinert*, Notstandsarbeit, S. 42 (§ 46).

233 *Breitenstein*, Organisation, S. 85; *Hohenstatt*, Erhaltungsarbeiten, S. 25; *Oetker*, Erhaltungsarbeiten, S. 58; *Schiffer*, Erhaltungsarbeiten, S. 65; vgl. auch *Apfel*, Sicherung, S. 169 FN 96 und S. 30 ff.

234 Vgl dazu bei *Breitenstein*, Organisation, S. 85.

235 Siehe dazu auch die Berichte bei *Hindrichs*, Neue Technologien, S. 172 über die Strekvorbereitungen bei BASF 1977. Dort wird dargestellt, daß arbeitsplatzfremde Arbeitnehmer auch nach einer Anlernzeit nur in Anwesenheit der Meister und auch dann nur bis zum ersten Störfall die Anlagen hätten bedienen können. Zu einem solchen Störfall wäre es bei den zu erwartenden Bedienungsfehlern mit hoher Wahrscheinlichkeit gekommen. Selbst die erwähnte (S. 175ff) Einführung der automatischen Prozeßleitsteuerung beim Betrieb chemischer Anlagen kann zwar Störungen verhindern, stößt jedoch nach 3-4 Tagen an ihre Grenzen beim Einsatz fachfremder Arbeitnehmer. Im Maschinen- und Fahrzeugbau (Siehe *Hindrichs*, S. 275) ist dagegen sogar trotz des Einsatzes computergestützter und -gesteuerter Fertigung weiterhin die Tätigkeit qualifizierter Facharbeiter notwendig.

Damit wird dann aber bei diesen Erhaltungsarbeitern, die ihre normale, arbeitsvertraglich geschuldete Tätigkeit fortsetzen, die Verpflichtung zur Erbringung einer Hauptleistungspflicht aus einer vertraglichen Nebenpflicht begründet.[236] Diese Nebenpflicht steht nun gerade nicht im Synallagma mit einer Gegenleistung, wie es die §§ 320 ff BGB voraussetzen. Lohnansprüche, obwohl in der Praxis für Erhaltungsarbeiter der Lohn weitergezahlt wird, und Versicherungsschutz lassen sich deshalb mit der Treuepflicht nicht begründen.[237] Der „begriffliche Schleichweg"[238], der dadurch eingeschlagen wird, nur um das erwähnte Hindernis der Suspendierung zu vermeiden, führt deshalb zu unstimmigen Ergebnissen, die einer näheren Betrachtung nicht standhalten. Wegen des kollektiven Bezugs der Erhaltungsarbeiten kann daher auch nur eine Lösung, die den Aspekt der suspendierten arbeitsvertraglichen Hauptpflichten berücksichtigt, zum Erfolg führen. Eine Konstruktion der Herleitung aus der arbeitsvertraglichen Treuepflicht ist deshalb nicht so überzeugend, um sie als Grundlage für die Erhaltungsarbeiten zu nutzen. Es lohnt sich deswegen, die arbeitsvertraglichen Hauptleistungspflichten als Basis einer weiteren Untersuchung heranzuziehen.[239]

2. Beseitigung der Suspendierungswirkung

Das Problem, das zur oben dargestellten Heranziehung der Treuepflicht als Grundlage der Leistung von Erhaltungsarbeiten durch die Arbeitnehmer führte, stellt sich aber weiterhin. Geht man von einer grundsätzlichen Suspendierung der Hauptleistungspflichten des Arbeitsverhältnisses im Streik aus, muß man Modelle finden, bei denen die Suspendierung der arbeitsvertraglichen Hauptpflichten gar nicht erst störend in Erscheinung tritt. Da oben festgestellt wurde, daß Erhaltungsarbeiter regelmäßig diejenigen Arbeiten verrichten, die ihnen außerhalb des Arbeitskampfes auch obliegen, liegt es näher, die arbeitsvertrag-

---

236 *Apfel*, Sicherung, S. 168-169; *Breitenstein*, Organisation, S. 79 u. 85; *Heckelmann*, Erhaltungsarbeiten, S. 16-17; *Hohenstatt*, Erhaltungsarbeiten, S. 25-26; *Löwisch-Mikosch*, ZfA 1978, 153, 164-165; *Oetker*, Erhaltungsarbeiten, S. 58-59

237 Alle außer *Apfel*, Sicherung, wie in vorhergehender FN.

238 So *Heckelmann*, Erhaltungsarbeiten, S. 16.

239 So auch *Apfel*, Sicherung, S. 170; *Breitenstein*, Organisation, S. 86 f.; *Buschmann*, AuR 1980, 230, 233; *Däubler*, AuR 1981, 257, 263; *Fenn*, DB 1982, 430, 433; *Heckelmann*, Erhaltungsarbeiten, S. 17 f.: *Hirschberg*, RdA 1986, 355, 358; *Hohenstatt*, Erhaltungsarbeiten, S. 26 f.; *Oetker*, Erhaltungsarbeiten, S. 72; *Siebrecht*, Arbeitskampf, S. 97; Däubler-*Schumann*, Arbeitskampfrecht, RdNr. 228.

lichen Pflichten in diesen Fällen fortbestehen zu lassen. Nur so behalten die Arbeitnehmer die Ansprüche auf das Arbeitsentgelt und nur so läßt sich die Sozialversicherung fortsetzen. Außerdem verliert der Arbeitgeber sein Weisungsrecht nicht. Der Widerspruch zwischen Arbeitspflicht und streikbedingter Suspendierung läßt sich also nur auflösen, wenn Erhaltungsarbeiter von der Suspendierungswirkung des Streiks nicht erfaßt sind.

Innerhalb dieses Lösungsweges gibt es allerdings zwei unterschiedliche Ansätze: Ausgehend von der Tatsache, daß die Rechtfertigungswirkung des Streiks eng mit dem Zweck der Tarifautonomie, der Wahrung der Arbeits- und Wirtschaftsbedingungen, verzahnt sei[240], ist nach dem ersten Ansatz durch diese Zwecksetzung die Suspendierungswirkung des Streiks begrenzt, soweit in einem Betrieb Erhaltungsarbeiten notwendig sind. Dabei umfaßt Begrenzung im hier verwendeten Sinn sowohl die Beschränkung des Streikaufrufs von vornherein, also vor Streikbeginn, als auch eine entsprechende Aufhebung der Suspendierung im nachhinein, nach Streikanfang. Es bleiben damit die Arbeitsverhältnisse von der Suspendierungswirkung des Streiks unberührt, die für Erhaltungsarbeiten erforderlich sind.[241] Die andere Möglichkeit wird darin gesehen, daß die Gewerkschaft die Arbeitnehmer, die Erhaltungsarbeiten verrichten sollen, erst gar nicht zum Streik aufruft. Diese Arbeitsverhältnisse werden somit von vornherein nicht suspendiert und der Arbeitgeber kann diese Arbeitnehmer deshalb zu Erhaltungsarbeiten heranziehen.[242]

Ausgangspunkt für beide Lösungsansätze ist die oben in Kapitel 2 aus dem Verhältnismäßigkeitsgrundsatz hergeleitete Notwendigkeit der Erhaltungsarbeiten im Arbeitskampf, die zugleich auch den abstrakten Umfang dieser Tätigkeiten begründet.[243] Damit ist auch ein Maßstab vorhanden, der festlegt, welche Arbeitsverhältnisse generell nicht der suspendierenden Wirkung des Streiks unterfallen. Probleme ergeben sich aber insofern, als mit dem Verhältnismäßig-

---

240 *Heckelmann*, Erhaltungsarbeiten, S. 17.

241 So *Apfel*, Sicherung, S. 169; *Fenn*, DB 1982, 430, 432 und Anm. zu LAG Frankfurt/M. SAE 1970, 155, 192; *Heckelmann*, Erhaltungsarbeiten, S. 18.

242 *Breitenstein*, Organisation, S. 94; *Buschmann*, AuR 1980, 230, 233; ders., Anm. zu BAG EzA Art. 9 GG Arbeitskampf Nr. 46; *Däubler*, AuR 1981, 257, 263; *Hirschberg*, RdA 1986, 355, 357; *Hohenstatt*, Erhaltungsarbeiten, S. 32; *Löwisch/Mikosch*, ZfA 1978, 153, 166, 168; *Oetker*, Erhaltungsarbeiten, S. 72; *Schiffer*, Erhaltungsarbeiten, S. 66; Däubler-*Schumann*, Arbeitskampfrecht, RdNr. 228.

243 Vgl. dazu oben § 2 II. 4. b. cc.

keitsgrundsatz nicht geklärt werden kann, wen im Zusammenhang mit den Erhaltungsarbeiten Rechtspflichten treffen sollen und welchen genauen Inhalt diese Pflichten annehmen sollen. Die Bestimmung des Erhaltungsumfanges ist nur eine abstrakte Größe, die über Verantwortungsbereiche noch nichts aussagt. Dazu kommt, daß sich aus der Bestimmung des Erhaltungsumfanges nicht ohne weiteres ergibt, welche Arbeitnehmer konkret notwendig sind, um die erforderlichen Arbeiten auszuführen. Die Beschränkung der Suspendierungswirkung anhand des abstrakt ermittelten Erhaltungsumfanges erstreckt sich nur soweit, wie dies für die Erbringung der geforderten Arbeiten notwendig ist, das heißt die Tätigkeiten und die Zahl der Arbeitnehmer werden bestimmt. Es wird damit jedoch nicht entschieden, welche konkreten Arbeitnehmer trotz Streiks ihre Arbeitskraft zur Verfügung zu stellen haben.

a) Beschränkung der Suspendierungswirkung des Streiks

Diese Hürde soll nun nach dem ersten der beiden Ansätze dadurch überwunden werden, daß die suspendierten arbeitsvertraglichen Hauptpflichten mit der Bestellung zu betrieblich notwendigen Erhaltungsarbeiten durch den Arbeitgeber „aktualisiert“[244] beziehungsweise „reaktiviert“[245] werden. Unter Aktualisierung wird die Verhinderung der Suspendierung vor Streikbeginn verstanden, während Reaktivierung die Aufhebung der Suspendierung, nachdem der Streik angefangen hat, meint. Durch diesen zusätzlichen Akt der Konkretisierung stellt sich aber die Frage, ob die Begrenzung der Suspendierungswirkung des Streiks grundsätzlich alle für Erhaltungsarbeiten als geeignet in Frage kommenden Arbeitnehmer von Anfang an trifft oder ob erst die Auswahlentscheidung dazu führt, daß eine Suspendierung der Arbeitspflicht für die ausgewählten Arbeitnehmer nicht eintreten kann[246] beziehungsweise rückwirkend von Anfang an nicht eingetreten ist.

Gegen eine Aufhebung der Suspendierung von Anfang an beziehungsweise gegen eine rückwirkende Aufhebung spricht, daß damit eine Verpflichtung zur Erbringung der Arbeitsleistung eintritt, bevor überhaupt geklärt ist, wer konkret diese Arbeiten zu leisten hat. Infolgedessen kann auch der einzelne Arbeitnehmer nicht wissen, ob er zur Verrichtung von Erhaltungsarbeiten verpflichtet ist.

---

244 *Apfel*, Sicherung, S. 169 f, *Herschel*, Anm. zu LAG Niedersachsen EzA GG Art. 9, Arbeitskampf Nr. 40 unter A II 2 a.

245 *Fenn*, DB 1982, 430, 433.

246 Vgl. *Hohenstatt*, Erhaltungsarbeiten, S. 31.

Demzufolge trägt er das Risiko, ob der Arbeitgeber von seinem Bestimmungsrecht zutreffenden Gebrauch gemacht hat.[247] Folgt der Arbeitnehmer unter Berufung auf sein Streikrecht der Weisung des Arbeitgebers nicht, macht er sich möglicherweise gemäß § 325 BGB schadenersatzpflichtig. Um dem zu entgehen, wird er also immer arbeiten, obwohl er unter Umständen streiken darf. Dieses Entscheidungsrisiko soll der Arbeitnehmer aber gerade nicht tragen.[248] Eine Aufhebung der Suspendierungswirkung von Anfang an beziehungsweise rückwirkend ist deshalb nicht durchführbar. In Betracht kommt deshalb allein eine ex-nunc-Wirkung der Auswahlentscheidung des Arbeitgebers. Dagegen ist indes anzuführen, daß eine solche Direktionsentscheidung zum einen das individuelle Streikrecht einzelner Arbeitnehmer berühren würde.Zum anderen würde damit die gewerkschaftliche Festsetzungsbefugnis, welche der organisierten Arbeitnehmer der Streikorder kraft gewerkschaftlicher Vereinssatzung zu folgen haben, tangiert.[249] Außerdem würde dies dazu führen, daß die Teilnahme eines Arbeitnehmers an einem Streik im Belieben des Arbeitgebers steht.[250] Das Argument, daß der Arbeitgeber durch seine Weisung in das Streikrecht der Arbeitnehmer eingreift, könnte allerdings entkräftet werden, wenn man davon ausgeht, daß der Arbeitgeber gar nicht kraft eigener Machtbefugnis die Suspendierung aufhebt, sondern lediglich eine im Keim durch die Bestimmung des Erhaltungsumfanges bereits angelegte Aufhebung der Suspendierung offenbart.[251] Das dabei vorausgesetzte Angelegtsein der Aufhebung der Suspendierung steht aber der ex-tunc-Wirkung der Arbeitgeberentscheidung gleich. Es ist deshalb ebenso abzulehnen.

Damit wird klar, daß dieser Ansatz entweder keine konkrete Verpflichtung begründen kann oder ein Auswahlrecht des Arbeitgebers zwingend impliziert, wenn eine Festlegung von Rechtspflichten erwünscht ist. Das führt allerdings immer dazu, daß die Arbeitnehmer alle Unsicherheiten bezüglich der Leistung der Erhaltungsarbeiten tragen müssen. Eine Alternative, die diese Unwägbarkeiten ausschließt, ist deshalb vorzugswürdig.

---

247 BAG AP Nr. 74 zu Art. 9 GG Arbeitskampf unter II 2.

248 *Buschmann*, Anm. zu BAG EzA Art. 9 GG Arbeitskampf Nr. 46 unter III 2.

249 *Heckelmann*, Erhaltungsarbeiten, S. 21 mit FN 48.

250 Vgl *Leinemann*, DB 1971, 2309, 2310.

251 So wohl *Fenn*, DB 1982, 430, 433 und wohl auch *Herschel*, Anm. zu LAG Niedersachsen EzA Art. 9 GG Arbeitskampf Nr. 40, unter A II 2a.

b) Herausnehmen der Erhaltungsarbeiter aus dem Streikaufruf der Gewerkschaft

Der zweite Ansatz einer Begründung der Leistung von Erhaltungsarbeiten aus den arbeitsvertraglichen Hauptleistungspflichten könnte gegen obige Bedenken weiterhelfen. Da aus der Herleitung der Notwendigkeit der Erhaltungsarbeiten und der abstrakten Bestimmung des Erhaltungsumfanges keine Anhaltspunkte zu gewinnen sind, kann Ausgangspunkt für eine Erklärung, wieso trotz Streiks die Hauptleistungspflichten im Arbeitsverhältnis der Erhaltungsarbeiter weiterbestehen, nur der Vorgang der Suspendierung der Arbeitspflicht sein.

Grundlage der Suspendierung ist der Streikaufruf der Gewerkschaften. Er konkretisiert den grundsätzlich gewerkschaftsinternen Streikbeschluß gegenüber den Arbeitnehmern, indem er festlegt, welche Arbeitnehmer in welchen Betrieben wann die Arbeit niederzulegen haben.[252] Wollen die Arbeitnehmer ihr Streikrecht aufgrund dieses Aufrufs ausüben, so geben sie durch den Nichtantritt der Arbeit dem Arbeitgeber (als Arbeitsvertragspartner) konkludent zu verstehen, daß sie am Streik teilnehmen, also ihre Arbeitspflicht suspendieren.[253] Die arbeitswilligen Arbeitnehmer geben durch ihr Arbeitsangebot bekannt, daß sie ihren arbeitsvertraglichen Pflichten weiter nachkommen wollen. Will man nun erreichen, daß streikwillige Arbeitnehmer zur Leistung von Erhaltungsarbeiten verpflichtet werden, muß allein die Wirksamkeitsvoraussetzung für ihre Suspendierungserklärung beseitigt werden, also der Streikaufruf. Dieser kollektive Akt räumt nur die Schranke beiseite, die der Befugnis des einzelnen, die Arbeit niederzulegen, im Wege steht. [254] Werden demnach diejenigen Arbeitnehmer gar nicht zum Streik aufgerufen, die für Erhaltungsarbeiten vorgesehen sind, können sie sich nicht wirksam am Arbeitskampf beteiligen und stehen dem Arbeitgeber unter dessen Direktionsrecht zur Durchführung von Erhaltungsarbeiten zur Verfügung. Ihre Arbeitspflicht bleibt bestehen.[255] Dem steht auch nicht der Einwand gegen ein Heranziehen der arbeitsvertraglichen Hauptleistungspflicht entgegen, der besagt, daß bei dieser Konstruktion bestimmte Arbeitnehmer überhaupt nicht streiken könnten.[256] Für sie bestehe ein Streikrecht selbst dann nicht, wenn genügend Arbeitswillige vorhanden seien, die die Ar-

---

[252] *Seiter*, Streikrecht, S. 229.

[253] *Seiter*, Streikrecht, S. 241f.

[254] MünchArbR/*Otto*, § 277 RdNr. 43.

[255] Vgl. auch *Hohenstatt*, Erhaltungsarbeiten, S. 32.

[256] So *Hromadka*, Anm. zu BAG SAE 1983, 55, 60.

beit mitübernehmen könnten.[257] Diese Argumentation setzt nämlich zum einen voraus, daß der Arbeitgeber die Erhaltungsarbeiter einteilt. Nur dieser hat ein Interesse daran, den Kreis der Erhaltungsarbeiter so groß wie möglich zu halten. Eine derartige Arbeitgeberauswahl ist jedoch nicht zwingend. Wird eine derartige Prämisse aber an den Beginn oben erwähnter Argumentation gestellt, beruht letztere auf Voraussetzungen, die nicht gegeben sein müssen (petitio principii). Sie vermengt damit Problemlagen, ist deshalb sachlich nicht passend und demzufolge hier auch nicht anwendbar. Zum anderen impliziert dieser Einwand, daß stets nur der jeweilige Stelleninhaber im Streikfall seine dann als Erhaltungsarbeit zu qualifizierende Tätigkeit weiterverrichtet. Dies ist zwar wünschenswert, aber kein Dogma. Bereits zu Beginn des Kapitels wurde ausgeführt, daß streikunwillige Arbeitnehmer die Erhaltungsarbeiten Streikender übernehmen können. Damit besteht für alle streikwilligen Arbeitnehmer zunächst einmal die prinzipielle Möglichkeit am Streik teilzunehmen. Von einer generellen Verweigerung des Streikrechts kann daher nicht gesprochen werden.

Natürlich muß auch hier, damit es möglich ist, festzustellen, welche Arbeitnehmer Erhaltungsarbeiten leisten müssen, eine Bestimmung getroffen werden. Im Unterschied zu dem Ansatz, der von einer Aktualisierung des Arbeitsvertrages ausgeht, erfolgt die Auswahl der Erhaltungsarbeiter vor der Suspendierungsbeschränkung und damit noch vor Streikbeginn, während bei der Aktualisierungstheorie praktisch erst durch die Auswahl die Suspendierungswirkung beseitigt wird.[258] Damit wird gleichzeitig gegenüber den Arbeitnehmern gewährleistet, daß sie im Zeitpunkt des Streikaufrufs sicher wissen, ob sie Erhaltungsarbeiten leisten müssen oder nicht. Es gibt dadurch keine Unsicherheiten bezüglich ihrer Arbeitspflicht. Diese Lösung hat außerdem den Vorteil, daß auch Außenseiter problemlos herangezogen zu Erhaltungsarbeiten werden können. Indem die Gewerkschaft aus ihrem Streikaufruf von vornherein die als Erhaltungsarbeiter tätigen Arbeitnehmer ausnimmt, ermöglicht sie es dem Arbeitgeber, daß diese Arbeitnehmer aufgrund der weiterbestehenden arbeitsvertraglichen Verpflichtung zur Leistung von Erhaltungsarbeiten zur Verfügung stehen.[259] Damit wird aber nicht durch die Gewerkschaft auf diese einzelnen Erhaltungsarbeiter individuell zugegriffen. Sie schafft lediglich die Rahmenbedingung, indem sie den

---

257 *Hromadka*, Anm. zu BAG SAE 1983, 55, 60.

258 Vgl dazu auch *Buschmann*, Anm. zu BAG EzA Nr. 46 zu Art. 9 GG Arbeitskampf unter III 3.

259 *Hirschberg*, RdA 1986, 355, 357.

als Erhaltungsarbeitern ausgesuchten Arbeitnehmern die Streikberechtigung durch den Ausschluß aus dem Streikaufruf entzieht. Die Verpflichtung der einzelnen Arbeitnehmer, die mangels eines sie betreffenden Streikaufruf nicht streiken können, zur Erfüllung ihrer arbeitsvertraglichen Hauptleistungspflicht und demzufolge zum Tätigwerden ergibt sich allein aus ihrem Arbeitsvertrag. Mithin besteht dann auch kein Unterschied mehr zwischen organisierten und nichtorganisierten Arbeitnehmern.

§ 4 Die Auswahl der Erhaltungsarbeiter

I. Problemstellung

Die bisherigen Untersuchungen ergaben, daß sich die Notwendigkeit, Erhaltungsarbeiten zu erbringen, aus dem Verhältnismäßigkeitsgrundsatz ableitet. Aus diesem Grund muß die Gewerkschaft die dafür notwendigen Arbeitnehmer aus ihrem Streikaufruf herausnehmen. Die Erhaltungsarbeiter werden dadurch aufgrund ihres weiterhin bestehenden, nicht suspendierten Arbeitsverhältnisses tätig. Bevor die Gewerkschaft aber nun ihren Streikaufruf in den oben angesprochenen Grenzen festlegt, muß festgestellt werden, welche konkreten Arbeitnehmer überhaupt tätig werden sollen und deshalb nicht am Streik teilnehmen dürfen. Daraus ergibt sich zwangsläufig die Frage, wer diese Arbeitnehmer und damit den konkreten Umfang der Erhaltungsarbeiten festlegt.

Die Beantwortung dieses Problems wird unter dem Stichwort „Auswahl der Erhaltungsarbeiter" diskutiert. Als andere Bezeichnungen dafür fungieren die Begriffe „Träger der Erhaltungsarbeiten"[260] oder „Kompetenz zur Anordnung von Notarbeiten"[261] oder aber „Bestimmungsrecht"[262]. Oft wird auch von der Zuständigkeit zur „Organisation"[263] der Erhaltungsarbeiten gesprochen. Letztere Begriffe suggerieren allerdings, daß derjenige, der die aus dem Streikaufruf herauszunehmenden Arbeitnehmer auswählt, umfassende Befugnisse im Betrieb für die Dauer des Arbeitskampfes hat. Organisation der Erhaltungsarbeiten bedeutet nämlich, daß der Ablauf im Betrieb sichergestellt ist. Die Kompetenzen dazu hat aber auch im Arbeitskampf nur der Arbeitgeber. Er ist „Herr des Betriebes"[264], teilt die festgelegten Erhaltungsarbeiter kraft seines Direktionsrechtes ein und überwacht die Durchführung der Erhaltungsarbeiten im einzelnen.[265] Dies wird auch dadurch gestützt, daß die Begrenzung des Streikaufrufes nur notwendig ist, wenn nicht genügend streikunwillige Erhaltungsarbeiter zur Ver-

---

260 So das BAG AP Nr. 74 Art. 9 Arbeitskampf unter II. 1.

261 *Oetker*, Erhaltungsarbeiten, S. 55.

262 *Schiffer*, Erhaltungsarbeiten, S. 85.

263 *Fenn*, DB 1982, 430, 4333

264 *Hirschberg*, RdA 1986, 355, 357.

265 *Däubler*, AuR 1981, 257, 263; *Fenn*, DB 1982, 430, 433; *Heckelmann*, Erhaltungsarbeiten, S. 24; *Löwisch/Mikosch*, ZfA 1978, 153, 165; Däubler-*Schumann*, Arbeitskampfrecht, RdNr. 228; *Steinert*, Notstandsarbeit, S. 78.

fügung stehen. Das Herausnehmen aus dem Streikaufruf muß demzufolge gegenüber den streikwilligen Arbeitnehmern auch erst zu diesem Zeitpunkt geschehen. Ansonsten kann der Arbeitgeber über die nichtstreikenden Arbeitnehmer wie gehabt disponieren. Darüber hat die Gewerkschaft keinerlei Befugnisse, sie kann keine Zuständigkeit bezüglich der betrieblichen Organisation beanspruchen.[266] Daraus folgend geht es bei der Frage der Auswahl nur darum, für den Streik eine klare Regelung darüber zu finden, wer die Auswahl vornimmt und damit den konkreten Umfang der Erhaltungsarbeiten bestimmt. Mit der (internen) betrieblichen Organisation oder irgendwelchen diesbezüglichen Kompetenzen hat die Auswahl nichts zu tun. Als Möglichkeiten bieten sich ein Auswahlrecht von Arbeitnehmer- und Gewerkschaftsseite zusammen oder aber ein jeweiliges Alleinauswahlrecht von Arbeitgeber und Gewerkschaft an.

II. Gemeinschaftlich durchgeführte Auswahl durch Gewerkschaft und Arbeitgeber

1. Einigung zwischen den Kampfparteien als Ideallösung

Eine gemeinsame Zuständigkeit beider Kampfparteien[267] ist die vorrangig anzustrebende Lösung.[268] Ein Zusammenwirken beider Seiten wird der Lage sicherlich am besten gerecht. Eine Einigung hat außerdem den Vorteil, daß Streitigkeiten so von vornherein vermieden werden. Da der Arbeitskampf auf den Ausgleich gegenläufiger Interessen durch Einigung im Tarifvertrag gerichtet ist, ist die Anwendung des Versuchs einer Konsensfindung zwischen den Kampf-

---

266 Vgl. *Hirschberg*, RdA 1986, 355, 357.

267 Dies vertreten von Brox/Rüthers-*Brox*, Arbeitskampfrecht, RdNr. 293; Alternativkommentar-GG/*Kittner* Art. 9 GG, RdNr. 66; *Fabricius*, RdA 1962, 94, 100; *Kittner*, AuR 1981, 289, 300; LAG Frankfurt/M. AP Nr. 40 zu Art. 9 GG Arbeitskampf = AuR 1970, 349; LAG Niedersachsen AP Nr. 69 zu Art. 9 GG Arbeitskampf = EzA Art. 9 GG Arbeitskampf Nr. 40 = DB 1980, 2041.

268 In diesem Sinn auch das BAG in AP Nr. 43 zu Art. 9 GG Arbeitskampf: „Es sollen Vereinbarungen zwischen den Tarifvertragsparteien über die Austragung der Interessengegensätze getroffen werden" und AP Nr. 135 zu Art. 9 GG Arbeitskampf (LS 2 und unter II.2.): „ Die Regelung der Modalitäten eines arbeitskampfbedingten Notdienstes ist - zumindest zunächst - gemeinsame Aufgabe des Arbeitgebers und der streikführenden Gewerkschaft. Dies gilt in den Grenzen des allgemeinen Willkürverbotes auch für die Auswahl der zum Notdienst heranzuziehenden Arbeitnehmer."sowie *Herschel*, Anm. zu LAG AuR 1970, 349, 352; *Wiese*, NZA 1984, 378, 382.

parteien auch bezüglich der Erhaltungsarbeiten als Begleiterscheinung des Arbeitskampfes immer vorzugswürdig gegenüber anderen Modellen.[269]

Problematisch wird es allerdings dann, wenn eine solche Einigung nicht zu erzielen ist, der Interessenkonflikt, der im Arbeitskampf ausgetragen werden soll, also größer ist als das gemeinsame Interesse an der Erhaltung der Produktionsanlagen. Dann nämlich stellt sich die Frage, wer die Auswahl übernehmen soll, erneut. Im Gegensatz zur Einigung, die im Tarifvertrag ihren Niederschlag findet und notfalls durch Kampf herbeigeführt wird, kann eine Einigung über die Auswahl der Erhaltungsarbeiter nur freiwillig erfolgen.

2. Zwangsschlichtung als alternative Lösung?

Etwas anderes wäre es jedoch, wenn zwischen beiden Kampfparteien ein Verhandlungsanspruch und daraus folgend eine Einigungspflicht bestehen würde.

Fraglich ist aber, ob sich eine solche Verhandlungspflicht überhaupt begründen ließe.[270] Im deutschen Arbeitsrecht kennt nur das Betriebsverfassungsgesetz eine ausdrückliche Verhandlungspflicht (in § 74 I 2 BetrVG). Selbst dort handelt es sich wie auch beim Einigungsstellenverfahren des § 87 BetrVG im wesentlichen um ein autonomes Einigungsverfahren der Betriebspartner, nicht um einen direkten Eingriff des Staates.[271] Im Tarifvertragsgesetz und dem richterrechtlichen Arbeitskampfrecht ist eine derartige Pflicht dagegen nicht vorgesehen.[272] Ein gerichtlich durchsetzbarer Verhandlungsanspruch führt letztendlich zu einer Inhaltskontrolle, der die Tarifautonomie entgegensteht.[273] Selbst bei der Bejahung eines Verhandlungsanspruchs und darausfolgend einer Verhandlungspflicht der Tarifvertragsparteien wird damit noch lange keine Einigungspflicht, also keine Pflicht zum Abschluß eines Tarifvertrages abgeleitet.[274]

---

269 Vgl. LAG Niedersachsen EzA GG Art. 9, Arbeitskampf Nr. 40 = DB 1982, 2041, 2041 und *Oetker*, Erhaltungsarbeiten, S. 61.

270 So auch *Däubler*, AuR 1981, 257, 258.

271 Siehe dazu *Oetker*, Erhaltungsarbeiten, S. 63.

272 BAG AP Nr. 5 zu Art. 9 GG unter III. 2. der Gründe; *Däubler*, AuR 1981, 257, 258.

273 BAG AP Nr. 1 zu § 1 TVG Verhandlungspflicht, LS 1 und unter II. der Gründe = DB 1982, 178.

274 Vgl. zum Ganzen nur *Gamillscheg*, Koll. ArbR., S. 276f.

Zur Konfliktlösung wird nun die Heranziehung der Arbeitsgerichte als letztentscheidende Instanz vorgeschlagen.[275] Ein Manko dieses Vorschlags ist zuallererst, daß die Kenntnis der Arbeitsgerichte von den betrieblichen Notwendigkeiten beschränkt sein wird.[276] Viel schwerer wiegt aber, daß die Arbeitsgerichte mit ihrer Entscheidung die autonome Einigung der Tarifpartner ersetzen.[277] Die Arbeitsgerichte würden mit einer Entscheidung anstelle der Arbeitskampfparteien eigene Regelungen im Arbeitskampf treffen. Ihr Aufgabenkreis ist aber beschränkt auf die Prüfung, ob getroffene Regelungen mit den geltenden Grundsätzen der Rechtsordnung übereinstimmen.[278] Außerdem führt eine Letztentscheidungsbefugnis der Arbeitsgerichte in letzter Konsequenz doch zu einer Einigungspflicht der Tarifparteien, sofern beide Partner an der Entscheidung über die Auswahl der Erhaltungsarbeiter beteiligt sein wollen.[279] Eine Verhandlungspflicht würde also de facto begründet. Da aber eine Erzwingbarkeit mit rechtlichen Mitteln gerade nicht gegeben ist[280], würde das Urteil des Arbeitsgerichts als Zwangsschlichtung diesem Grundsatz immer entgegenstehen. Dazu kommt, daß in diesem Fall die Arbeitsgerichte überprüfen könnten, ob die Tarifvertragsparteien ernsthaft verhandelt haben.[281] Dies wäre aber bedeutend mehr als die oben [282] erörterte Exzeßkontrolle, es läge ein unzulässiger Eingriff in die Tarifautonomie vor. Das Verbot der Zwangsschlichtung darf auch nicht mit dem Argument, daß es sich bei Erhaltungsarbeiten nicht um Maßnahmen des Arbeitskampfes handele[283], für die Teilfrage der Erhaltungsarbeiten aufgeweicht und eine Zwangsschlichtung zugelassen werden. Dies würde gerade ein Einfallstor für die Einführung der Idee der Zwangsschlichtung ins deutsche Arbeitskampfrecht darstellen. Erhaltungsarbeiten haben eine so große kampfstrategische Bedeutung, daß ihre zwangsweise Anordnung immer auch Auswirkungen auf den Arbeitskampf als Ganzes hätte. Damit käme es doch zu einer Ein-

---

275 So das LAG Niedersachsen AP Nr. 69 zu Art. 9 GG Arbeitskampf = DB 1980, 2041, 2042, *Brox*, JA 1981, 74, 75.

276 Vgl. *Däubler*, AuR 1981, 257, 259.

277 *Oetker*, Erhaltungsarbeiten, S. 64.

278 *Anderson*, Gewerkschaftsmitglied, S. 178f; *Breitenstein*, Organisation, S. 106f.

279 So richtig *Breitenstein*, Organisation, S. 107.

280 *Däubler*, AuR 1981, 257, 258f.

281 Siehe *Anderson*, Gewerkschaftsmitglied, S. 178f; *Oetker*, Erhaltungsarbeiten, S. 62.

282 In § 2 II. 4. b. bb.

283 Vgl. *Fenn* DB 1982, 430, 434.

flußnahme der Gerichte auf den Arbeitskampf, die der Tarifautonomie nicht entspricht. Eine Zwangsschlichtung ist deswegen in jedem Fall abzulehnen.[284] Um die dargelegten Vorteile der gemeinsamen Auswahl jedoch zu erhalten, wird deshalb vorgeschlagen, die Zustimmung des Arbeitskampfpartners zu einem konkreten Notdienstplan ersetzen zu lassen.[285] Der Antragsgegner soll verpflichtet werden, den Erhaltungsarbeiten und ihrer Durchführung nach Maßgabe eines beigefügten Plans zuzustimmen. Das Arbeitsgericht würde dann nach der positiven Beantwortung der Frage, ob der vorgelegte Plan der Erhaltungsarbeiten geboten ist, den Antragsgegner zur Abgabe der Willenserklärung verurteilen.[286]

Voraussetzung für eine Akzeptanz dieses Vorschlags ist zuvorderst, daß diese Zustimmungsersetzung ein allgemein geregeltes Verfahren darstellt. Ausdrücklich zugelassen wird die Ersetzung der Zustimmung nur in Ausnahmefällen wie den §§ 99 IV und 103 II BetrVG.[287] Dabei wird aber im Gesetz die Einigung der beiden Parteien als anerkannte und feststehende Tatsache behandelt. Ein Verhandeln über bestimmte Punkte oder eine betriebliche Mitwirkung ist nicht freiwillig, sondern gesetzlich angeordnet, die Betriebsparteien sind zur Zusammenarbeit verpflichtet. Ohne diese Verpflichtung würde das Grundkonzept der betrieblichen Mitbestimmung, das deutlich anders als das Zusammenwirken der Arbeitskampfparteien gestaltet ist, nicht funktionieren. Die betriebliche Mitbestimmung ist im Gegensatz zum Wirken der Tarifparteien nicht darauf angelegt, daß der Betriebsrat als autonomer Verband gegenüber dem Arbeitgeber in gleicher Weise wie die Gewerkschaft tätig wird. Es ist immer zu beachten, daß das Betriebsverfassungsgesetz unter anderem als Instrument zur Beschränkung der Privatautonomie des Arbeitgebers angelegt ist.[288] Der Betriebsrat dient also im Verhältnis Arbeitgeber - Arbeitnehmer als Mittel zur vertragsrechtskonformen Kontrolle. Vor dem Hintergrund dessen sind die im Betriebsverfassungsgesetz eingerichteten Mitbestimmungsrechte zu sehen. Die Umsetzung des im Betriebsverfassungsgesetz dokumentierten staatlichen Willens bliebe wirkungslos, wenn es kein Instrument gäbe, welches bei fehlender Einigung eingreifen würde. Deshalb existiert im Betriebsverfassungsrecht auch die Maßnahme der

---

284 Siehe dazu auch BAG AP Nr. 135 zu Art. 9 GG Arbeitskampf unter II. 2. a.

285 Dies vertreten von *Bauer/Haußmann*, DB 1996, 881, 884.

286 *Bauer/Haußmann*, DB 1996, 881, 884.

287 So von *Bauer/Haußmann*, DB 1996, 881, 884 selbst erkannt.

288 Siehe *Rieble*, Arbeitsmarkt, S. 1422.

Zwangsschlichtung. Diese Gedanken gelten auch für die Zustimmungsersetzung. Die Mitwirkung des Betriebsrates soll auf der einen Seite nicht dazu führen, daß ein Handeln des Arbeitgebers unmöglich wird, es soll diesem zum Beispiel weiterhin möglich sein, seine Personalpolitik zu verfolgen. Auf der anderen Seite soll der Arbeitgeber aber bei verweigerter Zustimmung des Betriebsrates nur nach einer Kontrolle der von letzterem vorgelegten Gründe seine Entscheidung ausüben können. Unmöglich gemacht werden soll eine Entscheidungsfindung jedoch nicht. Sie soll lediglich an bestimmte von staatlicher Seite gewünschte Grundbedingungen gebunden sein. Im Rahmen des Zustimmungsersetzungsverfahrens des § 99 IV BetrVG wird vom Gericht daher nur geprüft, ob die gesetzlich festgelegten Zustimmungsverweigerungsgründe und damit die Ursache für die Zustimmungsverweigerung des Betriebsrates vorliegen. Es wird jedoch keine eigene Regelung, wie bei den Erhaltungsarbeiten verlangt, an die Stelle der verweigerten Zustimmung gesetzt.

Demgegenüber werden die Koalitionen im Arbeitskampf, auch bei Verhandlungen über einen Plan zur Durchführung von Erhaltungsarbeiten, als privatautonome Parteien tätig. Eine richterliche Zustimmungsersetzung würde demzufolge nicht eine staatlich gewollte Beschränkung der Privatautonomie, sondern die Erzwingung einer vollständigen privatautonomen Vereinbarung bedeuten. Durch die Gewährung eines materiellen Anspruchs der einen Arbeitskampfpartei auf Zustimmung der anderen Arbeitskampfpartei zu Erhaltungsarbeiten würde man zwangsläufig wieder zu einer solchen Zwangsschlichtung gelangen, die es, wie oben dargelegt, im Bereich der Erhaltungsarbeiten als Teil des Arbeitskampfrechts nicht geben kann. Selbst wenn das Arbeitsgericht mit der Überprüfung der Verhältnismäßigkeit des Notdienstplanes[289] eine Rechtsfrage, nämlich die Überprüfung der getroffenen Regelung an der Rechtsordnung, vornimmt, so bedeutet die aus einer positiven Bewertung folgende gerichtliche Zustimmungsersetzung doch wieder eine Regelung durch das Arbeitsgericht. Dem wirkt auch nicht die Beschränkung des Antrages vor dem Arbeitsgericht auf bloße Verpflichtung zur Zustimmung[290] entgegen. Mit der vorgeschlagenen Prüfung, ob der vorgelegte Notdienstplan aus Gründen der Verhältnismäßigkeit geboten sei, nimmt das Arbeitsgericht eine inhaltliche Kontrolle vor, die mit der Tarifautonomie nicht vereinbar ist. Auch die zwangsweise Zustimmung zu einem Notdienstplan, der von der anderen Seite ausgearbeitet wurde, beziehungsweise zu

---

289 So die Intention bei *Bauer/Haußmann*, DB 1996, 881, 884.
290 So *Bauer/Haußmann*, DB 1996, 881, 884.

einer konkreten Einzelmaßnahme stellt eine Zwangsschlichtung dar. Aus der Feststellung der Verpflichtung zur Zustimmung erwächst die Verpflichtung zur Regelung. Mit der im Hintergrund jeder Verhandlung über einen Notdienstplan stehenden Anrufung des Arbeitsgerichts würde auf jeden Fall eine Verhandlungspflicht geschaffen, die nach allem Gesagten indes unzulässig ist.

Eine Verhandlungspflicht würde daher in letzter Konsequenz ebenfalls postuliert, wenn man das Problem der fehlenden Einigung durch die Feststellung der Verpflichtung des Arbeitskampfgegners zu einem vorgelegtem Notdienstplan beziehungsweise einer konkreten Einzelmaßnahme lösen wollte. Ein solches Feststellungsbegehren ist zwar grundsätzlich zulässig, da die Feststellung, daß eine (Arbeitskampf-)Partei gegenüber der anderen zur Zustimmung verpflichtet ist, ein Rechtsverhältnis im Sinn des § 256 ZPO betrifft.[291] Allerdings hat das Bundesarbeitsgericht festgestellt, daß einer derartigen Feststellungsklage schon das Feststellungsinteresse fehlt, wenn ein Streik mit einer gewissen Wahrscheinlichkeit nicht absehbar ist und kein konkreter Streit zwischen Gewerkschaft und der Arbeitgberseite über die Durchführung von Erhaltungsarbeiten bestand[292]. Damit hat das Bundesarbeitsgericht die Entscheidung in bisher problemlosen Bereichen verweigert, was auch dafür spricht, daß eine Zustimmungsersetzung nicht im Sinne dieses Gerichts liegt.

Die Einigung zwischen Arbeitgeber und Gewerkschaft bezüglich der Auswahl der Erhaltungsarbeiter ist deshalb nur eine Option. Diese sollte allerdings von den Kampfparteien wahrgenommen werden. Das Problem des nicht vorhandenen Plans zur Erbringung der Erhaltungsarbeiten ist im Rahmen des Rechtsschutzes zu klären. Der Ansatz, der von einer zwangsweisen Einigung der Kampfparteien ausgeht, bietet keine Berechtigung und damit keine Durchsetzbarkeit im Fall eines Konflikts. Er ist deshalb als grundlegender Ansatz für die Zuweisung des Auswahlrechts nicht geeignet.

---

291 Vgl. zu dieser Voraussetzung BAG AP Nr. 81 zu Art. 9 GG Arbeitskampf unter IV. 2. a und AP Nr. 113 zu Art. 9 GG Arbeitskampf unter III der Gründe.

292 BAG vom 21.03.1995, 1 AZR 448/94, unveröffentlicht.

III. Auswahl durch Arbeitgeber oder Gewerkschaft?

Aus diesen Darlegungen folgt, daß nur die eindeutige Zuweisung der Auswahlbefugnis Rechtssicherheit gewährt. Als Inhaber dieser Befugnis stehen dabei der Arbeitgeber oder die Gewerkschaft zur Verfügung. Als Ausgangspunkt für die Begründung dieser Auswahlinhaberschaft existieren demzufolge auch zwei unterschiedliche Ansätze.

1. Auswahl durch den Arbeitgeber

Zum einen kann man eine individualrechtliche Anknüpfung vornehmen, demzufolge derjenige, der Gläubiger des Anspruchs auf Arbeitsleistung ist, auch einen Anspruch auf Leistung von Erhaltungsarbeiten hat und dieser Anspruch auch die Auswahl der dafür benötigten Arbeitnehmer umfaßt. Aus der materiellrechtlichen arbeitsvertraglichen Verpflichtung der Arbeitnehmer wird damit die Auswahlinhaberschaft des Arbeitgebers als Anspruchsberechtigtem abgeleitet.[293] Damit wird aus der individualvertraglichen Normalkompetenz auf die Kompetenz im Arbeitskampf geschlossen, somit darf der Arbeitgeber auswählen.

Für eine individuelle Betrachtungsweise und damit eine Auswahlbefugnis des Arbeitgebers wiegt im ersten Augenschein schwer, daß der Arbeitgeber aufgrund seiner Kenntnisse über betriebliche Abläufe und das vorhandene Fachpersonal am besten weiß, welche Arbeiten notwendig und welche Arbeitnehmer zur Erbringung dieser Arbeiten zu bestellen sind.[294] Gegen eine Auswahl durch die Gewerkschaft wird demzufolge vorgebracht, daß ihr genau diese Kenntnisse der Produktionseinrichtungen und der Betriebsabläufe fehlen.[295] Außerdem hat die Auswahl durch den Arbeitgeber den Vorteil, daß sich das Problem der Einbeziehung der nichtorganisierten Arbeitnehmer, der sogenannten Außenseiter, nicht stellt, da diese Fragen auf individualrechtlicher Ebene gegenüber dem Ar-

293 So *Apfel*, Sicherung, S. 132 ff.; *Fenn*, SAE 1970, 189, 192 und DB 1982, 430, 433; *Herschel, Anm. zu LAG* AuR 1970, 349, 352 und Anm. zu LAG Niedersachsen EzA GG Art. 9 Arbeitskampf Nr. 40 unter A II 2 b; *Schell*, BB 1969, 1179, 1180; *Schiffer*, Erhaltungsarbeiten, S. 38 ff., 48.

294 *Fenn*, DB 1982, 430, 434.

295 So *Apfel*, Sicherung, S. 132; *Schiffer*, Erhaltungsarbeiten, S. 43 f.

beitgeber keine Rolle spielen. Ebenso wird dadurch dem Problem aus dem Weg gegangen, was passiert, wenn mehrere Gewerkschaften zum Streik aufrufen.[296]

2. Auswahlrecht der Gewerkschaft

Demgegenüber geht die andere Auffassung, die der Gewerkschaft die Befugnis zur Auswahl der Erhaltungsarbeiter einräumt,[297] von einer kollektiven Betrachtungsweise aus. Derjenige, der ein Kampfmittel einsetzt, soll auch die Erhaltungsarbeiter auswählen, da die Bedingungen, von denen die Rechtmäßigkeit eines Arbeitskampfes abhänge, von der jeweils kampfführenden Partei zu erfüllen sind.[298] Ausgangspunkt für diese Betrachtungsweise sind damit die Normalkompetenzen im Arbeitskampf, hier demnach im Streik, so daß die allgemeinen Regeln des Arbeitskampfes die Grundlage für die Einräumung der Auswahlbefugnis bilden. Die oben bei der Frage einer Arbeitgeberauswahl aufgeworfenen Probleme werden bei der Frage berücksichtigt, ob eine Modifikation der allgemeinen Arbeitskampfregeln vorgenommen werden muß.

Die eben angesprochenen allgemeinen Regeln des Arbeitskampfrechts besagen, daß der Streikaufruf der Gewerkschaften die Arbeitnehmer zur Streikteilnahme berechtigt, mit der Rechtsfolge, daß ihre arbeitsvertraglichen Hauptleistungspflichten suspendiert werden. Dabei entscheidet die Gewerkschaft über den Einsatz des Arbeitskampfmittels Streik. Sie entscheidet autonom, welche Arbeitnehmer sie zum Streik aufrufen will.[299] Geht man nun von der im vorherigen Kapitel (§ 3) aufgestellten Prämisse aus, daß die Gewerkschaft die für Erhaltungsarbeiten benötigten Arbeitnehmer aus ihrem Streikaufruf herausnimmt, soll die Gewerkschaft auch den Umfang des Streikaufrufs insoweit bestimmen, als sie vorher die Anzahl der Erhaltungsarbeiter festlegt. Sie hat ihren Streikauf-

---

[296] *Apfel*, Sicherung, S. 133; *Schiffer*, Erhaltungsarbeiten, S. 43 f.

[297] So *Buschmann.*, AuR 1980, 230, 233; *Däubler*, AuR 1981, 257, 263; *Grote*, Streik, S. 177; *Hirschberg*, RdA 1986, 355, 357; *Hohenstatt*, Erhaltungsarbeiten, S. 97 ff.; *Lauschke*, Notarbeiten, S. 47; *Leinemann*, DB 1971, 2309, 2314; *Löwisch/Mikosch*, ZfA 1978, 153, 165; *Oetker*, Erhaltungsarbeiten, S. 68; *Rüthers*, ZfA 1973, 125; 126; Däubler-*Schumann*, Arbeitskampfrecht, RdNr. 226; *Steinert*, Notstandsarbeit, S. 40.

[298] *Anderson*, Gewerkschaftsmitglied, S. 181f.

[299] Däubler-*Schumann*, Arbeitskampfrecht, RdNr. 226; Vgl. dazu auch BAG AP Nr. 64 zu Art. 9 GG Arbeitskampf unter II. 3., das ausführt, daß die Gewerkschaft als Träger des Streiks auch sonst den Umfang des Arbeitskampfes bestimmt, und Rieble, Arbeitsmarkt, Rdnr. 1371.

ruf insofern zu beschränken. Eine solche autonome Entscheidung über den Streikaufruf und damit über den Einsatz des Kampfmittels Streik ist nicht mehr möglich, wenn der Umfang dieses Streikaufrufs von der Gegenpartei festgelegt wird. Es würde sogar allen Grundsätzen widersprechen, wenn die Konkretisierung der Wirksamkeit einer Arbeitskampfmaßnahme durch den Arbeitskampfgegner vorgenommen werden dürfte.[300] Diese kollektive Betrachtung hat den Vorteil, daß der Arbeitgeber den streikwilligen Arbeitnehmern nicht einseitig die Streikberechtigung entziehen kann.[301] Genau dies würde eintreten, ginge man von einer individualrechtlichen Lösung aus. Der Einklang mit dem kollektiven Phänomen Arbeitskampf wäre nicht hergestellt. Dagegen wird die Verpflichtung der streikführenden Gewerkschaft, Erhaltungsarbeiter aus dem Streikaufruf auszunehmen, auf der Ebene des kollektiven Rechts begründet, damit der Arbeitgeber Mitarbeiter auf vertraglicher Grundlage heranziehen kann. Es handelt sich deshalb bei der Auswahl der Erhaltungsarbeiter weniger um ein Recht als vielmehr um einen Reflex der kollektiven Rechtslage[302] oder anders ausgedrückt, um einen „Bestandteil des Streikführungsrechts“[303].

Verallgemeinert man dies, kann man sagen, daß der Betreiber des entsprechenden Kampfmittels auch die Erhaltungsarbeiter auswählt, vorausgesetzt, daß eine freie Wahl der Kampfmittel besteht. Da mit dem Arbeitskampf die gegensätzlichen Interessen der am Wirtschafts- und Sozialleben Beteiligten ausbalanciert werden sollen, bedeutet dies im Verhältnis von Arbeitnehmern und Arbeitgebern, daß im äußersten Fall jede Gruppe der anderen ihre Leistungen entziehen kann, um sie zu einem entsprechenden Verhalten zu zwingen. Dazu aber darf jede Gruppe in den Grenzen des legitimen Kampfes das ihr gemäße, historisch überkommene, entsprechende Kampfmittel wählen.[304] Damit ist auf alle Fälle die freie Auswahl unter den historisch gewordenen Arbeitskampfmitteln anerkannt[305], ob auch die Freiheit der Typenbildung dazu zählt, braucht hier nicht mehr erörtert zu werden. Entscheidend ist der Umstand, daß die Arbeitskampf-

---

300 *Anderson*, Gewerkschaftsmitglied, S. 183; *Buschmann*, Anm. zu EzA Art. 9 GG Arbeitskampf Nr. 46, S. 521; *Däubler*, AuR 1981, 257, 263.

301 *Hirschberg*, RdA 1986, 355, 357.

302 *Hirschberg*, RdA 1986, 355, 357; *Hohenstatt*, Erhaltungsarbeiten, S. 98 f.

303 *Löwisch/Mikosch*, ZfA 1978, 153, 165

304 Zuerst BAG AP Nr. 1 zu Art. 9 Arbeitskampf unter II. 1.; BVerfGE 18, 18, 32 = AP Nr. 15 zu § 2 TVG.

305 Das BAG AP Nr. 64 zu Art. 9 GG Arbeitskampf unter IV. 2. spricht von einer im Grundsatz geltenden Kampfmittelfreiheit.

parteien innerhalb der zur Verfügung stehenden Typen frei auswählen können. Dann aber beinhaltet die freie Auswahl der Mittel, die sie zur Erreichung ihres Zwecks für geeignet halten, auch die Entscheidungen über die Durchführung dieser Mittel. Die Erhaltungsarbeiten, die jedes Kampfmittel, ob Streik oder Aussperrung, zwingend begleiten, sind demnach als Annex zum Kampfmittel zu betrachten und dementsprechend zu behandeln, unterliegen also auch den allgemeinen Regeln des Arbeitskampfrechts.

3. Abgehen von der Normalkompetenz aufgrund eventueller Besonderheiten bei Erhaltungsarbeiten

Dieser von der Normalkompetenz ausgehende Ansatz muß nun aber noch dahingehend untersucht werden, ob schwerwiegende Gründe eine Modifikation dieser allgemeinen Regeln des Arbeitskampfrechts verlangen. Damit wird zugleich auf die Bedenken eingegangen, die gegen eine Auswahlbefugnis der Gewerkschaft und für die Auswahlbefugnis des Arbeitgebers geäußert wurden.

a) Möglicher Verstoß gegen den Grundsatz der Kollektivität

Vorgeworfen wird der Prämisse, daß die Gewerkschaft die Befugnis zur Auswahl der Erhaltungsarbeiter habe, daß dadurch gegen den Grundsatz der Kollektivität verstoßen werde.[306] Die Gewerkschaft dürfe nur eine kollektive Auswahl treffen, nicht aber einzelne Arbeitnehmer von der Streikberechtigung ausnehmen, ein individueller Zugriff sei ihr nicht erlaubt. Unklar bleibt zunächst, was mit dem Grundprinzip der Kollektivität überhaupt gemeint ist. Zu verstehen ist darunter wohl die allgemeine Anschauung, den Arbeitskampf als ein kollektives Geschehen zu betrachten, das kollektivrechtlich gerechtfertigt wird.[307] Fraglich ist schon, ob ein individuelles Auswahlrecht dem entgegensteht.[308] Unabhängig von der Beantwortung dieser Frage stellt sich das Problem eines individuellen Zugriffs nach dem hier dargelegten Verständnis aber gar nicht. Die Auswahl der zu Erhaltungsarbeiten benötigten Arbeitnehmer ist mit dem Herausnehmen aus dem Streikaufruf der Gewerkschaft nicht verbunden. Das Herausnehmen geschieht durch eine Beschränkung des Streikaufrufs, aus dem die Gruppe der ausgewählten Erhaltungsarbeiter ausgenommen ist, mit der Konsequenz, daß

---

306 So *Fenn*, DB 1982, 430, 434.

307 Siehe nur BAG AP Nr. 1 zu Art. 9 GG Arbeitskampf unter I. 3. der Gründe.

308 *Oetker*, Erhaltungsarbeiten, S. 74, führt dazu die Rechtsprechung des BAG zur lösenden Aussperrung gegenüber Betriebsratsmitgliedern, Schwangeren und Schwerbehinderten an.

die Arbeitspflicht dieser Arbeitnehmer nicht suspendiert wird und sie dem Arbeitgeber unter dessen Direktionsrecht zur Verfügung stehen. Ausgewählt wird eine Gruppe von Arbeitnehmern, die für die Erhaltungsarbeiten benötigt werden. Mit der zeitlich vor der Beschränkung des Streikaufrufes liegenden Auswahl tritt demnach ein „Zugriff"[309] auf die individuelle Streikfreiheit der Arbeitnehmer gar nicht ein. Zu bemerken ist außerdem, daß der Grundsatz, das Arbeitskampfgeschehen sei ein kollektives Geschehen[310], nicht zwingend besagt, daß alle Arbeitnehmer ohne Ausnahme am Arbeitskampf teilnehmen müßten. Sachliche Notwendigkeiten rechtfertigen immer das Zulassen einer Ausnahme, zumal wenn durch diese der kollektive Charakter des Streiks nicht in Frage gestellt wird.[311]

Zu berücksichtigen ist außerdem, daß auch der Blick auf die mögliche Alternative, einer Auswahl durch den Arbeitgeber, keine andere Lösung bietet. Wählt der Arbeitgeber die Gruppe der Erhaltungsarbeiter aus und hebt die Suspendierungswirkung des Streikaufrufes durch eine Aktualisierung ihrer Arbeitsverhältnisse wie oben gezeigt auf, greift er genauso in deren Streikrecht ein, wie das die Gewerkschaft tun würde.[312] Dagegen steht das Votum des Bundesarbeitsgerichts, das in seiner die verschiedenen Lösungsmöglichkeiten referierenden Entscheidung die hier vertretene Lösung als vorteilhaft ansieht, da „sie die Entscheidung, welche Arbeitsverhältnisse durch den Arbeitgeber suspendiert werden sollen, der Gewerkschaft zuweist, die auch sonst als Träger des Streiks den Umfang des Arbeitskampfes bestimmt."[313] Bedenken wegen einer eventuellen Verletzung der kollektivrechtlichen Betrachtungsweise des Streiks vermögen demnach die Auswahl der Erhaltungsarbeiter aufgrund der arbeitskampfrechtlichen Normalkompetenzen nicht in Frage stellen.

b) Heranziehen der Außenseiter

Weiterhin könnte gegen eine Auswahl durch die Gewerkschaft angeführt werden, daß diese keine nichtorganisierten Arbeitnehmer auswählen könne, sondern nur auf ihre Mitglieder zugreifen dürfe.[314]

---

309 So *Fenn*, DB 1982, 430, 434.

310 So erstmals BAG AP Nr. 1 zu Art. 9 GG Arbeitskampf unter I. 3. der Gründe.

311 Vgl. auch bei *Hohenstatt*, Erhaltungsarbeiten, S. 32 f. mwN.

312 Siehe dazu auch *Oetker*, Erhaltungsarbeiten, S. 74 und *Hirschberg*, RdA 1986, 355, 358.

313 BAG AP Nr. 74 zu Art. 9 GG unter II. 3. der Gründe.

314 Derartige Bedenken geäußert bei *Anderson*, Gewerkschaftsmitglied, S. 187, FN 54.

aa) Streikrecht der Außenseiter

Ausgangspunkt der hier vertretenen Meinung ist, daß die Gewerkschaft die benötigten Arbeitnehmer für Erhaltungsarbeiten auswählt und diese dann aus ihrem Streikaufruf ausnimmt, der alle anderen Arbeitnehmer zum Streik berechtigt. Dies träfe auf Außenseiter nur dann nicht zu, wenn diese gar kein Streikrecht besitzen würden. Das ist aber nicht der Fall. Ein Streikrecht der nichtorganisierten Arbeitnehmer wird grundsätzlich nicht in Frage gestellt.[315] Dürften Außenseiter nicht an einem Streik teilnehmen, wäre die Durchführung eines solchen in vielen Bereichen fraglich, das Modell des Arbeitskampfes als Druckmittel, das Streikrecht an sich würde ausgehöhlt.[316]

Dabei kann hier dahingestellt bleiben, nach welcher der in diesem Zusammenhang vertretenen Positionen sich ein Streikrecht der nicht gewerkschaftlich organisierten Arbeitnehmer begründen läßt. Von der vorherrschenden Meinung wird Art. 9 III GG als Doppelgrundrecht gedeutet, das heißt, neben der individuellen Koalitionsgarantie steht die Garantie der Koalition in ihrer Existenz und in ihrer Betätigung.[317] Der Arbeitskampf ist dabei primär Gegenstand der kollektiven Koalitionsgarantie, das Recht des einzelnen ist eine davon abgeleitete und abhängige Befugnis. Eine andere Begründung eines Streikrechts der Außenseiter geht in Abwandlung obiger Lehre vom Doppelgrundrecht von einer individuellen Kampffreiheit unter kollektivem Vorbehalt aus.[318] Das Recht des Einzelnen ist hier nicht nur eine sekundäre Folge des kollektiven Betätigungsrechts, sondern bereits Bestandteil der Individualgarantie. Die Kampfmaßnahme steht aber auf Arbeitnehmerseite unter dem Vorbehalt der kollektiven Geltendmachung, das heißt, sie darf nur in diesem Rahmen und unter für den rechtmäßigen kollektiven Druck maßgeblichen Voraussetzungen ausgeübt werden.[319] Die von Art. 9 III GG gewollte Ermöglichung der Gestaltung der eigenen Arbeits- und Wirtschaftsbedingungen ist beim beliebigen Anschluß Anders- oder Nichtorganisierter zum einen gewährleistet, wenn sie vom Kampfergebnis faktisch profitieren. Das kann durch einzelarbeitsvertragliche Übernahme oder be-

---

315 Vgl. dazu nur BAG AP Nr. 130 zu Art. 9 GG Arbeitskampf, unter II. 3. a).; Brox/Rüthers-*Brox*, Arbeitskampfrecht, Rdnr. 292 mwN und *Thüsing*, Außenseiter, S. 54.

316 Siehe dazu auch die Zahlen bei *Thüsing*, Außenseiter, S. 17ff und seine Ausführungen, S. 51ff.

317 Siehe dazu MünchArbR/*Otto*, § 277 RdNr. 37 mwN in FN 86 und *Thüsing*, Außenseiter, S. 54.

318 So *Otto* im MünchArbR, § 277 RdNr. 42 ff.

319 MünchArbR/*Otto*, § 277 RdNr. 42.

triebliche Übung der Übernahme der im Tarifvertrag ausgehandelten Bedingungen geschehen. Es reicht aber auch schon vollkommen aus, daß ein Außenseiterarbeitnehmer sich das gewünschte und durch den Streik erreichte Ergebnis mittels Beitritts zur Gewerkschaft sichern will. Im Ergebnis ist mithin festzustellen, daß sich nach beiden Ansichten ein Außenseiterarbeitnehmer an einem Streik beteiligen kann.

bb) Auswahl der Außenseiter

Damit gilt auch für Außenseiter, daß für ihre Entscheidung zur Streikteilnahme der Streikaufruf maßgeblich ist. Ohne diesen ist eine rechtmäßige Teilnahme am Streik nicht möglich. Bestimmt die Gewerkschaft durch die Auswahl der Erhaltungsarbeiter nun ihren Streikaufruf hinsichtlich seines Umfanges, legt sie dadurch fest, wer sich anschließen kann. Die Rechte der Außenseiter sind dadurch nicht berührt, da mit dem Wegfall des Streikbefehls für sie in dem Fall, daß sie Erhaltungsarbeiten leisten müssen, auch keine rechtmäßigen Voraussetzungen für die Streikteilnahme bestehen.[320] Mit der Beschränkung des Streikaufrufs, also der Auswahl, wird das „Anhängen" an den Streik gekappt; die Legitimation für eine Teilnahme ist nicht mehr vorhanden. Ein individueller Zugriff der Gewerkschaft[321] erfolgt durch die Beschränkung des Streikaufrufs in jedem Fall nicht. Wie schon mehrmals gesagt, wird nur die Arbeitspflicht des Arbeitnehmers nicht suspendiert, so daß der Arbeitnehmer dem Arbeitgeber unter dessen Direktionsrecht zu Erhaltungsarbeiten zur Verfügung steht. Eine Anordnung von Erhaltungsarbeiten gegenüber den Außenseitern durch die Gewerkschaft gibt es damit nicht, so daß bei der Auswahl der nichtorganisierten Arbeitnehmer durch die Gewerkschaft diesen gegenüber auch keine Rechtsverletzung, etwa ihrer negativen Koalitionsfreiheit, eintritt. Einer Auswahl auch von Außenseitern seitens der Gewerkschaft steht daher nichts entgegen, so daß auch diesbezüglich ein Abweichen von den Normalkompetenzen im Streik nicht notwendig ist.

c) Gefahr einer kampftaktischen Ausnutzung der Erhaltungsarbeiten

Eine Abweichung von der oben aufgestellten Regel der Auswahl, die von der Normalkompetenz im Arbeitskampf, also bei einem Streik vom Auswahlrecht der Gewerkschaft, ausgeht, könnte sich bei der Betrachtung der kampfstrategi-

---

320 Vgl. dazu auch LAG Niedersachsen EzA GG Art. 9, Arbeitskampf Nr. 40, S. 472 = DB 1982, 2041, 2042.

321 So aber *Fenn*, DB 1982, 430, 434.

schen Bedeutung der Erhaltungsarbeiten ergeben. Bisher wurde festgestellt[322], daß Erhaltungsarbeiten einen arbeitskampffreien Raum darstellen müssen. Die daraus abgeleitete Forderung lautet denn auch, daß Erhaltungsarbeiten von der Kampfstrategie beider Seiten auszunehmen sind.[323] Die Festlegung eines Bereiches, der außerhalb des Arbeitskampfes gehalten werden soll, bedeutet indes nicht, daß den Erhaltungsarbeiten keinerlei kampftaktische Bedeutung zukommt.[324] Die Sonderposition der Erhaltungsarbeiter als vom Arbeitskampf ausgeschlossener Arbeitnehmer besagt nicht, daß auch die Festlegung des Umfanges und die Auswahlentscheidung als arbeitskampfneutral betrachtet werden können.[325] Zu untersuchen ist deshalb, inwieweit bei einer Auswahl jeweils durch die Gewerkschaft oder den Arbeitgeber die Gefahr einer kampftaktischen Ausnutzung der Erhaltungsarbeiten besteht, die ein Abgehen von der oben dargestellten Auswahlbefugnis notwendig macht.

Angenommen der Arbeitgeber würde die Auswahlbefugnis besitzen, könnte diese Kompetenz leicht dazu genutzt werden, diejenigen Arbeitnehmer als Erhaltungsarbeiter einzuteilen, deren Streikteilnahme der Arbeitgeberseite unangenehm ist.[326] Natürlich können sich unter den sogenannten Streikführern Arbeitnehmer befinden, die für die Erhaltungsarbeiten notwendig sind, aber ein gezieltes „Kaltstellen", indem die Streikteilnahme unmöglich gemacht wird, kann den Verlauf eines Streiks schon beeinflussen. Die in derartigen Fällen zugegebenermaßen eher marginale Mißbrauchsgefahr ist reell, wenn die Bestimmung des zahlenmäßigen Umfanges zur Streikbekämpfung genutzt werden soll.[327] Das Abstecken eines Bereiches, der stets außerhalb des Arbeitskampfes gehalten werden muß, kann bereits kampftaktisch ausgenutzt werden. Sei es, daß der Erhaltungsumfang zu groß festgelegt wird, oder, daß zu viele Arbeitnehmer unter Androhung arbeitsrechtlicher Konsequenzen zu Erhaltungsarbeiten aufgefordert werden. Dies ist kein „pathologischer Ausnahmefall"[328], was die von den Arbeitsgerichten entschiedenen Fälle belegen. In einem Verfahren

---

[322] Siehe oben in § 2 II. 4.

[323] *Heckelmann*, Erhaltungsarbeiten, S. 22; siehe auch *Hromadka*, Anm. zu BAG SAE 1983, 55, 60, der von einer „Rot-Kreuz-Stellung" im Arbeitskampf spricht.

[324] So *Fenn*, DB 1982, 430, 434; *Heckelmann*, Erhaltungsarbeiten, S. 22.

[325] So richtig *Hohenstatt*, Erhaltungsarbeiten, S. 104.

[326] *Löwisch/Mikosch*, ZfA 1978, 153, 167.

[327] Vgl. dazu nur *Hirschberg*, RdA 1986, 355, 358; Ein Beispiel dafür findet sich für den Streik im Bankgewerbe 1987 bei *Hindrichs*, Neue Technologien, S. 333.

[328] So aber *Fenn*, DB 1982, 430, 434.

vor dem LAG Frankfurt/M.[329] wurden zum Beispiel vom Arbeitgeber 1170 von 3000 Beschäftigten als Erhaltungsarbeiter eingeteilt.[330] Gerade in Branchen, die einen geringen gewerkschaftlichen Organisationsgrad und damit verbunden den Übergang zu der in anderen Branchen üblichen Arbeitskampfpraxis erst vollziehen, haben die Arbeitnehmer nicht das Selbstvertrauen, sich unbeeindruckt über Notdienstverpflichtungen und Abmahnungen hinwegzusetzen.[331] Dabei ist anzumerken, daß schon ein Streikbruch durch 10 % der Arbeitnehmer die Solidarität empfindlich schwächen, Verunsicherungen auslösen und gegebenenfalls sogar zum Abbruch des Streiks führen kann.[332]

Natürlich besteht die Gefahr, daß die Einteilung von Erhaltungsarbeiten kampftaktischen Erwägungen folgt, auch bei einer Auswahl durch die Gewerkschaft. Für diesen Fall hält das Arbeitsrecht jedoch Mechanismen bereit, die die streikführende Gewerkschaft an einer Verletzung ihrer Verpflichtungen regelmäßig hindern werden: Trifft die Gewerkschaft die Auswahl, hat sie bei nicht erfolgter oder zu geringer Auswahl von Erhaltungsarbeitern gegenüber dem Arbeitgeber für den dadurch entstandenen Schaden einzustehen.[333] Der betroffene Arbeitgeber hätte außerdem einen Unterlassungsanspruch auf eine entsprechende Einschränkung des Streiks, der im Verfahren der einstweiligen Verfügung durchge-

---

329 AP Nr. 40 zu Art. 9 GG Arbeitskampf.

330 Weitere Zahlen bei *Heckelmann*, Erhaltungsarbeiten, S. 9, der auf ein Verfahren vor dem Arbeitsgericht Berlin verweist, wo 100 von 350 Arbeitnehmern eingeteilt wurden beziehungsweise vor dem Arbeitsgericht Braunschweig, bei dem 300 von 600 Arbeitnehmern eingeteilt wurden, obwohl bei einem früheren Warnstreik einvernehmlich 5 Arbeitnehmer ausreichten. Zu beachten ist auch das bei *Hindrichs, u.a.*, Neue Technologien und Arbeitskampf, S. 173, berichtete Beispiel der Streikvorbereitungen bei BASF 1977. Dort hielt die Werksleitung 10 000, die Streikleitung dagegen nur 7 000 Arbeitnehmer zur Leistung von Erhaltungsarbeiten für notwendig. Seitens der Geschäftsleitung wurden dann auch am Tag vor dem geplanten Streikbeginn 10 000 Arbeitnehmer zu Erhaltungsarbeiten aufgefordert.

331 Vgl. *Buschmann*, AuR 1980, 230, 231 und Anm. zu EzA GG Art. 9 Arbeitskampf Nr. 46, S. 523, der sich dabei auf DAG und HBV im Einzelhandel bezieht. Dort hatte aufgrund der besonderen Struktur, viele kleine und mittelständische Unternehmen, selbst bei Ketten gibt es nur kleine Betriebseinheiten, viele Halbtags- und Aushilfskräfte sowie einem traditionell geringeren gewerkschaftlichen Organisationsgrad, eine Einschüchterungstaktik stärker Erfolg als zum Beispiel in der arbeitskampferprobten Metallbranche. Aufschlußreich sind dazu auch die Zahlen im Bankgewerbe bei *Hindrichs*, Neue Technologien, S. 316f, wonach Ende der achtziger Jahre etwa jeder vierte Beschäftigte gewerkschaftlich organisiert war, eine Zahl, die inzwischen nicht gestiegen sein dürfte.

332 Zahlen nach *Buschmann*, Anm. zu EzA GG Art. 9 Arbeitskampf Nr. 46, S. 523.

333 Dazu näher unter § 5. II. 1. b.

setzt werden kann.[334] Schon deshalb wird die Gewerkschaft sich hüten, sich anders als rechtstreu zu verhalten.[335]

Der Arbeitgeber dagegen sähe sich bei einer zu weitgehenden Auswahl nicht einmal Schadenersatzansprüchen der Gewerkschaft ausgesetzt. Zwar könnte mit einer solchen Auswahl wie oben dargelegt ein Streik zum Zusammenbruch gebracht werden. Ein meßbarer Schaden, den die Gewerkschaft gegen die Arbeitgeberseite geltend machen könnte, entsteht indes nicht. Es treten bei ihr eben nicht die über den normalen Streikschaden (von ihr gezahlte Streikgelder, Aufwendungen zur Organisation des Streiks) hinausgehenden Schädigungen, die die Arbeitgeberseite geltend machen könnte, auf. Auch eine nicht erreichte Lohnerhöhung, die mit dem Streik durchgesetzt werden sollte, kann nicht kapitalisiert werden. Was bleibt, ist allein der moralische Schaden. Zu beachten ist zudem, daß das Unterstützungssystem der Arbeitgeberverbände über wesentlich größere finanzielle Ressourcen verfügt, als das der Gewerkschaften, die sich deshalb einen Streik nur in gewissen Zeitabständen „leisten" können.[336] Ein Streik, der abgebrochen werden mußte, schlägt dabei finanziell für die Gewerkschaft ebenso zu Buche wie ein erfolgreich beendeter, obwohl nur letzterer auch die erhoffte Tarifeinigung bewirken konnte. Als eine eventuelle Kompensation wäre ein Unterlassungsanspruch der Gewerkschaft gegen den Arbeitgeber in Betracht zu ziehen. Auch bei diesem, selbst wenn er im Verfahren der einstweiligen Verfügung durchgesetzt werden würde, käme indes eine eventuell in Betracht kommende Korrektur durch eine gerichtliche Entscheidung auf alle Fälle zu spät.[337] Die bestehende Gefahr der Einschüchterung der Arbeitnehmer gerade in Zeiten des Arbeitsplatzabbaus, die zudem größer ist als eine derartige Gefahr gegenüber dem Arbeitgeber beziehungsweise Arbeitgeberverband durch die Gewerkschaft, ist mit einem Unterlassungsanspruch, auch wenn dieser im Weg des einstweiligen Rechtsschutzes durchgesetzt wird, nicht zu verhindern. Der Arbeitgeber ginge also mit der Festlegung eines zu großen Umfangs und einer demzufolge zu umfangreichen Auswahl kein Risiko ein, könnte aber leicht den Streik zu seinen Gunsten beeinflussen, wenn nicht sogar kippen. Die Ge-

---

334 Dieser Hinweis bei *Hirschberg*, RdA 1986, 355, 358 unter Bezugnahme auf *Löwisch/Mikosch*, ZfA 1978, 153, 170, ebenfalls näher dazu unten in § 5 II. 1. a.

335 *Hohenstatt*, Erhaltungsarbeiten, S. 105.

336 Vgl. dazu die Zahlen für die großen Streiks in den Jahren 1971-1984 bei *Hindrichs*, Neue Technologien, S. 432ff.

337 Vgl. *Hohenstatt*, Erhaltungsarbeiten, S. 105.

fahr eines Mißbrauchs von Erhaltungsarbeiten aus kampftaktischen Überlegungen durch den Arbeitgeber ist deshalb wesentlich eher gegeben. Eine Modifikation der Auswahlkompetenz aus diesem Grund ist daher nicht vorzunehmen.

d) Streikaufruf durch mehrere Gewerkschaften

Gegen eine Anwendung der allgemeinen Arbeitskampfregeln, die im Streitfall der Gewerkschaft die Herrschaft über ihren Streikaufruf zuschreiben und damit gegen eine Auswahlbefugnis der Gewerkschaft steht aber noch der Einwand der Beteiligung mehrerer konkurrierender Gewerkschaften am Arbeitskampf.[338] Praktisch relevant wird diese Konstellation angesichts der hohen Anforderungen des Bundesarbeitsgerichts an die Tariffähigkeit eines Verbandes[339] selten, heutzutage tritt das Problem höchstens dann auf, wenn die Deutsche Angestelltengewerkschaft und eine Gewerkschaft des Deutschen Gewerkschaftsbundes zusammen einen Arbeitskampf führen. Trotz des darausfolgend eher theoretischen Interesses darf der oben erwähnte Einwand aber nicht unbeachtet gelassen werden.

Keinerlei Probleme ergeben sich zunächst, wenn sich die konkurrierenden Gewerkschaften auf die vom Streikaufruf auszunehmenden Erhaltungsarbeiter einigen und diese vom Streikaufruf beider Gewerkschaften parallel ausgenommen werden.[340] Dieser Einigung wird in der Regel aufgrund der gemeinsamen Interessen der Gewerkschaften bei der Durchführung von Erhaltungsarbeiten nichts im Wege stehen. Ein solcher Parallelaufruf ist jedoch nicht zwingend notwendig. Es reicht vollkommen aus, wenn die zweite aufrufende Gewerkschaft in ihrem Streikbefehl auf die Beschränkung des Streikaufrufes der ersten Gewerkschaft verweist. Die für die Erhaltungsarbeiten notwendigen Arbeitnehmer gelten damit ebenfalls als nicht aufgerufen. Es findet weiterhin eine eindeutige Zuordnung der nicht suspendierten Arbeitnehmer statt.

Eine Bezugnahme auf den Streikaufruf der jeweiligen anderen Gewerkschaft ermöglicht auch die Bewältigung der Konstellation, daß im Streikaufruf der ersten Gewerkschaft Mängel bezüglich der Beschränkung vorhanden sind. Die andere zum Streik aufrufende Gewerkschaft kann hier mit ihrem Streikaufruf

---

338 So das BAG AP Nr. 74 zu Art. 9 Arbeitskampf unter II. 2.; *Heckelmann*, Erhaltungsarbeiten, S. 22 und zuerst *Schiffer*, Erhaltungsarbeiten, S. 44.

339 Vgl. dazu nur *Oetker*, Erhaltungsarbeiten, S. 76.

340 Vgl. *Oetker*, Erhaltungsarbeiten, S. 76.

auf den der ersten aufrufenden Gewerkschaft verweisen, unter Hinweis auf die Ergänzung des Streikaufrufes hinsichtlich der fehlerhaft vorgenommenen Beschränkung. Es kann also ein Aufeinanderabstimmen der Streikaufrufe erfolgen und mit der Verweisung erreicht werden, daß beide Aufrufe vollständig und rechtmäßig sind.

Ebenfalls unproblematisch ist die Konstellation, bei der eine Gewerkschaft keine Auswahl trifft und demzufolge keine Beschränkung ihres Streikaufrufes vornimmt. In einem solchen Fall ist dieser Streikaufruf vollständig rechtswidrig, da die Erfüllung der Rechtmäßigkeitsvoraussetzungen eines Arbeitskampfes nicht gewährleistet ist.[341] Es handelt sich gerade nicht um eine Teilrechtswidrigkeit des inkriminierten Streikaufrufes ohne Beschränkung.[342] Wenn nur eine Gewerkschaft ihren Streikaufruf entsprechend der gegebenen Notwendigkeiten beschränkt, ist der andere, unbeschränkte, Streikaufruf voll rechtswidrig, so daß man gar nicht zum Problem der Teilrechtswidrigkeit gelangt. Es gilt in diesem Fall nur der Streikaufruf der anderen Gewerkschaft mit der entsprechenden Beschränkung aufgrund der von ihr getroffenen Auswahl.[343] Dem steht nicht entgegen, daß dann mit dem Streikaufruf auch anders organisierte Arbeitnehmer aufgerufen werden. Auch diese können sich auf die legitimierende Wirkung des Streikaufrufes berufen.[344] Die von der Gewerkschaft im Streikaufruf von der Streikteilnahme ausgenommenen Arbeitnehmer dürfen sich andererseits auch nicht am Streik beteiligen. Eine Beteiligung der von der Gewerkschaft ausgewählten Erhaltungsarbeitnehmer am Streik wegen des fehlerhaften Streikaufrufes mit daraus folgenden Schadenersatzansprüchen[345] wird der Situation nicht gerecht. Es existiert ein eindeutiger Aufruf. Damit bestehen keine Zweifel darüber, welche Arbeitsverhältnisse trotz des Streiks nicht suspendiert sind und in vollem Umfang weiterbestehen.

Übrig bleibt die Fallvariante, daß beide Streikaufrufe eine Beschränkung entsprechend einer vorgenommenen Auswahl enthalten, jedoch in beiden Streikbefehlen unterschiedliche Arbeitnehmer oder eine unterschiedliche Anzahl von

---

341 *Oetker*, Erhaltungsarbeiten, S. 76.

342 So verstanden von *Hohenstatt*, Erhaltungsarbeiten, S. 101.

343 Siehe dazu auch *Hirschberg*, RdA 1986, 355, 358 FN 30.

344 BAG AP Nr. 130 zu Art. 9 GG Arbeitskampf unter II. 3. a.

345 Dies bei *Hohenstatt*, Erhaltungsarbeiten, S.102f vorgeschlagen.

Arbeitnehmern genannt werden.[346] Enthalten die Streikaufrufe der aufrufenden Gewerkschaften eine unterschiedliche Anzahl von Arbeitnehmern, die für Erhaltungsarbeiten ausgewählt wurden, so ist es sachgerecht, den Aufruf, mit dem mehr Arbeitnehmer ausgewählt wurden, als den für die Beschränkung maßgeblichen zu betrachten. Die Unterschreitung der Mindestanzahl der für Erhaltungsarbeiten notwendigen Arbeitnehmer ist damit weniger wahrscheinlich, die Gefahr der Rechtswidrigkeit des Streiks eher gebannt. Bei einer Auswahl von unterschiedlichen Arbeitnehmern in beiden Streikaufrufen dagegen bietet sich eine Lösung nach der Reihenfolge des Streikaufrufes an.[347] Eine rechtliche Wirkung aufgrund zeitlicher Priorität ist dem deutschen Recht nicht fremd. Im Grundbuchrecht gilt der sogenannte Vorranggrundsatz.[348] Danach bestimmen sich die Ansprüche aus der Verwertung von Grundstücken nach dem Rangverhältnis der eingetragenen Rechte und dieses Rangverhältnis richtet sich wiederum nach der Reihenfolge der Eintragungen dieser Rechte (§ 879 BGB). Auch in § 161 Abs. 1 BGB spielt die zeitliche Priorität eines Rechtsgeschäfts eine Rolle. Dort wird ebenfalls die Wirksamkeit einer Handlung von ihrer zeitlichen Abgabereihenfolge abhängig gemacht. Auf den Fall mehrerer Streikaufrufe übertragen, bedeutet der Gedanke der zeitlichen Priorität, daß der Streikaufruf derjenigen Gewerkschaft, die zuerst aufruft, hinsichtlich der Beschränkung des Streikumfanges als maßgeblich gilt.

Entstehen trotzdem beim Arbeitgeber durch Unklarheiten aufgrund eines irreführenden Streikaufrufes Schäden, so hat die Gewerkschaft, die keine oder zu wenige oder die „falschen" Erhaltungsarbeiter aus ihrem Streikaufruf ausgenommen hat[349], diese zu ersetzen. Die rechtmäßig aufrufende Gewerkschaft trägt keine Verantwortung für diese Schäden. Sie trotzdem einer Haftung auszusetzen, auch wenn es eine gesamtschuldnerische Haftung[350] wäre, bei der ein Innenausgleich stattfinden würde, ist daher nicht gerechtfertigt.

e) Praktikabilitätsgesichtspunkte

Es bleiben die anfangs erwähnten praktischen Bedenken gegen ein Auswahlrecht der Gewerkschaften.

---

346 Vgl. dazu die detaillierten Beispiele bei *Hohenstatt*, Erhaltungsarbeiten, S. 102.

347 So auch *Hohenstatt*, Erhaltungsarbeiten, S. 103.

348 Palandt-*Bassenge*, vor § 873, Rdnr. 15.

349 Vgl. auch *Hohenstatt*, Erhaltungsarbeiten, S. 103.

350 So *Hirschberg*, RdA 1986, 355, 358 FN 30 und *Oetker*, Erhaltungsarbeiten, S. 74.

Gegen diese Bedenken ist anzuführen, daß die Gewerkschaft, die ja wirklich als Organisatorin des Streiks die Verhältnisse in den einzelnen Betrieben nicht so genau kennen kann, die in solchen Betrieben beschäftigten Arbeitnehmer, insbesondere die gewerkschaftlichen Vertrauensleute, zur Beratung heranziehen kann.[351] Darüber hinaus besteht die Möglichkeit, sich mit der Betriebsleitung darüber in Einvernehmen zu setzen, welche Maßnahmen notwendig sind und welche Kräfte hierfür bereitgestellt werden müssen.[352] Der Arbeitgeber könnte der Gewerkschaft zum Beispiel einen Notdienstplan vorschlagen, bei dem aber die Gewerkschaft das letzte Wort und damit die Alleinentscheidung hat.[353] Der Arbeitgeber wird selbst im Fall eines Streits über den Umfang der notwendigen Erhaltungsarbeiten ein Interesse daran haben, die Gewerkschaft zu informieren, will er nicht auch noch die von der Gewerkschaft vorgesehenen Erhaltungsarbeiten gefährden. Bei einer Verweigerung der Informationen müßte sich der Arbeitgeber außerdem einer Minderung oder des Verlusts eines sonst bestehenden Schadensersatzanspruchs vergegenwärtigen.[354]

Damit ist aber auch offensichtlich, daß Interessenlage und rechtliche Rahmenlage die Parteien zu einer informellen Zusammenarbeit zwingen.[355] Die Lösung, die der Gewerkschaft das Auswahlrecht einräumt, steht somit dem Modell der Zusammenarbeit beider Arbeitskampfparteien sogar näher, als die entgegengesetzte, die einseitige Entscheidung des Arbeitgebers betonende Lösung.[356] Der Arbeitgeber wäre nämlich diesem informellen „Zwang" zur Zusammenarbeit aufgrund seiner betrieblichen Kenntnisse nicht ausgesetzt. Mit Praktikabilitätsgesichtspunkten läßt sich demnach die Zuständigkeit der Gewerkschaft nicht in Frage stellen.[357] Gleichzeitig wird dadurch dem Ansatz widersprochen, der an die Sachnähe bei der Organisation der Erhaltungsarbeiten anknüpft[358] und damit dem Arbeitgeber die Auswahlprärogative zubilligt. Sowohl die Aussage,

---

351 Vgl. *Buschmann*, AuR 1983, 254, 256

352 *Löwisch/Mikosch*, ZfA 1978, 153, 168

353 *Buschmann*, Anm zu BAG EzA Art. 9 GG Arbeitskampf Nr. 46 unter III 2

354 *Hirschberg*, RdA 1986, 355, 359.

355 *Hirschberg*, RdA 1986, 355, 359; *Hohenstatt*, Erhaltungsarbeiten, S. 99; *Löwisch/Mikosch*, ZfA 1978, 153, 168; *Oetker*, Erhaltungsarbeiten, S. 69.

356 *Hirschberg*, RdA 1986, 355, 359.

357 So auch *Hirschberg*, RdA 1986, 355, 359; *Hohenstatt*, Erhaltungsarbeiten, S. 99; *Löwisch/Mikosch*, ZfA 1978, 153, 168; *Oetker*, Erhaltungsarbeiten, S. 69; Däubler-*Schumann*, Arbeitskampfrecht, RdNr. 226.

358 Dieser Ansatz bei *Heckelmann*, Erhaltungsarbeiten, S. 22.

daß die Auswahl der Erhaltungsarbeiter dem Arbeitskampf neutral gegenüber stehe[359], als auch genannte Praktikabilitätsbedenken sind nach der hier dargelegten Argumentation nicht überzeugend.[360]

Nach all diesen Darlegungen läßt sich zusammenfassend feststellen, daß die Auswahl der Erhaltungsarbeiter durch die Normalkompetenzen im Arbeitskampf bestimmt wird. Demzufolge nimmt die Gewerkschaft im Streikfall die Auswahl vor, um danach die ausgewählten Arbeitnehmer aus ihrem Streikaufruf wegzulassen. Damit können diese nicht am Streik teilnehmen, ihre Arbeitsverhältnisse werden nicht suspendiert und sie stehen damit dem Arbeitgeber unter dessen Direktionsrecht für Erhaltungsarbeiten zur Verfügung.

4. Auswahlgesichtspunkte

Maßgebend für die Auswahl der Arbeitnehmer sind sachliche Gesichtspunkte.[361] Da die Erhaltungsarbeiten der Verhinderung von Schäden und darausfolgend der Ermöglichung der Wiederaufnahme der Arbeit dienen, werden diese Arbeiten von denjenigen Arbeitnehmern am besten verrichtet, die die betreffenden Tätigkeiten als „normale" arbeitsvertragliche Verpflichtung verrichten müssen.[362] Entscheidend ist deshalb die fachliche Qualifikation.[363] Bei der Einteilung zu Erhaltungsarbeiten dürfen allerdings keine willkürlichen Gründe ausschlaggebend sein.[364] Zu beachten ist auch, daß bei der Auswahl der Erhaltungsarbeiter die vorrangige Beschäftigung arbeitswilliger Arbeitnehmer berücksichtigt wird, sofern diese die entsprechenden Tätigkeiten aufgrund ihrer fachlichen Qualifikation und tatsächlichen Beschäftigung verrichten können.

An diesen Rahmen ist die Gewerkschaft gebunden. Ihr Ermessen bei der Auswahlmöglichkeit reicht deshalb auch nur soweit, als es den genannten Grundsätzen nicht entgegensteht. Da die Qualifikation eines Arbeitnehmers entscheidend für dessen Auswahl ist, spielt die Gewerkschaftszugehörigkeit nur eine

---

359 *Heckelmann*, Erhaltungsarbeiten, S. 22.
360 Vgl. dazu auch die Ausführungen bei *Hohenstatt*, Erhaltungsarbeiten, S. 96 f.
361 LAG Hamm, NZA 1994, 430, 431.
362 Siehe dazu schon oben unter § 3 II. 1.
363 Vgl. *Bauer/Haußmann*, DB 1996, 881, 886.
364 LAG Hamm, NZA 1994, 430, 431.

untergeordnete Rolle.[365] Entscheidend ist bei der Auswahl zwischen zwei Arbeitnehmern stets die Eignung für die vorgesehene Erhaltungstätigkeit. Allerdings spricht nichts dagegen, bei gleicher Eignung ein Gewerkschaftsmitglied auszuwählen, um Streikgeld zu sparen. Ein streikwilliger nicht gewerkschaftlich organisierter Arbeitnehmer würde bei einer Teilnahme am Streik keine Unterstützung erhalten, stünde also bei einer Ablehnung auch nicht schlechter als sonst. Der Druck auf den Außenseiter-Arbeitnehmer, der dadurch entsteht, ist zudem nicht stärker als der akzeptierte Druck, der auf ihm durch den Verlust seines Entgeldes ohne die Kompensation eines Streikgeldes lastet. Der zu beachtende Gleichbehandlungsgrundsatz gebietet nur, daß bei gleichermaßen qualifizierten Arbeitnehmern die Auswahl nicht willkürlich und nach sachfremden Gesichtspunkten erfolgt.[366] Dabei genügt die Benennung von ausschließlich organisierten Arbeitnehmern nicht, um auf eine willkürliche Auswahlentscheidung schließen zu lassen, es muß ersichtlich sein, daß die fehlende Gewerkschaftszugehörigkeit das einzige Auswahlkriterium ist.[367] Der genannte Druck ist daher kein taugliches Argument, eine solche Auswahl abzulehnen. Die Qualifikation eines Arbeitnehmers reicht als sachlicher Differenzierungsgrund aus.[368] Zu beachten ist zudem, daß ein Arbeitnehmer keinen Anspruch darauf hat, bei der Auswahl zur Durchführung von Erhaltungsarbeiten berücksichtigt zu werden.[369] Will ein Außenseiter-Arbeitnehmer verhindern, daß er nicht zu Erhaltungsarbeiten eingeteilt wird, steht es ihm frei, sich nicht dem Streik anzuschließen und seine Arbeitskraft anzubieten. Damit ist er bevorzugt einzuteilen, denn ein streikunwilliger Außenseiter, der wegen seiner ausgeübten Tätigkeit eine Erhaltungstätigkeit durchführen könnte, ist schon vor einer eventuellen Beschränkung des Streikaufrufes zu berücksichtigen, damit so vielen streikwilligen Arbeitnehmern wie möglich ihr Streikrecht erhalten werden kann. Eine Auswahl nach Gewerkschaftszugehörigkeit und der damit verbundene Ausschluß von nichtorganisierten Arbeitnehmern ist daher nur in diesem Rahmen möglich.

---

365 Vgl. auch LAG Hamm, NZA 1994, 430, 431 und BAG AP Nr. 135 zu Art. 9 Arbeitskampf unter II. 2. c.

366 *Bauer/Haußmann*, DB 1996, 881, 886 und BAG AP Nr. 135 zu Art. 9 Arbeitskampf unter II. 2. c.

367 BAG AP Nr. 135 zu Art. 9 Arbeitskampf unter II. 2. c.

368 So auch LAG Hamm, NZA 1994, 430, 431.

369 BAG AP Nr. 135 zu Art. 9 Arbeitskampf unter II. 2. b.

Um allerdings eine Berücksichtigung von arbeitswilligen Arbeitnehmern zu gewährleisten, ist der Gewerkschaft ein Informationsanspruch gegen den Arbeitgeber zuzugestehen. Nur dann kann sie ihre Auswahl entsprechend treffen und die Beschränkung des Streikaufrufes an die Situation anpassen. Der Auswahlzeitpunkt muß nach allem bisher Gesagten vor der Bekanntgabe des Streikaufrufes liegen, da dieser die auf der Auswahl beruhende Beschränkung schon enthalten muß.

§ 5 Rechtsfolgen und Rechtsschutz im Fall unzureichender oder fehlender Auswahl von Erhaltungsarbeitern

Die bisher getroffenen Aussagen gingen stets davon aus, daß die Auswahl durch die Gewerkschaft gewissenhaft und soweit als für die Erhaltung des Betriebes notwendig durchgeführt wird. Es sind aber durchaus Situationen denkbar, in denen eine solche Auswahlentscheidung nicht beziehungsweise nur in unzureichendem Maße getroffen wurde. Die Lage wird noch dadurch verschärft, daß kurzfristig Hilfe notwendig ist. Da die Erhaltungsarbeiten notwendig sind, um betriebliche Anlagen zu erhalten, bedeutet dies, wie bereits ausgeführt[370], daß schnell irreversible Schäden auftreten können. Es stellt sich deshalb die Frage, welche Folgen dies für die Gewerkschaft und die Arbeitnehmer haben soll sowie welcher (Rechts-) Schutz dem Arbeitgeber zur Verfügung steht. Dies soll im folgenden untersucht werden.

I. Rechtsfolgen unterlassener oder unzureichend erbrachter Erhaltungsarbeiten

1. Vollständiges Unterlassen der Organisation von Erhaltungsarbeiten

Erfüllt die Gewerkschaft ihre Verpflichtung zur Auswahl der Erhaltungsarbeiter und zur Beschränkung des Streikaufrufes nicht, beachtet sie eine Grenze des Streiks nicht und verstößt gegen das Übermaßverbot. Die Folge dieses Verstoßes ist die Rechtswidrigkeit des Streikes.

2. Begrenzung der Rechtswidrigkeit auf die einzelnen unerlaubten Handlungen ?

Neben der völligen Verweigerung ist es jedoch denkbar, daß die Gewerkschaft ihre Verpflichtung nur zum Teil erfüllt, indem sie zu wenige Arbeitnehmer auswählt oder einige Unternehmen im Streikgebiet bei der Auswahl von Erhaltungsarbeitern nicht berücksichtigt. Es stellt sich daher die Frage, ob auch ein solches partielles Fehlverhalten zur Rechtswidrigkeit des gesamten Streiks

---

370 Vgl. § 1 und § 2 III.

führt. Bei der Beantwortung dieser Frage ist zu unterscheiden, auf welchen Grund die fehlerhafte Auswahl der Erhaltungsarbeiter und darausfolgend die mangelhafte Beschränkung des Streikaufrufes durch die streikführende Gewerkschaft zurückzuführen sind. Zum einen kann dies durch einen gezielten Plan geschehen, das Auftreten von Fehlern wird demnach als Methode im Streik angewendet. Zum anderen kommen Fehlerquellen wie zum Beispiel Unachtsamkeit in Betracht.

a) Mangelhafte Auswahl und Streikbeschränkung als Methode

Allgemein gilt, daß unzulässige, vom Streikrecht nicht gedeckte Handlungen einen Streik rechtswidrig machen, wenn sie Inhalt der von der Gewerkschaft beschlossenen und von den zuständigen Organen durchgeführten Arbeitskampfmaßnahmen sind.[371] Gemeint sind dabei nicht nur die Fälle der Veranlassung einer unerlaubten Handlung, sondern auch das Nichteinschreiten bei Kenntnis von unerlaubten Handlungen und die Teilnahme an unerlaubten Handlungen.[372] Übertragen auf die Organisation von Erhaltungsarbeiten bedeutet dies, daß die Torpedierung der Organisation und Ausführung der Erhaltungsarbeiten durch die Gewerkschaft nach einem vorgefaßten Plan genau eine derartige Handlung darstellt. Die dargelegte Notwendigkeit der Erbringung von Erhaltungsarbeiten im Streik und die daraus abgeleitete Verpflichtung der Gewerkschaft, diese zu organisieren und für ihre Durchführung Sorge zu tragen, bedeuten, daß mit der Nichtdurchführung dieser Pflichten seitens der Gewerkschaft eine unerlaubte Handlung begangen wird, sofern sie diese Pflichten planmäßig nicht erfüllt.

Wenn demnach die Gewerkschaft planmäßig zuwenige Arbeitnehmer für Erhaltungsarbeiten auswählt, eine willkürliche Auswahl vornimmt, indem zum Beispiel ungeeignete Arbeitnehmer ausgesucht oder einige Betriebe nicht berücksichtigt werden, ist davon auszugehen, daß die mangelhafte Herausnahme als Kampfmethode betrieben wird. Dann hat jedoch die Existenzvernichtung Eingang in den jeweiligen Kampfplan gefunden mit der Folge, daß der Streik im ganzen rechtswidrig wird, obwohl nur ein partielles Fehlverhalten vorliegt.[373]

---

371 BAG AP Nr. 108 zu Art. 9 GG Arbeitskampf unter I. 6; *Seiter*, Streikrecht, S. 525.

372 Vgl. dazu LAG Frankfurt/M. RdA 1950, 427, 430.

373 Brox/Rüthers-*Brox*, Arbeitskampfrecht , RdNr. 349; *Fenn* DB 1982, 430, 434; *Hohenstatt*, Erhaltungsarbeiten, S. 116; *Löwisch/Mikosch*, ZfA 1978, 153, 169; *Oetker*, Erhaltungsarbeiten, S. 98 f.

Dies hat auch dann zu gelten, wenn der von der Gewerkschaft geplante Fehler nur einen Bruchteil der Gesamtauswahl ausmacht, dieser Fehler aber gezielt eingesetzt wird, indem zum Beispiel gerade beim Verhandlungsführer der Arbeitgeberseite die Erhaltungsarbeiten nicht gewährleistet werden. Das kampftaktische Vorgehen, mit dem die Vernichtung auch nur eines Unternehmens zumindest in Kauf genommen wird, reicht aus, das Handeln der Gewerkschaft als Organisation insgesamt als rechtswidrig zu bewerten. Ihr täterschaftliches Handeln als Organisation, das einer Streikführung im Sinn des Art. 9 III GG entgegensteht, muß poenalisiert werden. Eine Privilegierung insofern, als trotz des Fehlverhaltens die Rechtswidrigkeit des gesamten Streiks abgewendet werden kann, darf daher nicht gewährt werden.

b) Fehler bei Auswahl und Beschränkung des Streikes aus anderen als kampftaktischen Gründen

Anders liegt der Fall, wenn Auswahl- und Organisationsfehler aus beispielsweise Unachtsamkeit, Organisationsfehlern der Gewerkschaft oder Kommunikationsproblemen resultieren. Hier liegt kein planmäßiges Fehlverhalten vor, so daß eine differenzierte Bewertung vorgenommen werden muß. Es drängt sich die Frage auf, ob auch in einer solchen Konstellation einzelne fehlerhafte oder unerlaubte Handlungen die Rechtmäßigkeit des Arbeitskampfes beeinflussen.

aa) Übertragung der Grundsätze zum Streikexzess

Zu überlegen ist, ob es in einem Arbeitskampf ähnliche Situationen gibt, die mit dem Fall der unbewußt fehlerhaft gewährleisteten Erhaltungsarbeiten vergleichbar sind. In Betracht kommt die Figur des Streikexzesses.

Ein solcher sogenannter Streikexzeß liegt dann vor, wenn anläßlich eines Arbeitskampfes streikende Arbeitnehmer, Streikposten oder Streikleitungen rechtswidrige Handlungen begehen, die nicht vom Streikrecht gedeckt sind.[374] Wenn es sich dabei um einzelne kriminelle Handlungen handelt, bleibt die Rechtmäßigkeit des Streiks unberührt.[375] Allerdings wird diese Wertung nur dann getroffen, wenn solche Überschreitungen nicht den gesamten Streik prä-

374 BAG AP Nr. 108 zu Art. 9 GG Arbeitskampf unter I. 6.

375 Siehe nur BAG AP Nr. 111 zu Art. 9 GG Arbeitskampf LS. 2 und AP Nr. 108 zu Art. 9 GG Arbeitskampf unter I. 6 und seitens der Literatur *Schäfer,* Rechtsschutz, Rdnr. 253; *Seiter*, Streikrecht, S. 525.

gen und ihn deshalb nicht insgesamt als rechtswidrig erscheinen lassen.[376] Ausgegangen wird von dem allgemeinen Rechtsgedanken, daß Exzesse und Ausschreitungen einzelner nicht zur Begrenzung der Freiheit aller führen dürfen. Das Bundesverfassungsgericht, auf das sich das Bundesarbeitsgericht in seiner Rechtsprechung bezieht,[377] führt dazu für den Fall einer Demonstration aus, daß den friedlichen Veranstaltern der Schutz der Versammlungsfreiheit auch dann erhalten bleibe, wenn mit Ausschreitungen durch eine Minderheit zu rechnen ist. Etwas anderes gelte nur dann, wenn zu befürchten sei, daß die Demonstration im Ganzen einen unfriedlichen Verlauf nehme.[378] Bezogen auf den Streik bedeutet dies, daß ohne die Figur des Streikexzesses einzelne rechtswidrige Aktionen immer dazu führen würden, daß durch sie ein Streik rechtswidrig werden würde. Dann aber könnten einzelne auf das verfassungsrechtlich geschützte Kampfmittel Streik Einfluß nehmen mit der Folge, daß ein Streik kein taugliches Mittel zur Gestaltung der Tarifautonomie wäre. Die Figur des Streikexzess dient demzufolge auch dem Schutz der Gewährleistung des Streiks.

Für eine Übertragung dieser Gedanken und damit der juristischen Beurteilung von Streikexzessen in Bezug auf die Rechtmäßigkeit des Arbeitskampfes auf das Problem der fehlerhaft angeordneten Erhaltungsarbeiten spricht der Gesichtspunkt, daß auch bei fehlerhaft oder nicht ausreichend ausgeführten Erhaltungsarbeiten der an sich rechtmäßige Streik durch eine einzelne Handlung rechtswidrig werden würde, mit all den Auswirkungen, die das für die streikenden Arbeitnehmer hat. Dies würde dazu führen, daß sämtliche am Streik beteiligten Arbeitnehmer einen Arbeitsvertragsbruch begehen würden. Die Übernahme der Rechtsfolgen, die für den Streikexzess entwickelt wurden, bedeutet, daß eine mangelhafte Beschränkung des Streikaufrufs seitens der Gewerkschaft mit der Konsequenz fehlerhaft oder nicht ausreichend durchgeführter Erhaltungsarbeiten nicht automatisch zur Rechtswidrigkeit des gesamten Arbeitskampfes führt,[379] sofern die streikführende Gewerkschaft die mangelhafte Herausnahme nicht als Strategie verfolgt und damit also eine Rechtmäßigkeitsvoraussetzung des Streiks gar nicht erfüllen will. Die Pflichtwidrigkeit seitens der

376 *Hromadka*, Anm. zu BAG SAE 1983, 55, 61und MünchArbR/*Otto*, § 280, Rdnr. 23.

377 Vgl. BAG AP Nr. 111 zu Art. 9 GG Arbeitskampf unter III. 2.

378 BVerfGE 69, 315, 361f und LS 4.

379 *Heckelmann*, Erhaltungsarbeiten. S. 25; *Hohenstatt*, Erhaltungsarbeiten, S. 116, *Lauschke*, Notarbeiten, S. 86 ff; *Löwisch/Mikosch*, ZfA 1978, 153, 169; *Oetker*, Erhaltungsarbeiten, S. 98 f.

Gewerkschaft liegt in der übermäßigen Erstreckung des Streiks auch auf den Bereich, in dem sachlich und persönlich Erhaltungsarbeiten zu leisten sind.[380] Es wird dabei nicht verkannt, daß es bei der Frage des Streikexzesses um ein Fehlverhalten einzelner Arbeitnehmer, bei dem hier diskutierten Problem der Erhaltungsarbeiten indes eben um einen Fehler der streikführenden Gewerkschaft geht. Es besteht also sehr wohl ein täterschaftlicher Unterschied. Entscheidend ist, daß es allein um die Übernahme des Gedankens geht, daß eine kleine Ursache nicht die Rechtswidrigkeit des gesamten Arbeitskampfes zur Folge haben soll, sofern dies nicht auf einem kampftaktischem Verhalten beruht.

Dieses Ergebnis, das für den betroffenen Einzelarbeitgeber trotz Rechtmäßigkeit des gesamten Streiks die Folge hat, daß seinem Betrieb die Existenzvernichtung droht, wird dadurch relativiert, daß die von der Gewerkschaft fehlerhaften beziehungsweise nicht ausreichend gewährleisteten Erhaltungsarbeiten als Einzelhandlung nicht gerechtfertigt sind. Insofern gilt die ebenfalls anhand der Streikexzesse entwickelte Bewertung, daß diese rechtswidrigen Einzelhandlungen dem Deliktsrecht unterliegen und Unterlassungs- beziehungsweise Schadenersatzansprüche hervorrufen[381], auch hier.[382]

bb) Begründung der Rechtswidrigkeit entsprechend dem Umfang des Streiks - Firmen- oder Flächenarbeitskampf

Bei den eben gewonnenen allgemeinen Feststellungen ist der Umfang eines Streiks in die Ergebnisfindung nicht miteinbezogen worden. Arbeitskämpfe, insbesondere Streiks, können jedoch unterschiedliche Ausmaße annehmen. Entsprechend der möglichen Tarifabschlüsse kann der Streik zum einen um den Abschluß eines Firmentarifvertrages geführt werden, zum anderen jedoch auf den Abschluß eines Flächentarifvertrages gerichtet sein. Bei letzterem soll der zu erkämpfende Tarifvertrag mit einem Arbeitgeberverband abgeschlossen werden (daher auch die Bezeichnung „Verbandstarifvertrag")[383], um eine Vielzahl von Unternehmen zu binden. Es handelt sich deshalb um einen Arbeitskampf, der ein gewisses Kampfgebiet umfaßt und an dem regelmäßig mehr als ein Un-

---

380 *Löwisch/Mikosch*, ZfA 1978, 153, 169.

381 Vgl. dazu BAG AP Nr. 108 zu Art. 9 GG Arbeitskampf unter II. 2.; AP Nr. 111 zu Art. 9 GG Arbeitskampf LS. 2.

382 So auch *Löwisch/Mikosch*, ZfA 1978, 153, 169; *Oetker*, Erhaltungsarbeiten, S. 99.

383 *Kempen*, TVG, § 1 RdNr. 23; *Löwisch/Rieble*, TVG, § 2 Rdnr. 87ff.

ternehmen beteiligt ist. Bei der ersten Variante indes soll ein Tarifvertrag mit einem einzelnen Arbeitgeber abgeschlossen werden[384], es geht deshalb nur um einen Arbeitskampf in einer Firma.

Bei der Frage, inwieweit die fehlerhafte Organisation der Erhaltungsarbeiten durch die streikführende Gewerkschaft dabei die Rechtmäßigkeit des Streiks beeinflußt, sind im Fall eines Flächentarifvertrages die bestreikten Betriebe in ihrer verbandsmäßigen Gesamtheit zu betrachten. Zwar werden bei einer fehlerhaften Herausnahme in einigen Betrieben des Kampfgebietes keine oder nicht ausreichend Erhaltungsarbeiten verrichtet, womit das Ziel der Erhaltungsarbeiten, die Erhaltung der sächlichen Substanz des Betriebes nur zum Teil erreicht wird. Das Gewicht einer einzelnen unerlaubten Handlung, und eine solche stellt die mangelhafte Herausnahme dar, wird in einem solchen Fall gemessen am Gesamtumfang des Streiks regelmäßig nicht so hoch sein, daß es eine Ausstrahlung der Rechtswidrigkeit der einzelnen unerlaubten Handlung auf den gesamten Arbeitskampf rechtfertigt. Diese wird den Arbeitskampf nicht prägen. Ansonsten bleibt der Streik trotz einzelner fehlerhafter oder gar nicht erfolgter Herausnahmeentscheidungen mithin rechtmäßig.

Etwas anders sieht es beim Arbeitskampf um einen Firmentarifvertrag aus. Das Kampfgebiet, demzufolge auch der Kampfrahmen, ist wesentlich kleiner. Im Gegensatz zum Flächenstreik ist Kampfgegner nur ein einzelner Betrieb. Werden in diesem Betrieb Fehler bei der Herausnahme der Erhaltungsarbeiter aus dem Streikaufruf durch die Gewerkschaft gemacht, wird das Ziel der Erhaltungsarbeiten wie beim Flächenstreik ebenfalls nur zum Teil erreicht. Relativ gesehen kann die mangelhafte Herausnahme dann im gleichen Verhältnis zum Gesamtstreik stehen wie beim Flächenstreik. Die Grenze, ab der eine rechtswidrige Handlung einen Streik prägt, liegt jedoch wesentlich niedriger als beim Flächentarifvertrag, so daß nur bei geringfügigen Abweichungen die Rechtmäßigkeit eines Streiks noch zu bejahen ist. Diese Geringfügigkeit richtet sich nach den Umständen des Einzelfalls. Gestützt wird dieses Ergebnis auch dadurch, daß die gravierenden Folgen, nämlich der Arbeitsvertragsbruch aller Streikenden im Kampfgebiet, die bei einer Rechtswidrigkeit des gesamten Arbeitskampfes beim Flächenstreik eintreten würden, im Fall eines Firmentarifstreiks nicht den Umfang wie bei einem Flächentarifstreik annehmen. Dagegen

---

384 *Kempen*, TVG, § 1 RdNr. 24; *Löwisch/Rieble*, TVG, § 2 Rdnr. 101.

ist der beim Firmentarifstreik durch die nicht vorgenommenen Erhaltungsarbeiten entstehende Schaden im Vergleich zum Flächenstreik um so größer. Entscheidend ist, daß bei einem Streik um einen Firmentarifvertrag, der auf ein eng begrenztes Kampfgebiet beschränkt ist, eher eine Situation eintreten wird, in der ein Fehler bei der Orgnisation von Erhaltungsarbeiten den Streik prägen wird. Damit wird auch gar nicht per se von einer Rechtswidrigkeit des Streiks bei unterlassenen Erhaltungsarbeiten im Fall der Erkämpfung eines Firmentarifvertrages ausgegangen. Zu beachten ist jedoch die unterschiedliche Ausstrahlungswirkung bei einer fehlerhaften Organisation der Erhaltungsarbeiten im Fall von Firmen- und Flächentarifvertrag, die im Einzelfall zu unterschiedlichen Ergebnissen führen kann.

II. Rechtsschutz gegen mangelhafte oder fehlende Auswahl von Erhaltungsarbeitern

Nachdem bisher nur die rechtlichen Folgen in Bezug auf die Rechtmäßigkeit des Streiks bei Unterlassung der Organisation der Erhaltungsarbeiten betrachtet wurden, geht es nun darum, zu klären, welche Möglichkeiten der Arbeitgeber hat, gegen die streikführende Gewerkschaft oder die streikenden Arbeitnehmer vorzugehen.

1. Ansprüche des betroffenen Arbeitgebers gegen die streikführende Gewerkschaft

Der Arbeitgeber, dessen Betrieb einem Streik ausgesetzt wird, ohne daß die zur Erhaltung des Betriebes notwendigen Arbeitnehmer aus dem Streikaufruf herausgenommen wurden, ist vor der Geltendmachung eventueller Schadensersatzansprüche zuallererst daran interessiert, diesen Zustand zu beenden. Er wird deshalb einen Weg suchen, um gegen die rechtswidrige Nichterbringung von Erhaltungsarbeiten vorzugehen.

a) Unterlassungsansprüche gemäß §§ 1004, 823 I BGB

Als geeignetes Mittel dafür kommt ein Unterlassungsanspruch nach § 1004 Abs. 1 Satz 2 BGB in Betracht. Dieser Anspruch schützt die in § 823 I BGB aufgeführten absoluten Rechte und Rechtsgüter vor Beeinträchtigungen, die nicht Entziehung oder Vorenthaltung des Besitzes sind. Im Fall nicht oder nur unzureichend geleisteter Erhaltungsarbeiten kommt es zu einer Eigentumsverletzung des betroffenen Arbeitgebers an den betroffenen Betriebsmitteln, wenn dabei Sachsubstanz zerstört wird.[385] Daneben kommt es durch die beschriebene Handlung auch zu einem Eingriff in den eingerichteten und ausgeübten Gewerbebetrieb des Arbeitgebers. Da dieser ein sonstiges Recht im Rahmen des § 823 I BGB darstellt, wird § 1004 BGB analog angewendet, man spricht dann auch von einem quasinegatorischen Anspruch.[386] Die für den Anspruch notwendige Betriebsbezogenheit folgt daraus, daß durch die nicht vorgenommenen Handlungen gerade die weitere Ausübung der gewerblichen Tätigkeit unterbunden werden soll.[387] Der Anspruch wegen der Beinträchtigung des eingerichteten und ausgeübten Gewerbebetriebs tritt jedoch hinter den Anspruch aus §§ 1004, 823 I BGB wegen einer Eigentumsbeeinträchtigung zurück. Zu unterscheiden ist allerdings zwischen der vollständigen Nichterbringung und der nur unzureichenden Erbringung von Erhaltungsarbeiten.

aa) Anspruch auf Unterlassung des Streiks

Handelt es sich um den Fall, daß überhaupt keine Auswahl von Erhaltungsarbeitern erfolgte und die streikführende Gewerkschaft demzufolge ihrer Verpflichtung zur Organisation der Erhaltungsarbeiten nicht nachkommt, ist der gesamte Streik rechtswidrig.[388] In einem solchen Fall steht dem Arbeitgeber ein Anspruch auf Unterlassung der rechtswidrigen Arbeitskampfmaßnahme aus § 1004 Abs. 1 Satz 2 BGB analog zu[389], der im Wege der Unterlassungsklage durchgesetzt werden kann.

bb) Anspruch auf Beschränkung des Streikaufrufes

Nicht ganz so einfach zu begründen ist indes die Anwendung eines Unterlassungsanspruches auf die Konstellation der nur unzureichend erbrachten Erhaltungsarbeiten. Hier stellt sich im Gegensatz zu oben das Problem, daß Ziel des Arbeitgebers nicht wie beim insgesamt rechtswidrigen Streik das Unterlassen der gesamten Maßnahme Streik, sondern eine Verpflichtung der Gewerkschaft zur pflichtgemäßen Vornahme der Erhaltungsmaßnahmen sein kann. Festzuhal-

---

385 Im Gegensatz zum „normalen“ Streikschaden, der als Vermögensschaden in Erscheinung tritt, liegen bei der Beschädigung beziehungsweise Zerstörung von Betriebsmitteln durch die Nicht- oder Schlechtleistung von Erhaltungsarbeiten Sachschäden vor, so daß auch das absolute Recht Eigentum verletzt wird.

386 Palandt-*Bassenge*, § 1004 RdNr. 2.

387 Vgl. dazu *Walker*, ZfA 1995, 185, 198.

388 Siehe oben § 5 I. 1.

389 MünchArbR/*Otto*, § 282, Rdnr. 2ff.

ten ist, daß auch dieses Begehren einen Anspruch mit dem Ziel des Unterbindens eines pflichtwidrigen Verhaltens darstellt, was regelmäßig vom Anwendungsbereich des Unterlassungsanspruchs nach § 1004 Abs. 1 Satz 2 BGB erfaßt wird. Der Unterschied zum Normalfall liegt darin, daß hier die Pflichtwidrigkeit in einem Unterlassen liegt, also das Unterlassen eines Unterlassens gefordert wird. Untätigkeit, die klassische Folge eines Unterlassungsanspruchs wäre hier Fortsetzung des Zuwiderhandelns gegen das Unterlassungsgebot. Bei einer bereits eingetretenen und fortdauernden Störung wäre deshalb eigentlich ein Anspruch auf Unterlassung der Störung und Beseitigung ihrer Folgen zu richten.[390] Der gebotenen Effektivität des Rechtsschutzes entspricht aber nur ein Gesamtanspruch, der an der Normalform, mithin einem Unterlassungsanspruch orientiert ist. Das Unterlassungsgebot umfaßt dann auch das Beseitigungsgebot.[391] Das Problem, daß es hier um ein Unterlassen geht, ist dahingehend faßbar, daß es abstrakt um die Frage geht, wie eine bestehende Garantenstellung und damit ein pflichtwidriges Verhalten, das sich als Unterlassen darstellt, von § 1004 Abs. 1 Satz 2 BGB erfaßt wird. Wenn man § 1004 BGB im Delikstrecht zumindest analog („quasinegatorischer Anspruch") für anwendbar hält, muß man auch die anerkannte Rechtsfigur der Garantenstellung miteinbeziehen. Dann aber fällt auch die Sondersituation, daß die Pflichtwidrigkeit in einem Unterlassen liegt, unter den Anwendungsbereich des § 1004 Abs. 1 Satz 2 BGB, mit der Konsequenz, daß mit einem Unterlassungsanspruch ein Unterlassen des Unterlassens, demzufolge ein positiver Anspruch durchgesetzt wird. Es soll damit lediglich ein Verhalten entsprechend der verletzten Garantenpflicht, also ein pflichtgemäßes Verhalten erzwungen werden. Der Wortlaut des § 1004 Abs. 1 Satz 2 BGB steht dem nicht entgegen. Auch aus einem Unterlassungsanspruch kann sich ein Anspruch auf positives Tun ergeben, wenn sich die drohende Beeinträchtigung nur durch einen solches aktives Eingreifen stoppen läßt.[392]

(1) Rechtspflichten der Gewerkschaft

Allerdings muß noch die entsprechende Garantenstellung der Gewerkschaft begründet werden, da mit der Nichtbeschränkung des Streikaufrufs und der darausfolgenden Nichtherausnahme der Erhaltungsarbeiter durch die Gewerkschaft kein aktives Tun, sondern wie dargelegt eine passive Handlung, ein Un-

---

[390] Siehe Heckelmann, AuR 1970, 166, 172.

[391] *Lindacher*, GRUR, 1985, 423, 424.

[392] Staudinger-*Gursky*, § 1004, Rdnr. 194.

terlassen, vorliegt. Dies steht einer aktiven Handlung nur gleich, wenn eine Rechtspflicht zum Handeln besteht.[393]

In der bisherigen Untersuchung wurde ermittelt, daß sich aus dem geltenden Übermaßverbot Grenzen des Streiks ergeben, zu denen die Erhaltungsarbeiten gehören. Dem muß die Gewerkschaft im von ihr organisierten und geführten Streik Rechnung tragen, indem sie das Ableisten dieser Erhaltungsarbeiten durch eine Beschränkung ihres Streikaufrufes ermöglicht. Demzufolge ist die Gewerkschaft verpflichtet, die für Erhaltungsarbeiten notwendigen und geeigneten Arbeitnehmer aus ihrem Streikaufruf auszunehmen. In der praktischen Anwendung gehört dazu, daß den Erhaltungsarbeitern mitzuteilen ist, daß sie sich nicht am Streik beteiligen dürfen. Ebenso ist der Arbeitgeber über die Namen der ausgewählten Erhaltungsarbeiter zu informieren, damit er seinerseits planen kann. Dazu kommt, daß durch die Streikleitung in Zusammenarbeit mit den örtlichen Vertretungen sichergestellt werden muß, daß die Erhaltungsarbeiter auch den Betrieb betreten können, das heißt zum Beispiel, daß entsprechende Informationen an die Streikposten weitergegeben werden. Die quantitativ ausreichende Herausnahme fachlich geeigneter Erhaltungsarbeiter muß zudem rechtzeitig erfolgen. Außerdem müssen bei diesen Arbeitnehmern auch die rechtlichen Voraussetzungen gegeben sein, damit diese vom Arbeitgeber zu den notwendigen Tätigkeiten herangezogen werden können. Die ausgewählten Arbeitnehmer müssen also schon nach dem Inhalt ihres Arbeitsverhältnisses zu eben dieser Tätigkeit verpflichtet sein.[394]

Neben dieser an sich eindeutigen Situation, in der eine Rechtspflicht der Gewerkschaft nach dem Gesagten besteht, kann aber auch der Fall eintreten, daß die streikführende Gewerkschaft ihren Streikaufruf richtig formuliert, die aus diesem herausgenommenen Arbeitnehmer sich aber dem Streik anschließen und nicht arbeiten wollen. Die Folgen auf individualrechtlicher Ebene sind klar. Neben dem Recht zur gegebenenfalls außerordentlichen Kündigung hat der Arbeitgeber einen Schadenersatzanspruch aus §§ 611, 325 und § 823 I BGB für die durch Nichtarbeit entstandenen Schäden. Fraglich ist aber, ob die Gewerkschaft zusätzlich zu diesen individualrechtlichen Sanktionen seitens des Arbeitgebers die Pflicht trifft, auf die Arbeitnehmer in dem Sinn einzuwirken, daß sie ihre Erhaltungsarbeiten aufnehmen, wobei, gesetzt diesen Fall, der Arbeitgeber

---

393 Palandt-*Thomas*, § 823 RdNr. 35.

394 Dazu *Hohenstatt*, Erhaltungsarbeiten, S. 110.

bei Verletzung einer derartigen Pflicht auch einen Anspruch gegen die Gewerkschaft hätte.

Grundlage einer solchen Idee[395] ist die bestehende Einwirkungspflicht der Gewerkschaft auf Streikteilnehmer zur Verhinderung von Streikexzessen.[396] Die Gewerkschaft, die zum Streik aufruft, ist verpflichtet, das Kampfverhalten der Arbeitnehmer zu beobachten und gegebenenfalls auf diese dahingehend einzuwirken, daß die Grenzen eines zulässigen Arbeitskampfes und einzelner Arbeitskampfmaßnahmen nicht überschritten werden.[397] Der Rechtsgedanke, der hinter diesen Überlegungen steht, ist jener, daß derjenige, der eine Gefahrenlage schafft oder in seinem Bereich andauern läßt, die ihm zumutbaren Vorkehrungen treffen muß, um zu verhindern, daß andere infolge der Gefahr zu Schaden kommen.[398] Als Mittel zur Steuerung der Gefahr dienen die allgemeinen Prinzipien des Rechts der Verkehrssicherungspflichten.[399] Ein Streik ist nicht allein deshalb rechtswidrig, weil er stets die abstrakte Gefahr in sich birgt, daß es bei seiner Durchführung zu unerlaubten Handlungen kommt.[400] Durch den Streikaufruf und die Durchführung des Streiks kommt es aber gerade zu Gefahrensituationen für die Rechtsgüter des betroffenen Arbeitgebers oder aber streikunwilliger Arbeitnehmer, die über das Erlaubte, nämlich die erlaubte Verweigerung der arbeitsvertraglichen Hauptleistungspflichten und die damit verbundenen Vermögensschäden, hinausgehen. Es kann aufgrund der oft aufgeheizten Situation in einem Arbeitskampf zu Überreaktionen einzelner streikender Arbeitnehmer kommen. Die Gewerkschaft ist dann die einzige Kraft, die eine solche Situation durch Einwirkung auf diese Arbeitnehmer entspannen kann. Sie hat aber auch die Gefahr, daß es zu einer solchen Situation kommen kann, mit der Initiierung des Streiks erst geschaffen, damit also quasi eine Gefahrenquelle eröffnet. Die Gewerkschaft treffen daher die entsprechenden Verkehrssicherungspflichten.[401]

---

395 Zuerst geäußert bei *Hohenstatt*, Erhaltungsarbeiten, S. 110f.

396 Vgl. nur BAG AP. Nr. 108 zu Art. 9 GG Arbeitskampf unter D. II der Gründe und AP Nr. 111 unter III. 2.

397 Vgl. nur BAG AP. Nr. 108 zu Art. 9 GG Arbeitskampf unter D. II der Gründe und AP Nr. 111 unter III. 2.

398 Vgl. dazu nur Soergel-*Zeuner*, § 823 RdNr. 187.

399 So auch *v. Bar*, Anm. zu BAG AP Nr. 111 zu Art. 9 GG Arbeitskampf, unter 2.

400 *V. Bar*, Anm. zu BAG AP Nr. 111 zu Art. 9 GG Arbeitskampf, unter 2.

401 Zum Ganzen vergleiche auch *Hohenstatt*, Erhaltungsarbeiten, S.110 ff.

Die bisher dargelegten Überlegungen beziehen sich jedoch nur auf einen Streikexzeß. Erhaltungsarbeiter, die trotz Herausnahme aus dem Streikaufruf ihre Arbeit verweigern, sind dagegen nicht einmal berechtigt, sich am Streik zu beteiligen. Ihre arbeitsvertraglichen Haupleistungspflichten werden nicht suspendiert. Die Überlegung, daß sich mit der Verweigerung der Arbeitsleistung durch Erhaltungsarbeiter eine nicht vom Streik ausgehende Gefahr, sondern ein auch außerhalb des Arbeitskampfes bestehendes Risiko verwirklicht[402], ist deshalb nicht abwegig. Dennoch ist dies ein zu kurz gedachter Gedanke. Die Verweigerung der Arbeitsleistung durch ausgewählte Erhaltungsarbeiter wird regelmäßig aufgrund des Streikgeschehens passieren[403], also aufgrund einer Situation, einer Gefahr, die die Gewerkschaft hervorgerufen hat. Hier nun den Arbeitgeber auf die individualrechtlich möglichen Konsequenzen zu verweisen, würde einen großen Zeitverlust bedeuten. In der Zeit, in der letzterer den arbeitsunwilligen Arbeitnehmern kündigen und sie durch neue Arbeitnehmer ersetzen würde, sofern solche überhaupt verfügbar sind, wird nicht gearbeitet, wodurch der Effekt von nicht geleisteten Erhaltungsarbeiten, also die irreparable Schädigung von Betriebsmitteln, eintreten würde. Der Zweck der Erhaltungsarbeiten, nämlich die Verhinderung einer solchen Zerstörung, würde ebenfalls nicht erreicht. Der Schutzzweck einer Begrenzung des Streikumfanges durch Erhaltungsarbeiten würde gerade verfehlt. Dies kann nur verhindert werden, wenn im Bereich der Erhaltungstätigkeiten gearbeitet wird. Eine Trennung der Einflußbereiche von Arbeitgeber und Gewerkschaft in einem Sinn, daß mit der Auswahl und der nachfolgenden Beschränkung des Streikaufrufs seitens der Gewerkschaft alles getan sei, stünde dem in dieser Situation genau entgegen. Sie ist hier deswegen nicht sinnvoll. Die Erhaltungsarbeiten sind eine Bedingung, um einen rechtmäßigen Arbeitskampf führen zu können. Die Gewerkschaft hat deshalb auch für diesen Bereich Verantwortung zu übernehmen. Damit erstreckt sich ihre Verpflichtung auch darauf, auf ausgewählte Erhaltungsarbeiter einzuwirken, die sich dem Streik anschließen und sich weigern, Erhaltungsarbeiten zu verrichten.[404]

---

402 Dieser Gedanke auch bei *Hohenstatt*, Erhaltungsarbeiten, S. 114.

403 *Hohenstatt*, Erhaltungsarbeiten, spricht hier von einer vom Streik ausgehenden „Sog- und Solidarwirkung".

404 So auch *Hohenstatt*, Erhaltungsarbeiten, S. 114.

(2) Rechtswidrigkeit des Handelns der Gewerkschaft
Verletzt die Gewerkschaft oben dargestellte Pflichten, handelt sie rechtswidrig.[405] Sie hat nicht nur das oben in § 4 dargestellte Recht zur Auswahl der Erhaltungsarbeiter, sondern auch die Pflicht, die ausgewählten Arbeitnehmer dem Arbeitgeber zur Verfügung zu stellen, das heißt, sie aus dem Arbeitskampf herauszunehmen. Erfüllt sie diese Pflicht nicht, verstößt sie gegen die Arbeitskampfordnung, welche ausgehend vom Übermaßverbot die Durchführung der Erhaltungsarbeiten fordert.

(3) Durchsetzung im Weg der einstweiligen Verfügung
Der Arbeitgeber hat seinen dargestellten Beseitigungs- und Unterlassungsanspruch zur Sicherstellung der Erbringung von Erhaltungsarbeiten im Arbeitskampf mittels einer Unterlassungsklage gemäß § 2 I Nr. 2 ArbGG im arbeitsgerichtlichen Urteilsverfahren geltend zu machen.[406] Wegen der gebotenen Eile wird dabei der Weg der einstweiligen Verfügung die Variante sein, mit der am schnellsten die notwendige Beschränkung des Streikaufrufes erreicht werden kann.[407] Im Arbeitsgerichtsgesetz selbst findet sich keine Regelung des Verfahrens der einstweiligen Verfügung. § 62 II ArbGG verweist jedoch auf die einschlägigen Vorschriften der ZPO, die damit uneingeschränkt im arbeitsgerichtlichen Verfahren anwendbar sind. Für die Erlangung einer einstweiligen Verfügung im Arbeitsrecht sind deshalb die §§ 916 bis 945 ZPO maßgebend.[408]

Aufgrund dieser Normen ist die Art der einstweiligen Verfügung, mit der ein Unterlassungsanspruch durchzusetzen ist, zu bestimmen. Da der Schuldner eines Anspruches durch die einstweilige Verfügung zur Unterlassung einer Handlung verurteilt wird, handelt es sich um eine Unterlassungsverfügung.[409] Eine einstweilige Verfügung auf Unterlassung einer Handlung ist eine Spielart der

---

405 Damit wird der in einem Unterlassungs- und Beseitigungsanspuch nach §§ 1004, 823 BGB verlangten Rechtswidrigkeit der verursachten Beeinträchtigung Genüge getan. Siehe Palandt-*Bassenge*, § 1004 RdNr. 9.

406 *Löwisch/Mikosch* ZfA 1978, 153, 170; *Walker*, Rechtsschutz, RdNr. 705.

407 Siehe BAG AP Nr. 129 zu Art. 9 GG Arbeitskampf unter I. 4. b. bb. der Gründe; *Konzen*, Anm. zu BAG AP Nr. 137, 138, 139 zu Art. 9 GG Arbeitskampf unter V. 2. (Bl.13); MünchArbR/*Otto*, § 278 Rdnr. 152.

408 *Germelmann/Matthes/Prütting*, ARbGG, § 62 RdNr. 65; *Grunsky*, ArbGG, § 62 RdNr. 10.

409 Vgl. dazu Stein/Jonas- *Grunsky*, ZPO-Kom., vor § 935 RdNr. 46ff.

sogenannten Leistungs- beziehungsweise Befriedigungsverfügung.[410] Durch diese wird dem Schuldner die sofortige Erfüllung seiner angeblichen Verbindlichkeit aufgegeben.[411] Gestützt wird diese Verfügung meist auf § 940 ZPO, was jedoch insofern nicht ganz richtig ist, als die Leistungsverfügung wegen ihres Befriedungszwecks weit über den Anwendungsbereich des § 940 ZPO hinausgeht.[412] An der grundsätzlichen Zulässigkeit besteht jedoch heute kein Zweifel mehr. Auch bei der einstweiligen Verfügung auf Unterlassung einer Handlung tritt häufig bereits eine Befriedigung des Anspruchs ein, die eigentlich erst im Hauptverfahren erreicht werden soll. Die meisten Unterlassungsansprüche sind so eng mit dem Faktor Zeit verknüpft, daß eine Untersagung für den Zeitraum bis zur Aufhebung der einstweiligen Verfügung endgültige Verhältnisse schafft.[413] Die früher vorgebrachten Bedenken, die aus diesen genannten Gründen gegen einstweilige Verfügungen bestanden[414], sind heute im normalen zivilprozessualen Verfahren nicht mehr stichhhaltig.

Etwas anderes gilt allerdings bei einstweiligen Verfügungen im Arbeitskampfrecht. Trotz der eindeutigen gesetzlichen Verweisung ist die Zulässigkeit der Erlangung einstweiligen Rechtsschutzes im Arbeitskampfrecht aber nicht vollkommen anerkannt.[415] Allgemein ist davon auszugehen, daß die einstweilige Erfüllung eines Unterlassungsanspruches im Arbeitskampfrecht mit ihrer endgültigen Wirkung keine anderen Voraussetzungen als die zahlreichen Befriedigungsverfügungen in allen übrigen Rechtsgebieten erfordert.[416] Die einstweilige Verfügung auf dem Gebiet des Arbeitskampfrechts richtet sich nach denselben Grundsätzen, nach denen auch sonst beim Erlaß von Leistungs- bezie-

---

410 *Germelmann/Matthes/Prütting*, ArbGG, § 62 RdNr. 78; *Gift/Baur*, Urteilsverfahren, J Rdnr. 115; *Hohenstatt*, Erhaltungsarbeiten; S. 117; Lucksscheiter, S. 53; Stein/Jonas-*Grunsky*, ZPO-Kom., vor § 935 RdNr. 71; *Walker*, ZfA 1995, 185, 191 mwN in FN 26; auf den Begriff der Leistungsverfügung abstellend: *Oetker*, Erhaltungsarbeiten, S. 97; *Brox/Walker*, Zwangsvollstreckungsrecht, RdNr. 1609/1625.

411 Stein/Jonas-*Grunsky*, ZPO-Kom., vor § 935 RdNr. 31a.

412 Stein/Jonas-*Grunsky*, ZPO-Kom., vor § 935 RdNr. 31a; *Brox/Walker*, Zwangsvollstreckungsrecht, RdNr. 1614, beide mit weiterführenden Nachweisen.

413 Stein/Jonas-*Grunsky*, ZPO-Kom., vor § 935 RdNr. 46 u. 71.

414 So *Zeuner*, RdA 1971, 1, 7.

415 Zum Meinungsstand *Walker*, ZfA 1995, 185, 189 mwN; *Grunsky*, ARbGG, § 62 RdNr. 25 mwN; *Henniges*, Rechtsschutz, S. 3ff.

416 *Walker*, ZfA 1995, 185, 191 mwN in FN 27; LAG Hamm, EzA Art. 9 GG Arbeitskampf Nr. 51, S. 558.

hungsweise Befriedigungsverfügungen zu verfahren ist.[417] Allerdings stellt sich das Problem, daß gerade im Arbeitskampfrecht bei Unterlassungsverfügungen irreversible Folgen entstehen können. Richtig ist, daß durch eine einstweilige Verfügung der geltend gemachte Unterlassungsanspruch endgültig durchgesetzt wird.[418] Diese Frage darf aber nicht mit dem Hinweis auf ein Vorwegnahmeverbot gelöst werden, sondern muß im Rahmen der Prüfung des Verfügungsgrundes untersucht werden. Hier sind das Gewicht des drohenden Nachteils und die Wahrscheinlichkeit des Erfolges in der Hauptsache mit den Belangen des Antragsgegners abzuwägen.[419] Die bestehende Grauzone, ab wann ein Streik als rechtswidrig zu charakterisieren ist, muß im Rahmen des materiellen Arbeitskampfrechts geklärt werden.

Dies gilt auch für die geltend gemachten Beschränkungen der Zulässigkeit einstweiliger Verfügungen wie die geforderte offensichtliche Rechtswidrigkeit[420] oder die verlangte Existenzbedrohung des Betriebs durch den Streik[421], die abzulehnen sind.[422] Auch der Vorwurf, die bei einstweiligen Verfügungen häufig notwendige Rechtsfortbildung dürfe nicht den Instanzen überlassen werden[423], rechtfertigt eine grundsätzliche Einschränkung des einstweiligen Rechtsschutzes im Arbeitskampf nicht. Das Interesse der Parteien an einem effektiven Rechtsschutz muß nicht hinter dem ihnen selbst und der Allgemeinheit zugute kommenden Ziel einer einheitlichen Rechtsprechung zurückstehen. Das gilt auch dann, wenn über bisher nicht geklärte Rechtsfragen zu entscheiden ist.[424] Wird die einstweilige Verfügung versagt, muß der von der rechtswidrigen Maßnahme Betroffene, in der Regel der Arbeitgeber, einen Schaden hinnehmen, den er nach aller Erfahrung endgültig trägt.[425] Eine Versagung des vorläufigen Rechtsschutzes würde auf eine Rechtsschutzverweigerung in all den Fällen hi-

---

417 *Walker*, ZfA 1995, 185, 191 mwN in FN 27; LAG Hamm, EzA Art. 9 GG Arbeitskampf Nr. 51, S. 558.

418 Vgl. *Gamillscheg*, Koll. ArbR., S. 1293.

419 *Walker*, ZfA 1995, 185, 193, FN 34; LAG Hamm, EzA Art. 9 GG Arbeitskampf Nr. 51, S. 558 mwN.

420 So *Henniges*, Rechtsschutz, S. 85, Verweise dazu bei Stein/Jonas-*Grunsky*, ZPO-Kom., vor § 935 RdNr. 72, FN 247.

421 So *Heckelmann*, Erhaltungsarbeiten, AuR 1970, 166, 177; *Zeuner*, RdA 1971, 1, 7.

422 Vgl. dazu auch *Gift/Baur*, Urteilsverfahren, J RdNr. 115.

423 *Henniges*, Rechtsschutz, S. 60ff.; *Löwisch/Rieble*, Arbeitskampfrecht, Rdnr. 114 b.

424 *Walker*, ZfA 1995, 185, 193; so auch ders., Rechtsschutz, RdNr. 717

425 Vgl. *Gamillscheg*, Koll. ArbR., S. 1293.

nauslaufen, in denen aus zeitlichen Gründen eine Regelung im Hauptsacheverfahren nicht möglich oder mit den Interessen der sozialen Gegenspieler nicht vereinbar ist. Einen gerichtsfreien Raum dürfen die Tarifpartner aber auch im Vorfeld eines Arbeitskampfes nicht erwarten.[426] Somit ist gegen die Anwendung des Verfahrens des einstweiligen Rechtsschutzes im Arbeitskampfrecht nichts einzuwenden.

Hinzu kommt, daß bei einem Unterlassungsanspruch wie dem vorliegenden, der in der Regel auf Beschränkung des Streikaufrufes gerichtet ist, mittels der einstweiligen Verfügung regelmäßig nicht der gesamte Streik untersagt werden soll. Es handelt sich vielmehr um einen Fall der mit der Konstellation vergleichbar ist, daß einzelne rechtswidrige Kampfhandlungen verhindert werden sollen, der Streik insgesamt davon aber unberührt bleibt.[427] Der Arbeitgeber als Antragsteller der einstweiligen Verfügung setzt sich zwar mit einem Begehren der Beschränkung des Streikaufrufes auch durch und führt diesbezüglich in der Regel eine endgültige Lage herbei, der Streik als Gesamtgeschehen bleibt jedoch unangetastet.

Damit gelten für alle in Betracht kommenden Verfügungsgesuche im Arbeitskampfrecht über § 62 II ArbGG ohne Einschränkungen die Voraussetzungen der §§ 920ff, 935ff ZPO. Danach hängt die Entscheidung über das Gesuch davon ab, ob ein Verfügungsanspruch vorliegt, ob ein Verfügungsgrund gegeben ist und ob die entscheidungserheblichen Tatsachen unstreitig oder glaubhaft gemacht sind.[428] Der Gewerkschaft wird dann vom Arbeitsgericht durch die einstweilige Verfügung aufgegeben, ihren Streikaufruf zu beschränken und die Erhaltungsarbeiten entsprechend zu organisieren. Für den Fall von Zuwiderhandlungen werden dabei gemäß § 890 ZPO ein Ordnungsgeld, wahlweise Ordnungshaft, oder für den Fall, daß das Ordnungsgeld nicht beigetrieben werden kann, eine Ordnungshaft festgesetzt. Bezüglich des oben dargestellten Unterlassungsanspruches, der hier den Beseitigungsanspruch mitumfaßt, ist problematisch, daß die Vollstreckung des letzteren bei nicht vertretbaren Handlungen nach § 888 ZPO erfolgt. Auch hier ist unter dem Gesichtspunkt des einfachsten Weges die Gesamtvollstreckung des Titels nach § 890 ZPO die beste

---

426 Vgl. *Gamillscheg*, Koll. ArbR., S. 1293 mFN 20 und *Schäfer*, Rechtsschutz, RdNr. 246.

427 Siehe dazu *Hohenstatt*, Erhaltungsarbeiten, S. 177f und *Löwisch/Mikosch*, ZfA 1978, 153, 170 sowie *Gamillscheg*, Koll. ArbR., S. 1295 mwN in FN 29.

428 *Walker*, ZfA 1995, 185, 196.

Lösung gegenüber der Einzelvollstreckung einerseits nach § 890 ZPO und andererseits nach § 888 ZPO, wo den Gläubiger noch die Durchsetzung der möglicherweise vielfachen und vielgestaltigen Beseitigungsverbote verbleibt. Zudem erfaßt nur die Gesamtvollstreckung nach § 890 ZPO alle Fälle, in denen der Schuldner zur Zeit nach dem Titel Gefahrbeseitigung schuldet.[429] Obwohl es sich bei einer Gewerkschaft um einen nicht rechtsfähigen Verein handelt, ist gemäß § 735 ZPO die Vollstreckung des Ordnungsgeldes in ihr Vermögen möglich. Die ersatzweise Ordnungshaft ist gegen den satzungsmäßigen Vertreter, also in der Regel den Vorsitzenden der Gewerkschaft zu vollstrecken.

Ein kleines Problem bei dieser Vorgehensweise besteht aber darin, daß die Durchführung der Erhaltungsarbeiten nicht automatisch sichergestellt wird.[430] Die Beschränkung des Streikaufrufes ist als nicht vertretbare Handlung als solche nicht vollstreckbar[431], sondern nur über die Androhung von Ordnungsgeld respective Ordnungshaft durchsetzbar. Dies ist allerdings keine Besonderheit arbeitsrechtlicher Unterlassungsverfügungen. Auch einstweilige Verfügungen, die gegen zum Beispiel rufschädigende Äußerungen erlangt werden, stehen nur unter der Androhung eines Ordnungsgeldes beziehungsweise von Ordnungshaft. Und auch in solchen Fällen kann unter Umständen die wirtschaftliche Existenz auf dem Spiel stehen.

Trotzdem könnte man sich wegen der großen Bedeutung, die Erhaltungsarbeiten für das Gleichgewicht im Arbeitskampf haben, auf den Standpunkt stellen, daß das Arbeitsgericht, welches die einstweilige Verfügung erläßt, die Beschränkung der Suspendierungswirkung selbst herbeiführt.[432] Die Verfügung müßte demzufolge als rechtsgestaltende Verfügung begehrt werden.[433] Dies könnte aber daran scheitern, daß eine Gestaltung durch das Gericht vom Antrag auf Erlaß einer Unterlassungsverfügung nicht erfaßt wird. Grundsätzlich gilt im Zivilprozeß die Verhandlungsmaxime, was bedeutet, daß nur das gewährt werden kann, was auch beantragt wurde. Demzufolge wäre das Gericht an einen

---

429 *Lindacher*, GRUR, 1988, 423, 426.

430 Diese Bedenken erwähnt von *Hohenstatt*, Erhaltungsarbeiten, S. 117, FN 510.

431 Vgl. nur LAG Hamm NZA 1987, 825, 826 mwN. und OLG Hamburg BB 1973, 1189: „Eine durch Urteil ergangene einstweilige Unterlassungsverfügung [ist] der Vollziehung im Sinn der §§ 929 II, 935ff ZPO überhaupt nicht zugänglich.“

432 So bei *Hohenstatt*, Erhaltungsarbeiten, S. 117, FN 510.

433 Zu dieser Ausgestaltung der einstweiligen Verfügung vgl. *Brox/Walker*, Zwangsvollstreckungsrecht, RdNr. 1597; Stein/Jonas-*Grunsky*, ZPO-Kom., § 938 RdNr. 6

Antrag, der ein Unterlassen begehrt, gebunden (§ 308 ZPO). Allerdings gilt bei einer einstweiligen Verfügung, daß dort der Antrag nicht so genau gestellt werden muß wie im normalen Erkenntnisverfahren. § 938 ZPO besagt, daß das Gericht nach freiem Ermessen bestimmen kann, was voraussetzt, daß der Antragsteller dem Gericht nicht durch das Stellen eines präzisen Antrages die Hände gebunden hat. Der Antragsteller braucht deshalb lediglich sein Rechtsschutzziel angeben.[434]

Selbst wenn man aber auf diese Weise das Problem des bestimmten Antrags vernachlässigen könnte, stellt sich immer noch die Frage, ob das Gericht mit einem solchen Gestaltungsurteil in unzulässiger Weise in die Tarifautonomie der Arbeitskampfparteien eingreifen würde. Die erwünschte Vollstreckungswirkung wäre, daß das Gericht die für Erhaltungsarbeiten notwendige Beschränkung des Streikaufrufes vornimmt. Dies könnte im Wege der § 894 ZPO geschehen. Der beschränkte Streikaufruf wäre dann die Willenserklärung, deren Abgabe durch das Urteil des Gerichts fingiert würde.[435] Dies setzt aber voraus, daß der Inhalt der Willenserklärung fest bestimmt ist[436]; dem Gericht darf kein Gestaltungsspielraum verbleiben. Bei einem Antrag des Arbeitgebers, der darauf gerichtet ist, es der Gewerkschaft zu untersagen, keine Beschränkung des Streikaufrufes vorzunehmen, besteht aber gerade ein solcher Gestaltungsspielraum. Wird jedoch ein hinreichend bestimmter Antrag gestellt, der es dem Gericht erlauben würde, eine konkrete Willenserklärung zu fingieren, ergibt sich das Problem, daß das Gericht die Tarifautonomie durch diese einstweilige Verfügung beschränkt, da es eine Rechtspflicht, nämlich die Pflicht der Gewerkschaft zur Auswahl der Erhaltungsarbeiter und der damit verbundenen Beschränkung des Streikaufrufes, einer der beiden Tarifparteien konkretisiert. Damit kommt hier derselbe Gesichtspunkt zum Tragen, der schon oben[437] im Rahmen der dort diskutierten Zwangsschlichtung erwähnt wurde. Das Gericht darf nur prüfen, ob getroffene Regelungen mit den Grundsätzen des Arbeitskampfes übereinstimmen. Die im Umfang ausreichende Sicherstellung der Erhaltungsarbeiten ist eine selbständig nicht einklagbare Nebenpflicht, deren Verletzung zu Schadenersatzansprüchen führt. Ob der Mindestumfang der Erhaltungsarbeiten gewährleistet ist, kann nicht explizit überprüft werden. Gericht-

---

434 Stein/Jonas-*Grunsky*, ZPO-Kom., vor § 935 RdNr. 10.

435 Vgl zum Verfahren Stein/Jonas-*Brehm*, § 984 RdNr. 1ff.

436 Stein/Jonas-*Brehm*, § 984 RdNr. 5.

437 § 4 II. 2.

lich erstreitbar ist lediglich die Sicherstellung überhaupt, nicht aber die mengenmäßige Begrenzung. Der hier diskutierte Unterlassungsanspruch richtet sich nur gegen das Fehlverhalten der Gewerkschaft, nämlich ihrer Pflicht, der Beschränkung des Streikaufrufes, nicht nachzukommen. Eine rechtsgestaltende Verfügung durch das Arbeitsgericht ist deshalb nicht möglich. Es würde mit seiner Entscheidung unzulässigerweise in die Kompetenzen der Arbeitskampfparteien eingreifen. Es bleibt demzufolge dabei, daß dem Arbeitgeber zur schnellen Durchsetzung seines Unterlassungsanspruches nur die Möglichkeit der einstweiligen Verfügung, die im Weg des § 890 ZPO gesichert wird, zur Verfügung steht.

b) Ansprüche des Arbeitgebers auf Schadenersatz gemäß § 823 I BGB

Kommt die Gewerkschaft ihrer Pflicht zur Auswahl der Erhaltungsarbeiter und der daraus folgenden Beschränkung des Streikaufrufes nicht nach und entstehen dadurch dem Arbeitgeber Schäden an seiner betrieblichen Substanz[438], so hat der Arbeitgeber einen Schadenersatzanspruch aus § 823I BGB.[439] Dies gilt auch für den einzelnen Arbeitgeber, der im Rahmen eines Flächenstreiks, der in seiner Gesamtheit nicht rechtswidrig ist, geschädigt wird. Zu den zu ersetzenden Schäden gehören auch die Aufwendungen, die durch die Beauftragung Dritter mit der Durchführung der Erhaltungsarbeiten entstehen.[440] Dabei kann es sich zum Beispiel um die gegenüber der Fortzahlung des Arbeitsentgelts der Erhaltungsarbeiter entstehenden Mehrkosten handeln. Zu beachten ist allerdings, daß sich der Arbeitgeber ein Mitverschulden gemäß § 254 Abs. 2 BGB anrechnen lassen muß, wenn er die Durchführung der Erhaltungsarbeiten nicht zumindest gefordert hat. Kann in diesem Zusammenhang die Gewerkschaft darlegen, daß sie sich diesen Arbeiten nicht widersetzt hätte, entfällt die Haftung ganz.[441]

Ebenso haftet die Gewerkschaft, wenn sie erkennbar ungeeignete Arbeitnehmer freistellt, die dann bei der Ausführung der Erhaltungsarbeiten Schäden anrichten.[442]

---

438 Nicht darunter fallen „normale Streikschäden" durch den Produktionsausfall.

439 Siehe auch BAG AP Nr. 129 zu Art. 9 GG Arbeitskampf unter I. 4. b. bb der Gründe.

440 *Löwisch/Mikosch*, ZfA 1978, 153, 170.

441 Siehe *Gamillscheg*, Koll. ArbR., S. 1228 mit Verweis auf *Löwisch/Krauß*, Arbeitskampfrecht, Nr. 710.

442 *Löwisch/Mikosch*, ZfA 1978, 153, 170.

2. Ansprüche des Arbeitgeberverbandes gegen die Gewerkschaft

Grundsätzlich bestehen dieselben Ansprüche, die im Vorangegangenen für den Arbeitgeber diskutiert wurden. Nicht ganz geklärt ist nur, ob der Arbeitgeberverband diese Ansprüche aus eigenem Recht besitzt oder nur Ansprüche seiner Verbandsmitglieder in eigenem Namen im Rahmen einer gewillkürten Prozeßstandschaft geltend macht.[443] Seitens des Bundesarbeitsgerichts ist es anerkannt, daß die Tarifvertragsparteien aus eigenen Recht einen Unterlassungsanspruch gegen rechtswidrige Arbeitskampfmaßnahmen haben.[444] Durch rechtswidrige Arbeitskampfmaßnahmen werde ihr Recht auf koalitionsmäßige Betätigung in unzulässiger Weise verletzt, weshalb das Unterlassungsbegehren analog § 1004 BGB in Verbindung mit § 823 I BGB und Art. 9 GG begründet sei.[445] Zwar sind Erhaltungsmaßnahmen keine Arbeitskampfmaßnahmen. Ihre Unterlassung ist jedoch rechtswidrig und steht dem Gebrauch einer rechtswidrigen Arbeitskampfmaßnahme gleich. Auch der Arbeitgeberverband, mit dem die Gewerkschaft im Arbeitskampf steht, kann damit bei Unterlassen der Erhaltungsarbeiten gegen die Gewerkschaft die oben genannten juristischen Schritte einleiten.

3. Ansprüche des Arbeitgebers gegen den Arbeitnehmer

Neben den Ansprüchen gegen die Gewerkschaft stehen dem Arbeitgeber auch juristische Mittel gegen die einzelnen Arbeitnehmer zur Verfügung. In diesen Fällen wird es dem Arbeitgeber darauf ankommen, für den durch die nichtgeleisteten Erhaltungsarbeiten entstandenen Schaden Ersatz zu verlangen. Ist der Arbeitnehmer vom Streikaufruf der Gewerkschaft ausgenommen und kann sich deshalb nicht rechtmäßig am Streik beteiligen, besteht wie oben[446] dargelegt, seine arbeitsvertragliche Hauptleistungspflicht fort. Im Fall der Verweigerung der Erbringung von Erhaltungsarbeiten begeht der Arbeitnehmer demnach einen Bruch des Arbeitsvertrages, der zu den Konsequenzen führt, die dieses Verhal-

---

443 Vgl. zum ganzen *Konzen*, Festschr. Kissel, 571ff.

444 St. Rechtspr. siehe nur BAG AP NR. 101 Art.9 GG Arbeitskampf, LS 3 und unter B II.1 der Gründe sowie die Bestätigung in BAG AP Nr. 113 Art. 9 GG Arbeitskampf unter II.1. der Gründe.

445 BAG AP NR. 101 Art.9 GG Arbeitskampf, unter B II.1 der Gründe; in den wichtigsten Fällen dem folgend *Konzen*, Festschr. Kissel, S. 571, 607.

446 § 3 II. 2. b.

ten auch sonst im normalen Arbeitsablauf zur Folge hätte. Der Arbeitgeber hat demzufolge dann gegen den Arbeitnehmer einen Anspruch auf Ersatz des durch die nichterbrachten Erhaltungsarbeiten entstandenen Schadens aus §§ 611, 325 BGB.[447]

Im Fall eines fehlerhaften Streikaufrufes der Gewerkschaft[448] gilt für den Streik um einen Flächentarif das eben Gesagte. Die für den Flächentarifarbeitskampf festgestellte Rechtmäßigkeit des Streiks insgesamt bewahrt die Arbeitnehmer davor, daß sie für Fehler der Gewerkschaft als Einzelpersonen haften. Sie dürfen am Streik teilnehmen, womit ihre arbeitsvertraglichen Hauptleistungspflichten suspendiert sind und sie somit keinen Arbeitsvertragsbruch begehen.

Etwas anders stellt sich die Lage beim Firmentarifstreik dar. Hier führt ein fehlerhafter Streikaufruf der Gewerkschaft in der Regel zur Rechtswidrigkeit des gesamten Streiks, nicht nur einzelner Handlungen im Arbeitskampf. Somit werden die arbeitsvertraglichen Hauptleistungspflichten der Arbeitnehmer nicht suspendiert, wodurch die Arbeitnehmer bei Nichtarbeit gegen ihre arbeitsvertragliche Hauptleistungspflicht verstoßen. Dennoch wird eine Schadenshaftung dieser Arbeitnehmer in der Regel am mangelnden Verschulden scheitern[449], weil den Streikteilnehmern in der Regel ein unvermeidbarer Rechtsirrtum zuzubilligen ist.[450] Zu begründen ist das damit, daß die Arbeitnehmer im Arbeitskampf sich im Regelfall auf die Arbeitskampfführung der Gewerkschaft verlassen können und nicht damit zu rechnen brauchen, rechtswidrig zu handeln, wenn sie sich an einen an sich rechtmäßigen Streik anschließen. Die Arbeitnehmer können auf die Rechtmäßigkeitsvermutung gewerkschaftlich geführter

---

447 So auch *Fenn* DB 1982, 430, 434; *Hohenstatt*, Erhaltungsarbeiten, S. 119; *Löwisch/Mikosch* ZfA 1978, 153, 170. Nach *Heckelmann*, Erhaltungsarbeiten, Erhaltungsarbeiten, S. 25; *Oetker*, Erhaltungsarbeiten, S. 100; *Schiffer*, Erhaltungsarbeiten, S. 91 haften die Arbeitnehmer aus pFV des Arbeitsvertrages. Dies erklärt sich daraus, daß die genannten Autoren die Pflicht zur Erbringung der Erhaltungsarbeiten der Arbeitnehmer gegenüber den Arbeitgebern aus arbeitsvertraglichen Nebenpflichten erklären. Allgemein zum Thema Pflichtverletzung des Arbeitnehmers im Streik Brox/Rüthers-*Brox*, Arbeitskampfrecht, RdNr. 330 mit vielen Nachweisen in FN 116.

448 Vgl. oben § 5 I. 2. b. bb.

449 *Fenn* DB, 1982, 430, 434f; *Heckelmann*, Erhaltungsarbeiten, Erhaltungsarbeiten, S. 25; *Löwisch/Mikosch*, ZfA 1978, 153, 171f.

450 MünchArbR/*Otto*, § 282, Rdnr. 43.

Arbeitskämpfe vertrauen.[451] Nur wenn leicht erkennbar ist, daß die Gewerkschaft eine fehlerhafte Auswahl getroffen hat, liegt ein fahrlässiges Handeln und damit ein Verschulden des Arbeitnehmers vor, wenn er für Erhaltungsarbeiten in Betracht kommt und trotzdem am Streik teilnimmt.[452] Verschulden ist demnach nur zu bejahen, wenn die Unkenntnis des Arbeitnehmers grob fahrlässig ist[453], da es für den Arbeitnehmer schwer sein wird, ohne entsprechende Informationen die Lage so zu überblicken, daß ihm die Fehlerhaftigkeit des Streikaufrufes der Gewerkschaft bewußt wird. Es liegt damit auch im Interesse des Arbeitgebers, derartige Informationen zu geben, da ein Mitverschulden des Arbeitgebers den Ersatzanspruch mindert. Ein solches Mitverschulden gemäß § 254 Abs. 2 BGB liegt auch dann vor, wenn der Arbeitgeber es unterläßt, die Streikenden vor einem besonders hohen Schaden zu warnen.[454]

Für den daneben in Betracht kommenden Anspruch aus § 823 I BGB wegen eines Eingriffs in den eingerichteten und ausgeübten Gewerbebetrieb[455] gilt das Dargelegte entsprechend. Auch hier kommt ein Schadenersatzanspruch des Einzelarbeitnehmers in der Regel nur für den Fall in Betracht, daß der Arbeitnehmer trotz fehlender Erstreckung des Streikaufrufes auf ihn am Streik teilnimmt.

Zusätzlich zu den Schadenersatzansprüchen kommt für den Arbeitgeber noch die Möglichkeit der außerordentlichen Kündigung nach § 626 BGB beziehungsweise der verhaltensbedingten ordentlichen Kündigung in Betracht, wenn Arbeitnehmer vertragswidrig Erhaltungsarbeiten verweigern.[456] Das arbeitsvertragswidrige Kampfverhalten der Arbeitnehmer kann den Arbeitgeber zu einer außerordentlichen Kündigung des Arbeitsverhältnisses aus wichtigem Grund berechtigen.[457] Es gelten dann die üblichen Voraussetzungen einer Kündigung, wozu auch das Aussprechen einer Abmahnung zählt.[458]

---

451 *Fenn*, DB 1982, 430, 435; *Konzen*, ZfA 1980, 77, 84; *Löwisch/Mikosch*, ZfA, 1978, 153, 171.

452 *Löwisch/Mikosch*, ZfA 1978, 153, 171.

453 *Gamillscheg*, Koll.ArbR., S. 1210.

454 *Gamillscheg*, KollArbR., S. 1209.

455 Vgl. dazu grundsätzlich Brox/Rüthers-*Brox*, Arbeitskampfrecht, RdNr. 334.

456 *Hohenstatt*, Erhaltungsarbeiten, S. 119; *Oetker*, Erhaltungsarbeiten, S. 100.

457 Brox/Rüthers-*Brox*, Arbeitskampfrecht, RdNr. 337.

458 BAG AP Nr. 52 zu Art. 9 GG Arbeitskampf unter II. 2. der Gründe mit weiteren Rchtsprechungsnachweisen.

4. Notauswahlrecht des Arbeitgebers bei fehlender Auswahl der Erhaltungsarbeiter durch die Gewerkschaft

Nach dem bisher Erörterten hat der Arbeitgeber einen Unterlassungsanspruch, den er im Wege der einstweiligen Verfügung durchsetzen kann, sowie Schadenersatzansprüche gegen Gewerkschaft und Einzelarbeitnehmer. Trotzdem kann eine Situation eintreten, in der diese Ansprüche dem Arbeitgeber keinen hinreichenden Schutz bieten.

a) Tatsächliche Notwendigkeit eines Notauswahlrechts des Arbeitgebers

Gemeint ist das völlige Fehlen jedweder Auswahl von Erhaltungsarbeitern. In diesem Fall, in dem gar kein Arbeitnehmer aus dem Streikaufruf herausgenommen wird und somit, falls sich im ungünstigsten Fall alle Arbeitnehmer dem Streikaufruf anschließen, zunächst keine Erhaltungsarbeiter verfügbar sind, nun einzig auf die vorab genannten Ansprüche des Arbeitgebers mit dem Instrument der einstweiligen Verfügung zu verweisen[459], bedeutet allein schon, einen gewissen Zeitablauf in Kauf nehmen zu müssen. Die Erlangung einer einstweiligen Verfügung dauert einige Zeit (in der Regel 1 bis 2 Tage)[460]. In diesem Zeitraum tragen Anlagen, die ununterbrochen betrieben werden müssen, bereits nach wenigen Stunden irreversible Schäden davon. Dazu kommt, daß die Arbeitsgerichtsbarkeit anders als die ordentliche Gerichtsbarkeit in der Regel keinen Wochenendbereitschaftsdienst der Richter vorsieht.[461] In einem solchen Fall kann demnach durch die bisher vorgestellten Instrumente der Rechtsverfolgung nicht gewährleistet werden, daß durch den Streik keine existenzbedrohenden Schäden entstehen sowie von den Betriebsanlagen möglicherweise sogar Gefahren für die Allgemeinheit und die Umwelt ausgehen. Für ein Unternehmen steht dann soviel auf dem Spiel, daß eine Möglichkeit gefragt ist, die es dem Arbeitgeber erlaubt, sofort auf das pflichtwidrige Verhalten der Gewerkschaft zu reagieren.

---

[459] So *Hohenstatt*, Erhaltungsarbeiten, S. 108 und auch *Heckelmann*, Erhaltungsarbeiten, S. 19 f.

[460] Im Fall BAG AP Nr. 13 zu § 87 BetrVG 1972 Ordnung des Betriebes dauerte eine solche einstweilige Verfügung 9 Tage!

[461] *Walker*, ZfA 1995, 185, 211.

b) Dogmatische Grundlage eines Notauswahlrechts des Arbeitgebers

Betrachtet man die Situation nicht allein aus dem Blickwinkel des Arbeitskampfes, sondern ganz allgemein unter dem Gesichtspunkt der Abwehr drohender Gefahren von geschützten Rechtsgütern, so fällt auf, daß es einzig darum geht, diese geschützten Positionen gegen Angriffe zu verteidigen, wobei die Besonderheit besteht, daß staatliche Hilfe nicht rechtzeitig zu erlangen ist. Genau diese Konstellation wird aber in § 229 BGB, dem zivilrechtlichen Selbsthilferecht, beschrieben. Dahinter steht der Gedanke der Geltendmachung subjektivrechtlicher Positionen mit dem Ziel der Befriedigung oder Sicherung, bei denen kein entsprechender prozessualer Anspruch erhoben, sondern durch Eigenmacht ersetzt wird[462], weil gerichtliche Hilfe nicht rechtzeitig zu erlangen ist und Vereitelungsgefahr besteht. § 229 BGB schützt demnach die Durchsetzung des „[(wegen Zeitmangels) nicht erhobenen!] prozessualen Anspruchs“[463]. Nun bietet § 229 BGB in direkter Anwendung keine Handhabe für den Fall des Arbeitskampfes. Wegen der vergleichbaren Interessenlage[464] kann diese Norm trotzdem helfen, die bestehende Lücke[465] im Arbeitskampfrecht bezüglich eines Selbsthilferechts des Arbeitgebers zumindest in analoger Anwendung zu schließen. Hinter § 229 BGB steht der Gedanke der rechtzeitigen Rechtsverschaffung bei fehlender staatlicher Intervention. Genau eine solche Lage besteht auch, wenn die streikführende Gewerkschaft ihren Pflichten zur Organisation der Erhaltungsarbeiten nicht nachkommt und der Arbeitgeber auf eine Selbsthilfe angewiesen ist, weil er mittels der Gerichte einen rechtzeitigen Schutz nicht erlangen kann.

Der Gedanke der Selbsthilfe ist dem Arbeitskampfrecht auch nicht vollkommen fremd. Oft wird der Einsatz von Arbeitskampfmaßnahmen als Selbsthilfe charakterisiert.[466] Zwar sind, wie oben[467] dargelegt, Erhaltungsarbeiten keine Arbeitskampfmaßnahmen und damit stellt auch die Selbsthilfe durch den Arbeitgeber keine solche dar. Der Einsatz von Erhaltungsarbeiten wird jedoch oft kampftaktisch ausgenutzt und demzufolge als Gefährdungspotential eingesetzt,

---

462 *Schünemann*, Selbsthilfe, S. 29.

463 *Schünemann*, Selbsthilfe, S. 71.

464 Voraussetzung für eine Analogie nach *Larenz*, Methodenlehre, S. 381ff und *Pawlowski*, Methodenlehre, Rdnr. 208ff.

465 Weitere Voraussetzung für eine Analogie nach *Larenz*, Methodenlehre, S. 381ff und *Pawlowski*, Methodenlehre, Rdnr. 208ff.

466 Siehe dazu *Rüthers*, DB 1990, 113, 114 und *Seiter*, Streikrecht , S. 377f.

467 § 2 II. 4. b.

gegen das auch eine Gegenwehr möglich sein muß. Zudem finden sich bezüglich der verfahrensmäßigen Ausgestaltung Parallelen im BGB. Nach den hier vorgebrachten Überlegungen soll der Arbeitgeber erst subsidiär das Recht zur Notauswahl erhalten, diese soll quasi also als „Notbremse“ bei einem Nichttätigwerden der Gewerkschaft wirken. Dieser Wirkungsmechanismus findet sich im BGB in § 264 Abs. 1 und § 326 Abs.1 wieder. Auch dort darf die jeweils andere Seite, also der Gläubiger des schuldrechtlichen Vertrages, handeln, wenn der Schuldner nicht rechtzeitig seinen Pflichten, Bestimmung der Wahlschuld beziehungsweise rechtzeitiger Vertragserfüllung, nachkommt. Dieser Mechanismus war bei Einführung des BGB auch genau so beabsichtigt,[468] womit eine Übertragung dieser Gedanken auf die Situation des Arbeitskampfes nicht sinnwidrig ist.

Übertragen auf die Erhaltungsarbeiten bedeuten diese Grundsätze des § 229 BGB, daß die oben dargestellten Ansprüche des Arbeitgebers nun von ihm selbst in Eigenmacht durchgesetzt werden können, indem er sie selbst vornimmt. Eine Berufung auf die zivilrechtliche Notwehr (§ 227 BGB)[469] paßt insofern nicht, da es bei der Notwehr nur um die unmittelbare Abwehr eines rechtswidrigen Angriffs geht, nicht aber auch um die Durchsetzung bestehender prozessualer Ansprüche, was nur im Rahmen der Selbsthilfe möglich ist. Der Arbeitgeber hat demzufolge eine Kompetenz, im Fall des Versagens der Gewerkschaft im Wege der Selbsthilfe selbst die Organisation der Erhaltungsarbeiten durchzuführen.[470] Dann steht für den Arbeitgeber so viel auf dem Spiel, daß er doch in das Streikrecht der Arbeitnehmer eingreifen darf. Sein Interesse an der Erhaltung des Betriebes, das in Art. 12 I und 14 I GG geschützt ist, überwiegt das Streikrecht der betroffenen Arbeitnehmer. Dabei umfaßt dieses einseitige Anordnungsrecht des Arbeitgebers nicht nur den (wohl eher unwahrscheinlichen) Fall, daß der Streik überraschend kam (also nicht mit einem Arbeits-

---

468 Vgl. dazu Motive zum BGB, Band II, S. 8 bezüglich des heutigen § 264 BGB und S. 209, wo die Begründung angeführt wird, daß ohne dieses subsidiäre Einspringen der Schuldner mehr Rechte als der Gläubiger hat. Dies ist auf die Situation des Arbeitskampfes durchaus übertragbar.

469 Wie im Verfahren LAG Niedersachsen EzA GG Art. 9 Arbeitskampf Nr. 40 = DB 1980, 2041; darauf beziehen sich auch *Bauer/Haußmann*, DB 1996, 881, 883.

470 So aber nur im Ergebnis *Bauer/Haußmann*, DB 1996, 881, 883; ohne Begründung: *Konzen*, Anm. zu BAG AP Nr. 137, 138, 139 zu Art. 9 GG Arbeitskampf unter V. 2. (Bl.13); *Lieb*, Anm. zu BAG SAE 1995, 257, 259; *Löwisch/Mikosch*, ZfA 1978, 153, 168; MünchArbR/*Otto*, § 278, 150.

kampf gerechnet wird) oder die kampfführende Gewerkschaft nicht bekannt ist[471], sondern auch und vor allem die Situation, daß die Gewerkschaft sich kategorisch weigert, Erhaltungsarbeiter auszuwählen und aus ihrem Streikaufruf herauszunehmen.

c) Grenzen des Notauswahlrechts

Allerdings gilt dieses Selbsthilferecht zur einseitigen Anordnung der Erhaltungsarbeiten nicht unbegrenzt. Es steht dem Arbeitgeber nur zu, bis einstweiliger Rechtsschutz zu erlangen ist.[472] Es handelt sich bei der dem Arbeitgeber zugestandenen Notkompetenz nur um ein vorläufiges Recht, das an der grundsätzlichen Kompetenzverteilung nichts ändern soll. Dieses Recht darf so lange seine Schutzwirkung ausüben, wie der Arbeitgeber nicht gerichtliche Hilfe erlangen und dadurch die Gewerkschaft zum Erfüllen ihrer Pflichten zwingen kann. Eine solche Konstruktion ist dem Arbeitsrecht nicht unbekannt. In § 100 Betriebsverfassungsgesetz findet sich eine vorläufige Handlungsermächtigung für den Arbeitgeber. Dabei wird vorausgesetzt, daß die Maßnahme, die der Arbeitgeber nach § 100 BetrVG vorläufig durchführen kann, aus sachlichen Gründen dringend erforderlich ist. Es handelt sich auch dabei nur um eine Notfall- beziehungsweise Eilkompetenz. Aus der gesetzlichen Intention des § 100 BetrVG kann deshalb der Gedanke der zeitlichen Beschränkung von Selbsthilfemaßnahmen entnommen werden. Dies spricht dafür, auch die Notkompetenz des Arbeitgebers im Arbeitskampf zeitlich zu beschränken. Bedenken, wie die oben[473] gegen eine Übertragung von Gedanken aus dem Betriebsverfassungsgesetz geäußerten, bestehen hier nicht. Im Gegensatz zur Figur der Zustimmungsersetzung handelt es sich bei § 100 BetrVG nicht um eine typische Ausprägung des Betriebsverfassungsrechts, die eng an die Wirkungsmechanismen der Zusammenarbeit der Betriebspartner gebunden ist. § 100 BetrVG trifft als Sonderregelung zu § 85 Abs. 2 ArbGG in Verbindung mit den §§ 935ff ZPO neben seinem materiell-rechtlichen Gehalt eine verfahrensrechtliche Aussage über den einstweiligen Rechtsschutz.[474] Den §§ 935ff. ZPO ist eine solche Regelung

---

471 Auf diese Fälle beschränken sich unverständlicherweise *Bauer/Haußmann*, DB 1996, 881, 883.

472 Siehe auch *Bauer/Haußmann*, DB 1996, 881, 883; ohne Begründung: *Konzen*, Anm. zu BAG AP Nr. 137, 138, 139 zu Art. 9 GG Arbeitskampf unter V. 2. (Bl.13); *Lieb*, Anm. zu BAG SAE 1995, 257, 259; *Löwisch/Mikosch*, ZfA 1978, 153, 168; MünchArbR/*Otto*, § 278, 150.

473 § 4 II. 2.

474 Richardi, BetrVG, § 100, Rdnr. 1 mwN.

nicht zu entnehmen. Betroffen ist jedoch nicht eine typische Wirkungsweise des Betriebsverfassungsrechts wie bei der Zustimmungsersetzung. Auch bei der Notkompetenz handelt es sich nach dem hier dargelegten um eine Art des vorläufigen Rechtsschutzes, so daß die Übertragung des Grundgedankens des § 100 BetrVG eine angemessene Lösung bietet.

Mit dem Erlaß der einstweiligen Verfügung durch das Arbeitsgericht endet die Notkompetenz des Arbeitgebers und die streikführende Gewerkschaft muß ihre Pflichten zur Organisation der Erhaltungsarbeiten wahrnehmen, die ja ihrer arbeitskampfrechtlichen Normalkompetenz im Streik entsprechen. Diese Kompetenz besteht während der Verweigerung der Ausübung der gewerkschaftlichen Pflichten und befähigt die Gewerkschaft nach dem Erlaß der einstweiligen Verfügung wieder als Organisatorin aktiv zu werden. Um ganz sicher zu gehen, ist dem Arbeitgeber allerdings zuzubilligen, neben dem Antrag auf Verpflichtung der Gewerkschaft zur Ausübung ihrer Auswahl- und Organisationsbefugnisse bezüglich der Erhaltungsarbeiten noch einen weiteren Antrag stellen zu können. Dieser muß dahingehend lauten, daß mit ihm beantragt wird, daß die Notkompetenz des Arbeitgebers solange fortbesteht, bis die Gewerkschaft auch tatsächlich ihren Pflichten wieder nachkommt. Dies entspricht einer Duldungsverfügung[475], mit der der Gewerkschaft aufgetragen wird, die Durchführung der Erhaltungsarbeiten durch den Arbeitgeber bis zur vollständigen und umfänglichen Wiederaufnahme der Organisation seitens der Gewerkschaft nicht zu behindern.

d) Einordnung des Notauswahlrechts in das dargestellte Modell der Erhaltungsarbeiten

Geklärt werden muß aber noch, wie der Fortbestand der Arbeitspflicht der betroffenen Arbeitnehmer gerechtfertigt wird. Wie oben bereits gesagt, ist grundsätzlich davon auszugehen, daß der Arbeitnehmer auf die Rechtmäßigkeitsvermutung des Streiks vertrauen kann; er darf nicht das Risiko tragen, sich schadenersatzpflichtig zu machen, weil er nicht weiß, daß er arbeiten muß. Dem kommt das oben gefundene Konzept entgegen, daß Rechtsgrundlage für die Leistung von Erhaltungsarbeiten der Arbeitsvertrag ist, dessen Hauptleistungspflichten durch die Herausnahme der Erhaltungsarbeiter aus dem Streikaufruf,

---

475 Umfassender der Vorschlag bei *Bauer/Haußmann*, DB 1996, 881, 885.

wofür die Gewerkschaft verantwortlich ist, nicht suspendiert werden. Bei einem subsidiären Einspringenkönnen des Arbeitgebers für den Fall, daß die Gewerkschaft ihre Pflicht nicht erfüllt, stellt sich aber das folgende Problem: Ist Auslöser für die Aufrechterhaltung der Arbeitspflicht die Herausnahme aus dem Arbeitskampf durch die Gewerkschaft, bedarf es einer Begründung, warum in bestimmten Fällen eine subsidiäre Auswahl durch den Arbeitgeber die gleiche Wirkung haben soll.[476]

Auszugehen ist dabei von folgendem: Die Suspendierung der arbeitsvertraglichen Hauptleistungspflichten im Streik folgt aus der Tatsache, daß die individualvertragliche Hauptleistungspflicht des Arbeitnehmers aus dem Arbeitsverhältnis einer Teilnahme am Streik wesensfremd gegenübersteht.[477] Die Legitimation zur Streikteilnahme durch den Aufruf der Gewerkschaft reicht jedoch nur soweit wie es sich um einen rechtmäßigen Streik handelt. Also kann die Gewerkschaft Arbeitnehmer, die für Erhaltungsarbeiten in Betracht kommen, gar nicht zur Streikteilnahme legitimieren. Sie ist, wie oben dargelegt,[478] verpflichtet, diese Arbeitnehmer aus ihrem Streikaufruf herauszunehmen. Tut sie das gar nicht oder nur unzureichend, besteht zwar ein Streikaufruf. Dieser legitimiert in einem solchen Fall die betroffenen Arbeitnehmer aber nicht zu einer Streikteilnahme. [479] Damit kann der Arbeitgeber, der im Streik normalerweise keine arbeitskampfrechtliche Kompetenz besitzt, im Wege seiner Notkompetenz mit individualrechtlichen Mitteln bestimmen, welche Arbeitnehmer Erhaltungsarbeiten leisten. Die Anweisung an diese Arbeitnehmer, Erhaltungsarbeiten zu leisten, entspringt seinem Direktionsrecht. Diesem wiederum entspricht eine Nebenpflicht der jeweiligen Arbeitnehmer auf die streikbedingte Suspendierung der arbeitsvertraglichen Hauptleistungspflicht zu verzichten, um Schäden, die über die normalen Streikschäden hinausgehen, zu vermeiden, weil dem Streikaufruf seine zur Teilnahme am Streik legitimierende Wirkung für diese Arbeitnehmer fehlt. Eine umgekehrte Konstruktion existiert im Urlaubsrecht. Die Pflicht zur Urlaubserteilung ist eine auf Gesetz beruhende Nebenpflicht des Arbeitgebers aus dem Arbeitsverhältnis[480], gerichtet auf Suspendierung der arbeitsvertraglichen Hauptleistungspflicht für die sich aus dem Urlaubsanspruch

---

476 *Hohenstatt*, Erhaltungsarbeiten, S. 107

477 BAG GS AP Nr. 1 zu Art. 9 GG Arbeitskampf unter I. 5. der Gründe.

478 § 3. II. 2. b.

479 *Löwisch/Mikosch*, ZfA 1978, 153 (168)

480 MünchArbR/*Leinemann*, § 87, Rdnr. 7.

ergebende Dauer[481]. Beide Male geht es darum, wegen einer Nebenpflicht auf die arbeitsvertragliche Hauptleistungspflicht einzuwirken, weil Gründe, die normenhierarchisch über dem Arbeitsvertrag oder über dem Arbeitskampf stehen, dies gebieten. Der Arbeitgeber kann also die für Erhaltungsarbeiten erforderlichen Arbeitnehmer auswählen und kraft seines Direktionsrechtes zur Arbeit verpflichten, wobei deren Arbeitsverhältnisse aufgrund des notwendigen Verzichts auf die Suspendierung wieder voll aufleben.[482] Genau dies wird übersehen, wenn die Notkompetenz abgelehnt wird, weil eine Begründung der Arbeitgeberanordnungsbefugnis eine bereits feststehende Arbeitspflicht der betroffenen Arbeitnehmer voraussetze. [483] Einer Notkompetenz des Arbeitgebers steht diese Einwendung daher nicht entgegen.

Entgegenhalten könnte man diesem Modell einer Notkompetenz des Arbeitgebers aber, daß es widersprüchlich zu den oben in § 4 getroffenen Aussagen sei, die sich gegen ein Auswahlrecht des Arbeitgebers wandten. Dazu ist zu sagen, daß diese Argumentation sich auf ein primäres und ständiges Auswahlrecht des Arbeitgebers bezog, das auch aus kampftaktischen Gründen abzulehnen war. Diese Erwägungen spielen im Fall einer Notkompetenz des Arbeitgebers keine Rolle mehr. Da in einer solchen Situation die Gewerkschaft ihrer Verantwortung nicht gerecht wurde, fallen die oben dargelegten Bedenken weg.

Es bleiben angemeldete Bedenken der fehlenden Rechtssicherheit.[484] Dem ist zuzugeben, daß eine solche Notauswahl erst dann gelten darf, wenn es dem Arbeitgeber gar nicht möglich ist, überhaupt zu einer Absprache zu gelangen.[485] Die Notauswahl ist dagegen nicht unbedingt zulässig, wenn der Arbeitgeber die Maßnahmen der Gewerkschaft für unzureichend hält. Hat die Gewerkschaft also eine Auswahl getroffen, ist diese in der Regel verbindlich. In den anderen Fällen eines fehlerhaften Streikaufrufes ist der Arbeitgeber in erster Linie auf die oben[486] dargelegten Ansprüche verwiesen. Das Notauswahlrecht soll vorrangig nur in der den Arbeitgeber besonders gefährdenden Situation des Totalausfalls

---

481 MünchArbR/*Leinemann*, § 87, Rdnr. 7; st. Rechtspr. seit BAG AP NR. 11 zu § 3 BUrlG Rechtsmißbrauch.

482 Vgl. *Apfel*, Sicherung, S. 170, allerdings bei alleiniger Kompetenz des Arbeitgebers.

483 *Hohenstatt*, Erhaltungsarbeiten, S. 107.

484 *Hohenstatt*, Erhaltungsarbeiten, S. 107 f.; *Oetker*, Erhaltungsarbeiten, S. 65.

485 MünchArbR/*Otto*, § 278 RdNr. 150

486 § 5 II. 1. - 3.

gelten. Allerdings kann es Situationen geben, in denen eine zu geringe Benennung von Erhaltungsarbeitern für den Arbeitgeber genauso katastrophale Folgen hat wie gar keine Organisation von Erhaltungsarbeiten. Dann steht dem Arbeitgeber ebenfalls eine Notkompetenz zu, um die Vernichtung des Unternehmens zu verhindern. Eventuell überschießende Maßnahmen lassen sich mit einem Recht der Gewerkschaft auf Erlaß einer einstweiligen Verfügung mit dem Antrag des Verbots der einseitigen Anordnung von Erhaltungsarbeiten korrigieren. Es gibt deshalb trotz der Notauswahl keine Rechtsunsicherheit für den Arbeitnehmer.[487] Dem Einwand, daß eine Regelung durch den Arbeitgeber jedes Druckpotential für die Gewerkschaft zerstöre,[488] ist entgegenzuhalten, daß die Gewerkschaft ohnehin, will sie einen rechtmäßigen Streik führen, eine Bestimmung und Auswahl hinsichtlich der Erhaltungsarbeiten treffen muß.[489] Sie ist also auf alle Fälle gezwungen auszuwählen. Der Druck geht deshalb nicht von der drohenden Notauswahl des Arbeitgebers aus.

Die einseitige Anordnungsbefugnis hat noch einen weiteren großen Vorteil. Die betroffenen Arbeitnehmer sind keine Streikbrecher, sondern werden innerhalb eines bestimmten arbeitskampfrechtlichen Regulariums tätig. Dies hat zum einen zur Folge, daß die Streikmoral nicht so beeinträchtigt wird wie beim Einsatz von Streikbrechern. Darüber hinaus bestehen bei Gewerkschaftsmitgliedern keine vereinsrechtlichen Konsequenzen. Es handelt sich um eine Verletzung der Verbandspflichten, wenn sich der organisierte Arbeitnehmer dem Streik nicht anschließt (Streikbruch) oder wenn er Streikarbeit übernimmt, die zu verweigern er berechtigt war.[490] Streikbrecherarbeit rechtfertigt grundsätzlich den Ausschluß aus der Gewerkschaft.[491] Beim Tätigwerden von Arbeitnehmern aufgrund einer Anordnung des in Notkompetenz handelnden Arbeitgebers verrichten erstere keine Streikarbeit, da sie mit ihrer Arbeit unerlaubte Handlungen der Gewerkschaft ausgleichen. Sie tun genau das, wozu sie eigentlich aufgrund einer gewerkschaftlichen Auswahl verpflichtet gewesen wären. Sie handeln damit den Interessen der Gewerkschaft nicht zuwider. Werden also im Fall der Ausübung der Notkompetenz seitens des Arbeitgebers die Arbeitnehmer tätig,

---

487 So aber die Bedenken von *Hohenstatt*, Erhaltungsarbeiten, S. 108

488 *Däubler*, AuR 1981, 257, 258.

489 *Oetker*, Erhaltungsarbeiten, S. 5; *Hohenstatt*, Erhaltungsarbeiten, S. 29

490 *Gamillscheg*, Koll.ArbR., S. 1287; MünchArbR/*Löwisch*, § 244, Rdnr. 33.

491 *Gamillscheg*, Koll.ArbR., S. 1287 mwN in FN 6.

sind sie keine Streikbrecher, so daß sie diese Konsequenzen nicht zu fürchten haben. Ein Ausschluß ist aus diesen Gründen nicht möglich.

Es gibt demnach genügend Gründe[492], warum im Fall des völligen Versagens der Auswahl von Erhaltungsarbeitern durch die Gewerkschaft dem Arbeitgeber ein zusätzliches Instrumentarium in die Hand gegeben werden kann. Unterschiede zwischen dem Streik um einen Flächentarifvertrag beziehungsweise um einen Firmentarifvertrag ergeben sich nicht. Es kommt einzig und allein auf die nicht oder in Ausnahmefällen nicht ausreichend vorgenommene Beschränkung des Streikaufrufes an. Liegt diese Situation vor, hat der Arbeitgeber unter den genannten Voraussetzungen die Kompetenz zur Notauswahl. Zusammen mit den oben[493] dargestellten Mitteln bietet damit die Gestattung einer einseitigen Anordnungskompetenz des Arbeitgebers im Notfall einen geeigneten Schutz gegen rechtswidrige Maßnahmen im Streik.

III. Rechtsschutz der Gewerkschaft gegen den Arbeitgeber

Wegen der hier vertretenen Meinung, daß der Gewerkschaft aufgrund ihrer arbeitskampfechtlichen Normalkompetenzen die Befugnis zur Auswahl und Organisation der Erhaltungsarbeiten zusteht, wurden bisher die Rechtsschutzmöglichkeiten der Arbeitgeberseite geprüft, die letzterer gegen Fehler der Gewerkschaft bei der Organisation der Erhaltungsarbeiten zusteht. Es kann allerdings auch der Fall eintreten, daß der Arbeitgeber einseitig die Durchführung von Erhaltungsarbeiten anordnet, obwohl die Gewerkschaft sowohl Verhandlungen über Erhaltungsarbeiten führt als auch selbst Vorbereitungen zur Organisation derselben trifft.[494] In einer solchen Situation kann die Gewerkschaft ihrerseits gegen das Vorgehen der Arbeitgeberseite den Erlaß einer einsweiligen Verfügung mit dem Antrag, die einstweilge Anordnung der Erhaltungsarbeiten zu verbieten, bewirken.[495]

---

492 Entgegen *Hohenstatt*, Erhaltungsarbeiten, S. 108.
493 § 5 II.
494 Praktische Beispiele geschildert bei *Hindrichs*, Neue Technologien, S. 333 und 335.
495 LAG Frankfurt/Main, SAE 1970, 185, 188.

§ 6 Kollektive Regelungen der Erhaltungsarbeiten

Die bisher gefundenen Ergebnisse zeigen deutlich, daß die vorzugswürdigste Lösung des Problems der Erhaltungsarbeiten im Streikfall die einer Einigung beider Arbeitskampfparteien ist. Dabei wurde bisher nur von den Vorteilen einer Einigung von Gewerkschaften und Arbeitgeberverbänden beziehungsweise Arbeitgeber im konkreten Fall des Streiks gesprochen. Noch sinnvoller als eine solche ad-hoc-Einigung ist jedoch die Vereinbarung der Modalitäten des Leistens von Erhaltungsarbeiten vor einem Arbeitskampf. Mit welchen Instrumenten des Arbeitsrechts dies verwirklicht werden kann, soll im folgenden untersucht werden.

I. Vereinbarungen auf der Ebene der Tarifvertragsparteien

Naheliegend ist, daß zuerst an Vereinbarungen auf der Ebene des Tarifvertrages gedacht wird. Unterscheiden lassen sich dabei Tarifverträge im eigentlichen Sinn und sogenannte sonstige Kollektivverträge. Unter letzteren werden schuldrechtliche, verbindliche Abreden auf Tarifebene analog den betrieblichen Regelungsabreden verstanden.[496] Für beide Vertragsarten soll im folgenden die Eignung für den Zweck der Harmonisierung der Durchführung der Erhaltungsarbeiten überprüft werden.

1. Zulässigkeit einer tariflichen Regelung

Bei der Regelung von Erhaltungsarbeiten in einem Tarifvertrag kann indes wiederum zwischen verschiedenen möglichen Inhalten unterschieden werden.

a) Verpflichtung zur Regelung von Erhaltungsarbeiten

Zum einen kommt in Betracht, daß die Tarifvertragsparteien vereinbaren, daß sie im Fall eines bevorstehenden Streiks zur Regelung der Erhaltungsarbeiten verpflichtet sind. Sie schließen damit einen Vorvertrag, der die Absicht zur gütlichen Einigung bekräftigen soll. Dieser Vertrag muß nicht isoliert vereinbart

---

[496] Vgl. dazu *Däubler*, AuR 1981, 257, 264.

werden. Dies kann durchaus innerhalb eines Tarifvertrages beispielsweise über Lohn- und Gehaltsfragen geschehen.

Dogmatisch ist eine solche Vereinbarung als Regelung der Beziehungen zwischen den Tarifvertragsparteien einzuordnen. Da die Rechtsbeziehungen der Tarifvertragsparteien, die zugleich auch die Parteien eines Arbeitskampfes sind, nur durch den schuldrechtlichen Teil eines Tarifvertrages geregelt werden können,[497] ist eine solche Abrede auch nicht im normativen, sondern im schuldrechtlichen Teil eines Tarifvertrages anzusiedeln. Damit greift § 4 Abs. 1 TVG für diesen Teil des Tarifvertrages nicht ein. Allerdings könnten aufgrund des Vertrages zwischen Arbeitgeberverband und Gewerkschaft sogar die einzelnen Arbeitgeber über die Konstruktion des Vertrages zugunsten Dritter[498] von den Tarifvertragsparteien die Umsetzung der Vereinbarung, demzufolge eine Regelung der Erhaltungsarbeiten verlangen.

Zu beachten ist indes, daß eine Vereinbarung, die die Verpflichtung zur Regelung beinhaltet, keine wirkliche Lösung der Aufgabe, die Erhaltungsarbeiten einvernehmlich zu regeln, bewirken kann. Dies ist nur durch eine direkte Regelung der Erhaltungsarbeiten zu bewerkstelligen.

b) Direkte Regelung der Erhaltungsarbeiten

aa) Regelungsgegenstände

Wichtigste Funktion einer tarifvertraglichen Regelung über die Erhaltungsarbeiten ist die Ausschaltung des Streitpunktes des Umfanges der Erhaltungsarbeiten. Es ist daher zweckmäßig, die Tätigkeiten im einzelnen aufzuführen, die zur Erhaltung des Betriebs notwendigerweise durchgeführt werden müssen. Daneben ist es sinnvoll, Regelungen darüber zu treffen, wie die Erhaltungsarbeiter ausgewählt werden, ob vielleicht sogar eine neutrale Stelle eingeschalten wird, um auch diese Konfliktquelle zu beseitigen.[499] So könnte in einer tarifvertraglichen Vereinbarung die oben[500] vorgeschlagene Zusammenarbeit zwischen Arbeitgeber und Gewerkschaft, bei der der Arbeitgeber der streikführenden Gewerkschaft eine Liste der zu verrichtenden Arbeiten vorlegt und die Gewerk-

---

[497] Siehe MünchArbR/*Löwisch*, § 263, RdNr. 18.

[498] Dazu BAG AP Nr. 2 zu § 1 TVG Friedenspflicht, LS 1; BAG AP Nr. 4 zu § 1 TVG Friedenspflicht, LS 1.

[499] Siehe *Däubler*, AuR 1981, 257, 264 und *Löwisch/Mikosch*, ZfA 1978, 153, 172.

[500] § 4 II. 1.

schaft die dafür benötigten Arbeitnehmer unter bestimmten Voraussetzungen vom Streikaufruf ausnimmt, paraphiert werden. Denkbar sind ebenfalls Vereinbarungen über den technischen Ablauf, die Zugangsrechte der Erhaltungsarbeiter und die Ausstellung von Notdienstausweisen.[501]

bb) Rechtliche Qualifizierung derartiger Vereinbarungen

Zu untersuchen ist, wie die genannten Inhalte rechtlich umgesetzt werden können. Aufgrund des Tarifvertrages muß eindeutig bestimmt werden können, wen die entsprechenden Rechte und Pflichten treffen. Das hängt davon ab, wie diese tarifvertraglichen Abmachungen dogmatisch zu charakterisieren sind. Die Einordnung in die möglichen Ausgestaltungen eines Tarifvertrages, in den normativen oder in den schuldrechtlichen Teil, bedingt die Art der Durchsetzung der Vereinbarungen.[502]

Bei einer Vereinbarung über die Durchführung von Erhaltungsarbeiten, die als Normenvertrag gedacht ist, würden gemäß §§ 1 Abs. 1, 4 Abs. 1 Satz 1 TVG die Regelungen des Tarifvertrages als Normen unmittelbar und zwingend auf die Arbeitsverhältnisse der betroffenen Arbeitnehmergruppen anwendbar sein. Allerdings bestimmt § 4 Abs. 1 Satz 1 iVm. §§ 2, 3 Abs. 1 Satz 1 TVG auch, daß Arbeitnehmer, die nicht Mitglied einer Gewerkschaft sind, von diesen Normwirkungen nicht erfaßt werden. Darin liegt zugleich ein großer Nachteil des Modells, das eine Vereinbarung über die Erbringung von Erhaltungsarbeiten als Normenvertrag qualifiziert. Außenseiter werden durch einen solchen Tarifvertrag nicht erfaßt.[503] Falls sie Erhaltungsarbeiten erbringen sollen, könnte eine Verpflichtung dazu durch den Tarifvertrag nicht sichergestellt werden.

In Betracht käme eine Einordnung der Regelungen über die Erhaltungsarbeiten als Betriebsnormen im Sinne des § 3 Abs. 2 TVG. Damit könnte eine betriebs-

---

501 Vgl. *Heckelmann*, Erhaltungsarbeiten, S. 26 und *Hohenstatt*, Erhaltungsarbeiten, S. 137.

502 Für eine Einordnung von Vereinbarungen der Tarifvertragsparteien über Erhaltungarbeiten als schuldrechtlicher Vertrag: *Breitenstein*, Organisation, S. 118 mwN in FN 36; *Hohenstatt*, Erhaltungsarbeiten; S. 139; *Konzen*, Anm. zu BAG AP Nr. 137, 138, 139 zu Art. 9 GG Arbeitskampf, Bl. 12R; *Leinemann*, DB 1971, 2309, 2315; *Löwisch/Mikosch*, ZfA 1978, 153, 174; *Oetker*, Erhaltungsarbeiten, S. 67. Von *Konzen*, ZfA 1980, 77, 85; *Steinert*, Notstandsarbeit, S, 55ff insb. S. 59 und daran anschließend MünchArbR/*Otto*, § 276, RdNr. 7 wird auch eine Einordnung als normativer Vertrag bezüglich der Rechte und Pflichten der Arbeitnehmer vertreten.

503 Vgl. dazu auch *Hohenstatt*, Erhaltungsarbeiten, S. 138

einheitliche Regelung geschaffen werden, unter die auch die nicht organisierten Arbeitnehmer fallen würden. Voraussetzung für die Geltung der Betriebsnormen ist einzig und allein die Tarifgebundenheit des Arbeitgebers. Wenn man sich auf den Standpunkt stellt, daß ein Arbeitskampf die Belegschaft als Einheit betrifft, ist eine Einordnung von Regelungen des Arbeitskampfes, und dazu gehören auch Vereinbarungen über die Durchführung von Erhaltungsarbeiten, als Betriebsnormen möglich.[504] Inhaltlich würde es sich um Normen, die die Organisation der Arbeit regeln sollen, also um Ordnungsnormen handeln.[505] Zwar führen auch Ordnungsnormen zur Belastung des Außenseiter-Arbeitnehmers[506], da aber Betriebsnormen im Grunde genommen beinhalten, daß der Arbeitgeber seitens des Tarifvertrages verpflichtet wird, sein Direktionsrecht so anzuwenden, wie vom Tarifvertrag gewollt, erfolgt eine Transformation in das einzelne Arbeitsverhältnis, aus dem heraus die jeweilige Verpflichtung erfolgt.[507] Eine konkrete Umsetzung von Einzelpflichten und -rechten der Arbeitnehmer ist damit durch Betriebsnormen problemlos möglich.

Zu beachten ist allerdings, daß kein Tarifvertrag einen Arbeitgeber dazu zwingen kann, eine bestehende Vertragspflicht gegenüber einem Nichtorganisierten zu brechen.[508] Dazu kommt, daß bei einer Charakterisierung eines Tarifvertrages als Normenvertrag die bestehende tarifliche Regelung, die auf die Pflichten des Arbeitnehmers aus dem Arbeitsverhältnis einwirkt, durch den Streikaufruf der Gewerkschaft mit seiner Suspendierungswirkung unterlaufen wird.[509] Selbst wenn diese Frage mittels der sich aus dem Übermaßverbot ergebenden Beschränkung des Streikaufrufes gelöst würde, verbleiben weitere Probleme. Ein normativ wirkender Tarifvertrag stellt in einem solchen Fall einen Verstoß gegen Art. 9 Abs. 3 GG dar.[510] Es würde sich bei einer normativen Vereinbarung über Erhaltungsarbeiten um eine Verpflichtung, nicht zu streiken, handeln.[511] Damit ergibt sich aber das Problem, wie die Suspendierung der Arbeitsverhältnisse tarifvertraglich sichergestellt werden soll.

---

504 MünchArbR/*Löwisch*, § 254, Rdnr. 17.

505 Siehe dazu *Gamillscheg*, Koll. ArbR., S. 590.

506 *Zöllner/Loritz*, § 36 II. 3., S. 397.

507 Vgl. dazu *Rieble*, Arbeitsmarkt, Rdnr. 1509ff.

508 *Rieble*, Arbeitsmarkt, Rdnr. 1515.

509 So *Hohenstatt*, Erhaltungsarbeiten, S. 138.

510 *Leinemann*, DB 1971, 2309, 2315 und mit Bezug darauf *Breitenstein*, Organisation, S. 117.

511 So aber *Leinemann*, DB 1971, 2309, 2315.

Geht man daher weiterhin davon aus, daß durch die Beschränkung des Streikaufrufes der Gewerkschaft der Wegfall der Suspendierung bewirkt wird, erscheint es sinnvoller, in der Hauptsache von einer Wirkung der tarifvertraglichen Regelungen zwischen den Tarifvertragsparteien auszugehen. Die getroffenen Regelungen wirken dann nicht auf die Arbeitsverhältnisse der einzelnen Arbeitnehmer ein. Die rechtmäßige Beteiligung eines Arbeitnehmers am Streik richtet sich mithin gerade nicht nach den abgeschlossenen Vereinbarungen, sondern mit dem hier vertretenen Modell nach dem Umfang des Streikaufrufs der streikführenden Gewerkschaft. Nur wenn der Arbeitnehmer von diesem umfaßt und nicht für die Durchführung von Erhaltungsarbeiten aus dem Streikaufruf herausgenommen ist, kann er sich am rechtmäßigen Streik beteiligen. Die Vereinbarung, die zwischen Gewerkschaft und Arbeitgeberseite getroffen ist, betrifft dagegen die organisatorische Abwicklung zwischen Arbeitgeber und Gewerkschaft.

Eine solche Abrede ist als schuldrechtliche Vereinbarung der Pflichten der Tarifvertragsparteien untereinander zu charakterisieren. Trotzdem handelt es sich dabei um einen Tarifvertrag. Dieser kann auch lediglich aus einem schuldrechtlichen Teil bestehen.[512] Aufgrund eines solchen Vertrages über die Durchführung von Erhaltungsarbeiten wäre die Gewerkschaft verpflichtet, für einen im Vertrag näher definierten Umfang an Erhaltungsarbeiten Arbeitnehmer von ihrem Streikaufruf auszunehmen.[513] Für den Arbeitnehmer hat eine Negierung dieser Herausnahme und eine Streikteilnahme die oben[514] beschriebene Verletzung seiner arbeitsvertraglichen Hauptleistungspflicht zur Folge. Umgekehrt hat eine Pflichtverletzung der Gewerkschaft, nämlich die Nichtbeschränkung des Streikaufrufs, die Rechtswidrigkeit des Arbeitskampfes zur Folge. Das ist damit zu erklären, daß die tariflich vereinbarte Pflicht der Gewerkschaft zur Beschränkung des Streikaufrufs und die dadurch erfolgende Herausnahme der Erhaltungsarbeiter eine sogenannte Zulässigkeits- oder Rechtmäßigkeitsregel darstellt.[515] Sie modifiziert Schranken des Arbeitskampfrechts und ist für die Beteiligung der Arbeitnehmer maßgeblich, da von ihr abhängt, ob Arbeitsverhältnisse durch den Arbeitskampf suspendiert werden.[516] Wird nun die Rechtmä-

---

512 Siehe nur *Gamillscheg*, Koll.ArbR., S. 538 und 625.

513 *Hohenstatt*, Erhaltungsarbeiten, S. 139.

514 § 5 II. 3. mit Bezug auf § 3 II.2.b.

515 Vgl. dazu *Reuß*, AuR 1975, 1, 5f und daran anlehnend *Konzen*, ZfA 1980, 77, 82f.

516 *Plander*, ZTR 1997, 145, 149.

ßigkeitsvoraussetzung, wie hier die Beschränkung des Streikaufrufes als Voraussetzung für die Erbringung der Erhaltungsarbeiten nicht erfüllt, schlägt der Pflichtverstoß auf tariflicher Ebene auf die Individualebene durch. Der Streikaufruf der Gewerkschaft zu einem somit rechtswidrigen Streik entfaltet keine suspendierende Wirkung. Die schuldrechtliche Regelung hat also eine „quasinormative" Wirkung, wenn die Rechtmäßigkeit des Arbeitskampfes und damit die Suspendierung des Arbeitsverhältnisses von ihrer Beachtung abhängt.[517] Aufgrund des Vertrages zwischen Arbeitgeberverband und Gewerkschaft könnten sogar die einzelnen Arbeitgeber über die Konstruktion des Vertrages zugunsten Dritter[518] von der streikführenden Gewerkschaft die Beschränkung des Streikaufrufs um die notwendigen Erhaltungsarbeiter verlangen.

Dazu kommt, daß nur bei einer Vereinbarung zwischen den Tarifvertragsparteien die oben angesprochene Funktion eines solchen Tarifvertrages, die vorhandenen Streitpunkte im Bereich der Erhaltungsarbeiten zu klären und die Beziehungen zwischen den Kampfparteien in dieser Frage zu ordnen, nicht konterkariert wird. Die tariflichen Normen sind dann darauf gerichtet, die Rechte und Pflichten des Arbeitnehmers zu bestimmen, der nicht zum Streik aufgerufen wurde. Da es aber mit einem derartigen Tarifvertrag vor allem um die Beziehung zwischen den Tarifvertragsparteien gehen soll, ist ein Normenvertrag nicht das geeignete Instrument zur Bewältigung dieses Problems.

Die schuldrechtliche Vereinbarung der Rechte und Pflichten der Kampfparteien zwingt aber nicht zu einer völligen Negierung normativer Teile. Soweit etwa bei der Durchführung der Erhaltungsarbeiten unmittelbar Rechte und Pflichten der Arbeitnehmer betroffen sein sollen, kommt auch eine ergänzende Vereinbarung normativer Regelungen in Betracht.[519] Eine Regelung der Erhaltungsarbeiten stellt sich damit als ein Tarifvertrag dar, der eine Kombination aus normativen und schuldrechtlichen Teilen, mit deutlichem Schwerpunkt auf dem schuldrechtlichen Teil, ist.

---

517 Vgl. *Konzen*, ZfA 1980, 77, 85 und mit Bezug darauf MünchArbR/*Otto*, § 276, RdNr. 7.

518 Dazu BAG AP Nr. 2 zu § 1 TVG Friedenspflicht, LS 1; BAG AP Nr. 4 zu § 1 TVG Friedenspflicht, LS 1.

519 So MünchArbR/*Otto*, § 276, RdNr. 7; Dieses Modell ausdrücklich, allerdings bezogen auf eine Verpflichtung des einzelnen Arbeitnehmers aus der Treuepflicht, bei *Steinert*, Notstandsarbeit, S. 55ff.

cc) Regelungsmacht der Tarifvertragsparteien bezüglich derartiger tarifvertraglicher Klauseln

Die eben besprochenen tariflichen Vereinbarungen setzen allerdings die Kompetenz der Tarifvertragsparteien zum Abschluß derartiger Verträge voraus. Es geht deshalb um die Frage, ob die Tarifvertragsparteien tarifvertragliche Maßstäbe für das eigene Kampfverhalten[520] setzen dürfen. Die deswegen geschlossenen Vereinbarungen werden daher auch tarifvertragliche Kampfklauseln genannt.

(1) Grundlage einer Regelungsmacht hinsichtlich schuldvertraglicher Vereinbarungen

Die Normsetzungsbefugnis der Tarifvertragsparteien ergibt sich aus der Tarifautonomie, die durch Art. 9 III GG geschützt wird, und ist in §§ 1, 4 TVG gesetzlich verankert. Die oben[521] dargelegte Aufgabe der Tarifvertragsparteien der Regelung der Arbeits - und Wirtschaftsbedingungen durch den Abschluß von Tarifverträgen findet hier ihren Niederschlag. Allerdings geht es im schuldrechtlichen Teil eines Tarifvertrages nicht um Normsetzung gegenüber Dritten, sondern um einen typischen Vertragsschluß zwischen zwei Parteien. Überträgt man das auf tarifvertragliche Kampfklauseln, ist festzuhalten, daß diese primär Maßstäbe für das eigene Kampfverhalten der Tarifparteien setzen. Sie dienen demzufolge nicht unmittelbar dem auf das Arbeitsverhältnis bezogenen Koalitionszweck, nämlich der besagten, in Art. 9 III GG beschriebenen Regelung der Arbeits- und Wirtschaftsbedingungen. Für eine Einordnung dieser schuldrechtlichen Kampfklauseln unter die Tarifautonomie und damit die Tarifmacht der Koalitionen als Voraussetzung dafür, daß die Koalitionen solche Klauseln ebenfalls tarifvertraglich vereinbaren dürfen, müssen diese Klauseln jedoch der Wahrung und Förderung der Arbeits- und Wirtschaftsbedingungen dienen.[522]

Dies tun sie, wie gerade festgestellt, nicht unmittelbar. Indem jedoch mit der Vereinbarung der schuldrechtlichen Kampfklausel Voraussetzungen für die Zulässigkeit des Arbeitskampfes festgehalten werden, ordnen die Tarifvertragsparteien ein Koalitionsmittel. Dieses wiederum dient obigem Koalitionszweck und unterstützt demnach mittelbar die Wahrung und Förderung der Arbeits- und

---

520 *Konzen*, ZfA 1980, 77, 89.

521 In § 2 I.

522 Vgl. dazu *Coester*, Vorrangprinzip, S. 111; *Konzen*, ZfA 1980, 77, 89 mwN in FN 94; MüchnArbR/*Löwisch*, § 271, RdNr. 1.

Wirtschaftsbedingungen. Damit unterliegen auch schuldrechtliche Kampfklauseln der Tarifmacht, somit der Tarifautonomie der Koalitionen.[523] Grundsätzlich gilt deshalb, daß die Tarifvertragsparteien von ihrer Normsetzungsbefugnis keinen Gebrauch machen müssen. Sie können ebensogut einen Vertrag ohne Normsetzungswillen abschließen, dessen Regelungen dann zwar die unmittelbare und zwingende Wirkung fehlt, der aber als schuldrechtliche Vereinbarung trotzdem nicht wirkungslos, sondern ebenfalls Tarifvertrag ist.[524] Als derartige schuldrechtliche Regelungen sind neben Vereinbarungen über die Friedenspflicht und die Durchführungspflicht auch solche der tariflichen Konfliktlösung um das Zustandekommen künftiger Tarifverträge anerkannt. Die Tarifvertragsparteien können die Konfliktlösung mit Regelungen über Schlichtung und Arbeitskampf beeinflussen[525], dabei können sie sich auch über Erhaltungsarbeiten verständigen.[526]

(2) Reichweite der Regelungskompetenz

Mit diesen Aussagen ist aber immer noch nicht festgestellt, in welchem Umfang die Koalitionen die Arbeitskampfordnung selbst regeln dürfen, was wiederum wichtig für die konkrete Bestimmung der Regelungsmacht bezüglich tarifvertraglicher Vereinbarungen über Erhaltungsarbeiten ist.

Die bisherigen Darlegungen lassen zu dem Schluß kommen, daß die Tarifvertragsparteien die Arbeitskampfordnung auch vollständig selbst gestalten können. Dem steht gegenüber, daß eine richterrechtlich vom Bundesarbeitsgericht entwickelte Arbeitskampfordnung mit Vorgaben bezüglich der Rechtmäßigkeit eines Arbeitskampfes existiert.[527] Gerade dieses Bundesarbeitsgericht fordert jedoch die Tarifvertragsparteien auf, Vereinbarungen über die Austragung der Interessengegensätze zu treffen[528] und damit tarifliche Arbeitskampfordnungen

---

523 Vgl zum ganzen auch *Coester*, Vorrangprinzip, S, 115ff, insbesondere S. 120; *Konzen*, ZfA 1980, 77, 89-91 und *Säcker/Oetker*, Tarifautonomie, S. 162f. Siehe dazu auch BAG AP. Nr. 43 zu Art. 9 GG Arbeitskampf unter Teil III A. 3. der Gründe.

524 Siehe MünchArbR/*Löwisch*, § 246 RdNr. 13 und *Löwisch/Rieble*, TVG, § 1, Rdnr. 266.

525 Vgl. dazu MünchArbR/*Löwisch*, § 270 RdNr. 32 ff.

526 MünchArbR/*Löwisch*, § 270 RdNr. 33 und *Plander*, ZTR 1997, 145, 151. Ausdrücklich für die Zulässigkeit einer solchen Vereinbarung auch BAG AP Nr. 130 zu Art. 9 GG Arbeitskampf unter II. 4. der Gründe und BAG AP Nr. 135 zu Art. 9 GG Arbeitskampf unter II. 2. a. der Gründe.

527 Siehe nur BAG AP. Nr. 43 zu Art. 9 GG Arbeitskampf unter Teil III. A. 1. der Gründe.

528 BAG AP. Nr. 43 zu Art. 9 GG Arbeitskampf unter Teil III. A. 1. der Gründe.

aufzustellen.[529] Nach seiner Auffassung müssen diese Regelungen auch Bestimmungen darüber enthalten, wie die Erhaltungsmaßnahmen für bestreikte Betriebe zu gewährleisten sind. Dabei seien solche Regelungen und Vereinbarungen grundsätzlich ähnlich dem Vorrangprinzip des Tarifvertrages gegenüber gesetzlichen Vorschriften anzuerkennen.[530] Mit diesen Aussagen erklärt das Bundesarbeitsgericht die richterrechtliche Arbeitskampfordnung für tarifdispositiv.[531] Diese Prämisse hält indes einer detaillierten Untersuchung nicht stand.

Auszugehen ist vom Begriff der Dispositivität. Eine dispositive Norm ist eine ergänzende Norm. Ihr Wesen besteht in erster Linie darin, daß sie für den Fall Platz greifen will, in dem die Parteien des Rechtsgeschäfts nicht etwas anderes bestimmt haben.[532] Dispositive Normen sind damit Eventualvorschriften.[533] Wichtig ist, daß hinter ihnen keine rechtlichen Grundentscheidungen und kein unabdingbarer Regelungszweck stehen.[534] Zwischen der Ergänzung und der dispositiven Norm darf somit kein Wertungswiderspruch auftauchen , sie dürfen sich nicht wie „a“ und „a non“ verhalten, müssen demzufolge derselben Ebene angehören.[535] Betrachtet man beispielsweise § 13 BUrlG, so sind alle Normen des Bundesurlaubsgesetzes abdingbar, die sich mit der Durchführung der Gewährung des Erholungsurlaubes beschäftigen, nicht abdingbar sind dagegen der Anspruch überhaupt, der Geltungsbereich und die Mindestdauer. Hinter diesen Normen steht eine rechtliche Grundentscheidung, die gerade diese Anforderungen fest statuiert wissen will.

Wendet man nun den Begriff des dispositiven Rechts auf die Regelungsbefugnis der Tarifvertragsparteien an, so ist festzustellen, daß es staatlich erwünscht ist, daß die Tarifvertragsparteien die Arbeits- und Wirtschaftsbedingungen im Rahmen der bestehenden Gesetze autonom regeln. Sie verfolgen hier dasselbe Regelungsziel wie der Staat, beide sind Subjekte der gleichgelagerten und daher konkurrierenden Normsetzungszuständigkeit.[536] Die Tarifvertragsparteien be-

---

529 BAG AP. Nr. 64 und 65 zu Art. 9 GG Arbeitskampf jeweils unter B. I. 4. b der Gründe.
530 BAG AP. Nr. 64 und 65 zu Art. 9 GG Arbeitskampf jeweils unter B. I. 4. b der Gründe.
531 Vgl. zur Auslegung nur *Lieb*, RdA 1972, 129. 141 mwN.
532 *Enneccerus-Nipperdey*, BGB AT I, § 49 III.
533 *Enneccerus-Nipperdey*, BGB AT I, § 49 III.
534 *Lieb*, RdA 1972, 129, 135.
535 Vgl. *Lieb*, RdA 1972, 129, 135.
536 *Lieb*, RdA 1972, 129, 141.

sitzen die Befugnis, die Rechtsverhältnisse der Arbeitnehmer selbständig zu ordnen.

Anders sieht es bezüglich der schuldrechtlichen Bestimmungen des Tarifvertrages aus. Durch derartige Vereinbarungen würden die Tarifvertragsparteien Rechte und Pflichten im Arbeitskampf regeln und damit die bestehende richterrechtliche Arbeitskampfordnung verändern. Diese Arbeitskampfordnung, innerhalb der von den Tarifvertragsparteien die Arbeits-und Wirtschaftsbedingungen gewahrt und gefördert werden können[537], ist eine Regelbildung, die einen potentiellen Eingriff in fremde Rechtspositionen bedingt und bei der damit von der Judikative das verfassungsrechtliche Übermaßverbot, an das die Rechtsprechung als staatliche Gewalt gebunden ist, beachtet werden muß.[538]

Gleichzeitig wird der Handlungsrahmen, der den Tarifvertragsparteien eingeräumt ist, begrenzt von der Funktionsfähigkeit der Tarifautonomie. Aus der verfassungsrechtlichen Gewährleistung der Kampfführung folgt, daß ein Interesse des Staates daran besteht, daß diese Möglichkeit vorhanden ist und ihre Nutzung auch effektiv bleibt.[539] Die richterliche Regelbildung darf deshalb auch nicht dazu führen, daß eine Kampfführung nicht mehr möglich ist. Die Richtigkeitsgewähr des Tarifvertrages, die sich durch das Aushandeln der Arbeits- und Wirtschaftsbedingungen durch gleichgewichtige Parteien ergibt, muß gewährleistet bleiben.[540] Beschränkungsvereinbarungen dürfen nicht soweit gehen, daß die Druckwirkung des Streiks fraglich wird.[541] Bei der Vereinbarung des normativen Teils des Tarifvertrages setzen die Tarifvertragsparteien Normen nur gegenüber ihren Mitgliedern. Deren Mitgliedschaft legitimiert sie zu diesem Handeln, was aber ebenfalls bedeutet, daß diese Normsetzung eine reine Innenwirkung hat. Bei einer schuldrechtlichen Vereinbarung über die Arbeitskampfordnung wären von den Entscheidungen der Tarifvertragsparteien auch Nichtmitglieder und die Allgemeinheit betroffen, die Beeinträchtigungen durch den Arbeitskampf hinnehmen müßten. Das aber hätte zur Folge, daß bei einer Rechtssetzung durch die Tarifvertragsparteien selbst diese die Rechtmäßigkeit ihres eigenen Verhaltens bestimmen würden. Sie hätten dadurch quasi die Mög-

---

537 *Seiter*, RdA 1986, 165, 169.
538 Siehe dazu *Konzen*, ZfA 1980, 77, 97f.
539 *Konzen*, ZfA 1980, 77, 100, 101.
540 Vgl. dazu *Konzen*, ZfA 1980, 77, 104.
541 *Reuß*, AuR 1975, 1, 10.

lichkeit, jegliche Bindungen an maßvolles Verhalten[542] abzustreifen. Es ist deshalb unzulässig, die rechtlichen Regelungen, die die instrumentellen und funktionellen Voraussetzungen der Autonomieausübung betrifft, der jeweiligen Autonomie selbst zu überlassen.[543] Über die Rechtmäßigkeit des Verhaltens kann letztinstanzlich nur der den Tarifvertragsparteien insoweit übergeordnete Staat entscheiden.[544] Die Rahmenbedingungen müssen vom Gesetzgeber selbst bestimmt werden.[545]

Es besteht demzufolge keine Regelungskonkurrenz zwischen Staat und Tarifvertragsparteien bezüglich der schuldrechtlichen Regelung der Arbeitskampfordnung. Das bestehende Arbeitskampfsystem ist eine aus der Verfassung abgeleitete rechtliche Grundentscheidung, zu der eine eigene Rechtsetzung durch die Tarifvertragsparteien im Wertungswiderspruch stehen würde. Die Tarifvertragsparteien sind bezüglich des obligatorischen Teils des Tarifvertrages nicht mehr Rechtssubjekte, sondern Rechtsobjekte.[546] Da die Dispositivität einer staatlichen Norm das Bestehen und die rechtlich anzuerkennende Ausübung einer Autonomie, der ein Entfaltungsraum eröffnet werden soll, voraussetzt und die Frage, wann die Rechtsordnung einer Autonomie und ihrer Ausübung als solcher Anerkennung entgegenbringen kann oder muß, nicht von der Autonomie selbst, sondern nur vom staatlichen Normsetzer entschieden und geregelt werden kann[547], besteht bezüglich der Regelung der Arbeitskampfordnung durch tarifliche schuldrechtliche Vereinbarungen keine Tarifdispositivität.[548]

Dieses Ergebnis bedeutet aber nicht, daß den Tarifvertragsparteien überhaupt keine Regelungsmacht verbleibt. Innerhalb des beschriebenen Rahmens ist eine Konkretisierung der oft relativ allgemein gehaltenen richterrechtlichen Vorga-

---

542 Wie oben in § 2 II. 4. b. festgestellt, gilt zwischen Privaten zumindest das privatrechtliche Übermaßverbot.

543 *Käppler*, Richterrecht, S, 80.

544 Vgl. *Lieb*, RdA 1972, 129, 141.

545 *Seiter*, RdA 1986, 165, 169.

546 *Lieb*, RdA 1972, 129, 141.

547 *Käppler*, Richterrecht, S. 80.

548 *Käppler*, Richterrecht, S. 80; *Konzen*, ZfA 1980, 77, 101ff; *Lieb*, RdA 1972, 129, 141; MünchArbR/*Otto*, § 276, RdNr. 8f; Brox/Rüthers-*Rüthers*, Arbeitskampfrecht, RdNR. 284; *Seiter*, RdA 1986, 169; so dann BAG AP Nr. 64 und 65 zu Art. 9 GG Arbeitskampf jeweils unter B. I. 4. b. der Gründe.

ben möglich.[549] Insofern besteht eine Regelungskompetenz der Tarifvertragsparteien zum Abschluß tariflicher schuldrechtlicher Vereinbarungen. Den vorgegebenen Rahmen können die Tarifvertragsparteien jedoch nicht erweitern. An dieser Stelle endet ihre Tarifautonomie.[550] Die Ausfüllung der von der Rechtsprechung vorgegebenen Grenzen bedeutet zudem, daß die Einhaltung dieses Rahmens voll gerichtlich überprüfbar ist.[551]

(3) Konkrete Kompetenz für tarifvertragliche Kampfklauseln bezüglich Erhaltungsarbeiten

Diese allgemein auf die Kompetenz der Tarifvertragsparteien hinsichtlich einer Aushandlung von Kampfklauseln bezogenen Aussagen sind nun bezüglich konkreter Vereinbarungen über Erhaltungsarbeiten nutzbar zu machen. Die beiden Hauptfragen, die sich dabei stellen, sind die nach dem Mindest- und dem Maximalumfang, der durch eine derartige Vereinbarung in Abweichung des sich aus der Rechtsprechung ergebenden Arbeitskampfrechts festgelegt werden könnte.[552]

Gegen eine Erweiterung der Verpflichtung zur Erbringung der Erhaltungsarbeiten ist grundsätzlich nichts einzuwenden.[553] So können zum Beispiel Abwicklungsarbeiten, die nach der hier[554] vertretenen Meinung nicht mehr zum notwendigen Umfang der Erhaltungsarbeiten gehören, mit in die Vereinbarung aufgenommen werden. Aufgrund des den Tarifvertragsparteien vorgegebenen Rahmens enden ihre Befugnisse, die Durchführung von Erhaltungsarbeiten zu vereinbaren, allerdings dort, wo durch eine Ausdehnung des Umfanges der Erhaltungsarbeiten Arbeitnehmer geschädigt werden. Dies können vor allem Außenseiter sein, die durch einen nutzlosen Streik Lohnausfall erleiden. Darauf abzustellen, daß durch einen zu großen Umfang der Erhaltungsarbeiten die Funktionsfähigkeit des Arbeitskampfes, hier speziell des Streiks, nicht mehr

---

549 Vgl. *Käppler*, Richterrecht, S. 81; MünchArbR/*Otto*, § 276, RdNr. 20 mwN. und BAG AP Nr. 64 und 65 zu Art. 9 GG Arbeitskampf jeweils unter B. I. 4. b. der Gründe.

550 *Konzen*, ZfA 1980, 77, 106; siehe auch *Konzen*, Festschr. Kissel, 571, 599.

551 Siehe dazu *Käppler*, Richterrecht, S. 81 und 126ff; *Konzen*, ZfA 1980, 77, 106 und *Lieb*, RdA 1972, 129, 142.

552 Vgl. dazu *Löwisch/Mikosch*, ZfA 1978, 153, 172.

553 Einhellige Meinung, vgl. nur *Fenn*, DB 1982, 430, 435; *Heckelmann*, Erhaltungsarbeiten, S. 26; *Hohenstatt*, Erhaltungsarbeiten, S. 139; *Löwisch/Mikosch*, ZfA 1978, 153, 172 und *Oetker*, Erhaltungsarbeiten, S. 67.

554 Siehe oben § 2 III. 3.

gegeben ist, erscheint hier dagegen nicht relevant. Selbst wenn dargelegt wird, daß die vereinbarten Erhaltungsarbeiten nicht so weit gehen dürfen, daß jegliche Druckwirkung des Streiks verloren geht,[555] ist dagegen zu halten, daß ein solcher Vertrag von einer Gewerkschaft vereinbart wurde, deren Vertreter die Folgen für den Streik und demzufolge auch für die Gewerkschaft selbst abschätzen können. Ein selbstschädigendes Verhalten kann ihr nicht verboten werden.

Stellt sich noch die Frage, inwieweit die Tarifvertragsparteien die Möglichkeit haben, den aus dem richterrechtlichen Arbeitskampfrecht hergeleiteten Umfang der Erhaltungsarbeiten nach „unten" zu korrigieren, das heißt, diesen zu beschränken. Ausgangspunkt zur Beantwortung dieses Problems ist die Prämisse, daß der festgestellte Umfang der Erhaltungsarbeiten aus dem Verhältnismäßigkeitsprinzip abgeleitet wurde.[556] Dieser Grundsatz stellt somit einen Mindeststandard dar. Nimmt man die obige Feststellung hinzu, daß der Verhältnismäßigkeitsgrundsatz nicht abbedungen werden darf, so stellt der aus dem Arbeitskampfrecht abgeleitete Umfang eine Grenze dar, die nicht unterschritten werden darf.[557] Daran ändert auch der Einwand nichts, daß bei einer Vereinbarung, die den bisherigen Mindeststandard reduziere, beide Parteien diese Beschränkung einvernehmlich treffen.[558] Da der Verhältnismäßigkeitsgrundsatz als Grenze des Arbeitskampfes nicht zur Disposition der Tarifvertragsparteien steht, nützt auch die Einvernehmlichkeit der Vereinbarung nichts bei dem Versuch, ihn zu überwinden. Es bleibt deshalb dabei, daß die Tarifvertragsparteien bei der Einigung bezüglich der Durchführung von Erhaltungsarbeiten den Grundsatz der Verhältnismäßigkeit nur konkretisieren dürfen, sie können die „Feinabstimmung"[559] vornehmen. Innerhalb dieses Rahmens dürfen sie aber die genannten Inhalte vereinbaren.

---

555 So *Däubler*, AuR 1981, 257, 264; *Fenn*, DB 1982, 430, 435; *Heckelmann*, Erhaltungsarbeiten, S. 26; *Hohenstatt*, Erhaltungsarbeiten, S. 140; *Löwisch/Mikosch*, ZfA 1978, 153, 172f und *Oetker*, Erhaltungsarbeiten, S. 67.

556 Siehe oben § 2 II. 4. b. cc.

557 So wie hier *Bauer/Haußmann*, DB 1996, 881, 883 mit ausdrücklichem Bezug auf das Verhältnismäßigkeitsprinzip; *Heckelmann*, Erhaltungsarbeiten, S. 26; *Löwisch/Mikosch*, ZfA 1978, 153, 173, *Oetker*, Erhaltungsarbeiten, S. 67, mit Bezug darauf auch *Fenn*, DB 1982, 430, 435. Mit anderem Ansatz der Kampfparität, aber ähnlicher Begründung vgl. auch *Hohenstatt*, Erhaltungsarbeiten, S. 141ff.

558 Vgl. dazu *Hohenstatt*, Erhaltungsarbeiten, S. 143.

559 *Löwisch/Rieble*, Arbeitskampfrecht, RdNr. 97.

dd) Erkämpfbarkeit einer schuldrechtlichen Vereinbarung zwischen den Tarifvertragsparteien über Erhaltungsarbeiten

Aus der Feststellung, daß Grundlage für die Vereinbarung auch schuldrechtlicher tariflicher Abmachungen die Tarifautonomie ist und daraus, daß die Erkämpfbarkeit von Tarifinhalten an der Förderung der Arbeits-und Wirtschaftsbedingungen orientiert ist[560], ergibt sich auch die Erkämpfbarkeit von Regelungen über Erhaltungsarbeiten.[561] Der dahingehend existierende allgemeine Streit, ob schuldrechtliche Regelungen des Tarifvertrages, die mittelbar auf die Regelung des Arbeitsverhältnisses zielen, erkämpfbar sind[562], kann hier unentschieden bleiben, da es bei tarifvertraglichen Kampfklauseln nicht um die (wenn auch mittelbare) Regelung von Arbeitsbedingungen, die erkämpft werden sollen, sondern um die Arbeitskampfordnung geht.[563] Der dagegen gerichtete Einwand, ein Arbeitskampf um eine Vereinbarung über Erhaltungsarbeiten „verstößt gegen ihren Sinn"[564], greift nicht durch. Die Sicherstellung des „Lebensnotwendigen"[565] erfolgt bereits durch die dem Arbeitskampf gezogenen Grenzen. Diese Grenzen dürfen die Tarifvertragsparteien, wie bereits ausgeführt, nicht überschreiten, geschweige denn ihre Änderung erzwingen.[566] Der Mindeststandard an Erhaltungsarbeiten ist damit immer gewährleistet, einer Erkämpfbarkeit der Regelung von Erhaltungsarbeiten steht daher nichts im Wege.

ee) Ausführung einer solchen tarifvertraglichen Vereinbarung als Firmentarifvertrag

Aufgrund der in jüngster Zeit angestrebten „betriebsnahen Lösungen" ist die Wahrscheinlichkeit, daß anstelle eines Flächentarifvertrages ein Firmentarifvertrag abgeschlossen wird, nicht gering. Auch in diesen Fällen müssen, wie bereits ausgeführt[567], Erhaltungsarbeiten verrichtet werden. Es bietet sich deshalb an, auch hier eine tarifvertragliche Vereinbarung über die Durchführung dieser Tätigkeiten abzuschließen. So lange nun der Arbeitgeber, mit dem ein solcher Firmentarifvertrag abgeschlossen werden soll, nicht dem Arbeitgeberverband

---

560 *Kempen*, TVG, § 1 RdNr. 364; *Seiter*, Streikrecht, S. 488ff.

561 Siehe *Heckelmann*, Erhaltungsarbeiten,S. 26; *Hohenstatt*, Erhaltungsarbeiten, S. 146; *Löwisch/Mikosch*, ZfA 1978, 153, 174.

562 Vgl. *Seiter*, Streikrecht, S. 488.

563 So richtig auch *Konzen*, ZfA 1980, 77, 92 und *Löwisch/Mikosch*, ZfA 1978, 153, 174.

564 So *Müller*, RdA 1982, 86, 97, allerdings bezogen auf den öffentlichen Dienst.

565 *Müller*, RdA 1982, 86, 97.

566 Siehe dazu auch *Löwisch/Mikosch*, ZfA 1978, 153, 174-

567 In § 5 I. 2. b. bb.

angehört und damit nicht in einen Flächentarifvertrag eingebunden ist, bereitet dieses Vorgehen auch keine Probleme und ist nach dem bisher erörterten Muster abzuwickeln.

Wie aber sieht es bei einer Verbandszugehörigkeit und einem bestehenden Flächentarifvertrag aus? Der gleichzeitige Abschluß von Verbandstarifverträgen einerseits und Firmentarifverträgen andererseits ist nach allgemeiner Auffassung zulässig.[568] Ein einzelner Arbeitgeber kann sogar freiwillig noch während der Geltungsdauer des auch für ihn geltenden Flächentarifvertrages einen anderen Firmentarifvertrag über die im Flächentarifvertrag bereits geregelten Arbeits- und Wirtschaftsbedingungen abschließen. Zu begründen ist dies damit, daß der Arbeitgeber mit seinem Beitritt zum Verband nicht das Recht verwirkt, allein und unabhängig vom Verband die Arbeits-und Wirtschaftsbedingungen der bei ihm beschäftigten Arbeitnehmer zu regeln.[569] Das Verhältnis der Tarifverträge untereinander ist nach den Grundsätzen der Tarifkonkurrenz zu lösen. Unzulässig ist es dagegen, einen Firmentarifvertrag, der die gleichen Inhalte wie ein bestehender Flächentarifvertrag regelt, streikweise vom organisierten Arbeitgeber zu erzwingen.[570] Dies ist nur möglich, wenn es um „völlig neuartige Forderungen“[571] geht, die noch nicht im Verfahren und dem Abschluß eines Verbandstarifvertrages Eingang fanden. Damit kann ein Firmentarifvertrag über Erhaltungsarbeiten nur erkämpft werden, wenn der für das Unternehmen geltende Verbandstarifvertrag noch keine Regelungen darüber enthält.[572]

ff) Sonstige Zulässigkeitsvoraussetzungen

Einzuhalten sind bei der tarifvertraglichen Regelung von Erhaltungsarbeiten außer dem bisher dargelegten die notwendigen Formerfordernisse. Als wichtigstes ist dabei § 1 Abs. 2 TVG zu nennen, der die Schriftform eines Tarifvertrages festlegt. Das bedeutet, daß gemäß § 126 BGB der Tarifvertrag von den Tarifvertragsparteien schriftlich niedergelegt und unterschrieben werden muß.[573]

---

568 Siehe *Kempen*, TVG, § 2 RdNr. 99 mwN.

569 *Kempen*, TVG, § 2 RdNr. 89.

570 Siehe *Kempen*, TVG, § 2 RdNr. 99.

571 Vgl. *v. Hoyningen-Huene*, ZfA 1980, 453, 468.

572 So auch *Hohenstatt*, Erhaltungsarbeiten, S. 149.

573 Siehe dazu *Kempen*, TVG, § 1 RdNr. 367.

Dieses Schriftformgebot gilt auch für den schuldrechtlichen Teil eines Tarifvertrages.[574]

Der Vertragsschluß selbst richtet sich nach den Vorschriften der §§ 145 ff BGB. Dabei muß der Tarifvertrag von den Tarifvertragsparteien gemäß § 2 Abs. 1 TVG abgeschlossen werden, wobei für die Koalitionen gemäß §§ 26, 30 BGB der Vorstand oder satzungsgemäße Vertreter handeln; es sind aber auch besondere Verhandlungsführer einsetzbar, die dann den Tarifvertrag nach den §§ 164ff BGB abschließen.[575] Beim Handeln ohne Vertretungsmacht greift § 177 Abs. 1 BGB ein, so daß der Tarifabschluß von der Genehmigung der Tarifvertragsparteien abhängig ist.[576]

2. Zulässigkeit sogenannter sonstiger kollektivrechtlicher Regelungen

a) Praktische Relevanz derartiger Vereinbarungen bei Erhaltungsarbeiten

An den vorstehend erläuterten Formvorschriften, die für die Wirksamkeit eines Tarifvertrages notwendig sind, scheiterte jedoch die Einordnung aller bisher bekannten Vereinbarungen über Erhaltungsarbeiten als Tarifvertrag.[577] Entweder handelte es sich um mündliche Absprachen[578] oder das Schriftformerfordernis wurde nicht gewahrt, da eine beiderseitige Unterschrift unter einem verbindlichem Text fehlte.[579] In anderen Fällen wurde die Vereinbarung zwischen dem Arbeitgeber und der örtlichen Streikleitung[580] beziehungsweise nur einer örtlichen Untergliederung der Gewerkschaft[581] abgeschlossen. Die innergewerkschaftliche Willensbildung, wonach laut Satzung die Vollmacht des Hauptvor-

---

[574] *Löwisch/Rieble*, TVG, § 1 RdNr. 375 und Gamillscheg, Koll. ArbR. S. 627.

[575] BAG NZA 1997, 1064, LS: Tarifvertragsparteien können sich beim Abschluß von Tarifverträgen nach den allgemeinen Regeln (§§ 164 ff BGB) vertreten lassen, das Handeln als Vertreter muß sich aber zweifelsfrei ergeben.

[576] *Löwisch/Rieble*, TVG, § 1 RdNr. 353.

[577] Siehe dazu die Beispiele bei *Apfel*, Sicherung, S. 104 im Metallarbeiterstreik 1956/57 in Schleswig-Holstein; dann die Notdienstvereinbarung zwischen der Flughafen-Hamburg-GmbH und der Gewerkschaft ÖTV, abgedruckt bei *Hernekamp*, Arbeitskampf, S. 205 von 1974 und die Notdienstvereinbarungen anläßlich des Arbeitskampfes im öffentlichen Dienst 1992, erwähnt in BAG AP Nr. 129, 130, 135 und 138 zu Art. 9 GG Arbeitskampf.

[578] Siehe dazu *Apfel*, Sicherung, S. 104.

[579] Vgl. *Breitenstein*, Organisation, S. 119 und *Däubler*, AuR 1981, 257, 264.

[580] Im Beispiel von *Apfel*, Sicherung, S. 104 und BAG AP Nr. 135 und 138 zu Art. 9 GG Arbeitskampf.

[581] So im Fall BAG AP Nr. 129 und 130 zu Art. 9 GG Arbeitskampf.

standes und gegebenenfalls sogar dessen Einschaltung notwendig ist, entsprach also nicht dem bei Tarifverträgen üblichen.[582] Dazu kommt, daß die Absicht, einen Tarifvertrag abzuschließen, in der Regel nicht vorhanden ist, es wird meist von („Notdienst-")Vereinbarungen gesprochen, während ein Tarifvertrag üblicherweise auch als solcher bezeichnet wird.[583]

Es existieren demzufolge Abkommen[584] zwischen den Tarifvertragsparteien, die einen vergleichbaren Regelungsgegenstand wie ein Tarifvertrag haben und eine verbindliche Regelung treffen wollen, indes nicht als Tarifvertrag gedacht sind.[585] Zu klären ist demnach, inwieweit der Abschluß solcher sogenannter sonstigen Kollektivverträge[586] zulässig ist. Von besonderem Interesse ist dabei neben der Frage der Grundlage der Regelungsmacht der Koalitionen bezüglich solcher Verträge einerseits die Vertretungsbefugnis der örtlichen Gewerkschaftsuntergruppierungen beziehungsweise der Streikleitung gegenüber der Gewerkschaft und andererseits die Abkehr von der in § 2 Abs. 1 TVG vorgeschriebenen Schriftform.

b) Zulässigkeit sogenannter sonstiger Kollektivvereinbarungen

aa) Rechtliche Grundlage

Bei der Behandlung tarifvertraglicher Vereinbarungen über die Durchführung von Erhaltungsarbeiten wurde bereits festgestellt, daß die Tarifvertragsparteien auch schuldrechtliche Regelungen der Arbeits- und Wirtschaftsbedingungen treffen können. Dargelegt wurde auch, daß die Regelung der Durchführung von Erhaltungsarbeiten einen Teilbereich der Regelung der Arbeitskampfordnung darstellt, die wiederum als Annexbestimmung dem Bereich der Arbeits-und Wirtschaftsbedingungen dienen und deswegen durch die Tarifvertragsparteien im Tarifvertrag geregelt werden können. Schaut man sich nun einen Vertrag

---

582 Siehe dazu *Däubler*, TV-Recht, RdNr. 1616 und *Oetker*, Erhaltungsarbeiten, S. 68.

583 So *Däubler*, AuR 1981, 257, 264 m FN 88.

584 *Däubler* spricht in TV-Recht, RdNr. 1615 von „Krypto-Tarifverträgen".

585 Siehe *Däubler*, TV-Recht, Rdnr. 1615.

586 Der Begriff taucht zuerst bei *Däubler*, AuR 1981, 257, 264 auf, wird aber jetzt allgemein verwendet, um diese tarifvertragsähnlichen Vereinbarungen zu charakterisieren. Vgl. nur *Oetker*, Erhaltungsarbeiten, S.68, der diesen Begriff für diese Vereinbarungen verwendet, da es sich in formeller Hinsicht nicht um Tarifverträge handele, und *Breitenstein*, Organisation, S. 114, 118ff, *Fenn*, DB 1982, 430, 435, *Heckelmann*, Erhaltungsarbeiten, S. 25f, Däubler-*Schumann*, Arbeitskampfrecht, RdNr. 230. *V.Stebut*, Anm. BAG AP Nr. 74 zu Art.9 GG Arbeitskampf spricht von atypischen Kollektivverträgen und Gamillscheg, Koll. ArbR. S. 517 von Tarifabsprachen.

über die Durchführung von Erhaltungsarbeiten zwischen den Tarifvertragsparteien an, der wegen seines Zustandekommens oder seiner Form nicht Tarifvertrag ist, so ist der sachlich-gegenständliche Regelungsbereich identisch. Der Unterschied besteht darin, daß die Tarifvertragsparteien nicht ihre sich aus dem Tarifvertragsgesetz ergebende Regelungskompetenz ausüben. Sie schließen keinen Tarifvertrag, sondern einen schuldrechtlichen Vertrag im Sinn des § 305 BGB.[587] Die Berechtigung zum Abschluß eines solchen Vertrages ergibt sich aus der allgemeinen Handlungsfreiheit.

Dem steht auch die sachlich-gegenständliche Beschränkung der Regelungsbefugnis der Tarifvertragsparteien durch § 1 Abs. 1 Satz 2 TVG nicht entgegen, die den Tarifvertragsparteien als Regelungsgegenstand nur Abschluß, Inhalt und Beendigung des Arbeitsverhältnisses sowie betrieblicher und betriebsverfassungsrechtlicher Fragen zuweist.[588] Bei Vereinbarungen zum Arbeitskampfverfahren handelt es sich zum einen um Annexbestimmungen, die dem erwähnten Sachkomplex dienen. Daher sind sie dem in Art. 9 III GG niedergelegten Handlungssystem zuzuordnen.[589] Zum anderen bringen die Tarifvertragsparteien mit dem Abschluß einer derartigen Vereinbarung zum Ausdruck, daß sie gerade nicht im System des Tarifvertraggesetzes handeln wollen. Als privatautonome Parteien sind sie, wie bereits gesagt, frei, vertragliche Bindungen im Sinn des § 305 BGB einzugehen.

Es bietet sich hier der Vergleich zum Betriebsverfassungsgesetz an. In diesem werden Betriebsvereinbarungen als Ausdruck der Normsetzung zwischen Betriebsrat und Arbeitgeber vorgesehen. Daneben sind jedoch die nicht gesetzlich geregelten[590] betrieblichen Regelungsabreden anerkannt, die gerade nicht die normative Wirkung einer Betriebsvereinbarung besitzen. Mittels einer derartigen Regelungsabrede ist es möglich, schnell und flexibel auf kurzfristig anfallende betriebliche Notwendigkeiten, die der betrieblichen Mitbestimmung unterfallen, zu reagieren. Das Betriebsverfassungsgesetz selbst schreibt nur in we-

---

587 Vgl. *Säcker/Oetker*, Tarifautonomie, S. 164ff, die sich allerdings für eine Vorrangigkeit von tarifvertraglichen Regelungen aussprechen, und *Hohenstatt*, Erhaltungsarbeiten, S. 152; sowie BAG AP Nr. 6 zu § 1 TVG Form und AP Nr. 20 zu § 1 TVG, LS 1.

588 Vgl. dazu ausführlich *Säcker/Oetker*, Tarifautonomie, 100-167, Zusammenfassend, 167f.

589 Siehe dazu *Wiedemann/Stumpf*, TVG, § 1 Rdnr. 321.

590 Abgesehen von § 77 Abs. 1 BetrVG, in dem „Vereinbarungen zwischen Arbeitgeber und Betriebsrat" genannt werden.

nigen Fällen die Verwendung der Betriebsvereinbarung als Vereinbarungsform vor.[591] Auch eine Regelungsabrede legitimiert den Arbeitgeber zur Vornahme betreffender Maßnahmen[592], wenn auch nicht durch eine direkte normative Wirkung der Vereinbarung auf die Arbeitsverhältnisse, sondern mittelbar aufgrund der Anwendung des Direktionsrechtes. Zu dessen Ausübung ist der Arbeitgeber aufgrund der schuldrechtlich wirkenden Regelungsabrede, die Rechte und Pflichten zwischen den Betriebspartnern begründet, berechtigt. Regelungsabreden sind damit in Bereichen gefragt, in denen es um lediglich schuldrechtlich wirkende betriebliche Vereinbarungen, also allein um Einigungen zwischen Arbeitgeber und Betriebsrat geht, wobei sich die Rechtswirkung dieser Einigung in Rechten und Pflichten von Betriebsrat und Arbeitgeber erschöpft.[593]

Auch den Tarifvertragsparteien kann wie oben gezeigt an einer Einigung, die keine normative Wirkung wie ein Tarifvertrag hat, gelegen sein. Eine kurzfristig abzuschließende Vereinbarung über Erhaltungsarbeiten bietet dafür ein treffendes Beispiel. Gerade bei Vereinbarungen, deren Inhalt über die Verabredung gegenseitiger Pflichten nicht hinausgeht, ist ein Beharren auf der Vertragsform des Tarifvertrages nicht erforderlich. Auch im Tarifvertragsrecht ist damit neben dem Tarifvertrag im Sinn des Tarifvertragsgesetzes anderen formlosen Vereinbarungsmöglichkeiten der Tarifpartner Raum zu lassen. Es steht daher dem Zulassen einer Kompetenz zum Abschluß von Vereinbarungen, die nicht dem Tarifvertragsgesetz unterfallen, sich aber inhaltlich im Rahmen der Regelungskompetenz der Tarifvertragsparteien gemäß Art. 9 Abs. 3 GG bewegen, nichts entgegen.

bb) Abschlußvollmacht für Vereinbarungen über Erhaltungsarbeiten

Wie bereits angesprochen, wurden Notdienstvereinbarungen bisher meist auf betrieblicher Ebene durch die örtlichen Streikleitungen, höchstens auf der Ebene gewerkschaftlicher Unterorganisationen, wie zum Beispiel der Kreisverwaltungen, abgeschlossen. Festgestellt wurde ebenfalls, daß für eine Verpflichtung der Gewerkschaft aus der abgeschlossenen Vereinbarung eine Bevollmächtigung gemäß §§ 164 ff BGB oder eine satzungsgemäße Vertretung vorliegen muß.[594] Diese Vertretungsmacht muß bei den genannten

---

591 Vgl. *Birk*, ZfA 1986, 73, 78.

592 Siehe dazu *Birk*, ZfA 1986, 73, 80 und *Zöllner/Loritz*, § 46 II. 1.

593 Vgl. *Heinze*, NZA 1994, 580, 583.

594 Siehe oben § 6. I. 1. b. ff. und außerdem Löwisch BB, 1987, 2161.

Streikleitungen oder Untervertretungen der Gewerkschaft vorliegen. Nun ist eine Bevollmächtigung bei gewerkschaftlichen Untergruppierungen relativ wahrscheinlich, zu bemerken ist jedoch ebenfalls, daß Streikleitungen durch Satzungen in der Regel nicht mit einer derartigen ausdrücklichen rechtsgeschäftlichen Vertretungsmacht ausgerüstet werden.[595]

Eine Lösung des Problems, wie dann Vereinbarungen zwischen örtlicher Streikleitung und Arbeitgeber auch die Gewerkschaft berechtigen und verpflichten sollen, kann jedoch in einer konkludenten Bevollmächtigung durch aktives Tun gesehen werden. Dabei gilt im Zivilrecht der Grundsatz, daß die Übertragung von Aufgaben, deren ordnungsgemäße Erfüllung nach der Verkehrsanschauung eine bestimmte Vollmacht erfordert, stillschweigend zugleich eine entsprechende Bevollmächtigung enthält.[596] Kodifiziert worden ist dieser Grundsatz in § 56 HGB. Einzuordnen ist dieser Satz als Vermutungs-und Rechtsscheinsregel, die dem Vertrauensschutz des (Vertrags-)Partners und damit dem Verkehrsschutz dient.[597] Zwar ist § 56 HGB auf die speziellen Bedürfnisse der Kaufleute zugeschnitten, bei denen die schnelle Abwicklung des Handelsverkehrs und nicht so sehr der Schutz des Vertragspartners im Vordergrund steht, die Grundaussage ist jedoch nicht auf den kaufmännischen Bereich beschränkt.[598] Dieser Gedanke, daß die zu regelnde Aufgabe auch die dafür notwendige Kompetenz beinhalten muß, findet sich auch nicht nur im Zivilrecht.[599] Zu fragen ist, ob diese Aussage auf den Abschluß der erwähnten Notdienstvereinbarungen angewendet werden kann. Dies würde zum einen voraussetzen, daß die Aufgaben der örtlichen Streikleitung auch den Abschluß von Vereinbarungen mit den Arbeitgebern über die Durchführung von Erhaltungsarbeiten umfassen. Zum anderen muß der Arbeitgeber schützenswert sein, so daß er auf die Richtigkeit eines solchen Abschlusses vertrauen darf.

Zunächst ist festzuhalten, daß die Streikleitungen je nach Hierarchiestufe verschiedene Aufgaben haben. Während die zentrale Streikleitung überwacht und

---

595 Siehe dazu aber *Hohenstatt*, Erhaltungsarbeiten, S. 149 FN 66.

596 Zuerst RG 1, 8ff, aus der neueren Rechtsprechung OLG Köln, NJW-RR 1994, 1501 sowie *Flume*, Rechtsgeschäft, Bd. 2, § 49 3., S. 830; *Medicus*, BGB AT, § 57 II. Rdnr. 928 und *Larenz*, BGB AT, § 31 I., S. 615.

597 Siehe dazu *Schmidt*, Handelsrecht, § 16 V. 2., S. 503.

598 *Flume*, Rechtsgeschäft, Bd. 2, § 49 3., S. 830.

599 Vgl. dazu die sog. „AWACS-Entscheidung" des BVerfG in NJW 1994, 2207 ff.

koordiniert, ist die örtliche Streikleitung für die Organisation und Durchführung von begleitenden Streikmaßnahmen im Betrieb zuständig.[600] So bestellt die örtliche Streikleitung beispielsweise die Streikposten und Streikhelfer, wirkt zur Vermeidung strafbarer Handlungen auf streikende Mitglieder ein[601], gibt Informationen über die Streiklage vor Ort weiter beziehungsweise setzt erhaltene Informationen um[602] und wickelt die Zahlung der Streikunterstützung ab.[603] Weiterhin ist es auch die Aufgabe der örtlichen Streikleitungen, Ausweise für die Arbeitnehmer, die Erhaltungsarbeiten verrichten, auszugeben, die sogenannten Notdienstausweise.[604] Dazu kommt, daß die genaue Koordination, ja sogar die Einrichtung eines Notdienstes ebenfalls als Aufgabe der örtlichen Streikleitungen angesehen wird.[605] Dem liegt zugrunde, daß die örtliche Streikleitung, die sich direkt am bestreikten Betrieb befindet, über Kenntnisse bezüglich des notwendigen Umfanges der Erhaltungsarbeiten, sowohl qualitativ als auch quantitativ, verfügt, die die zentrale Streikleitung oder andere zentrale gewerkschaftliche Gremien so nicht besitzen.[606] Diese haben regelmäßig nur ein generelles Wissen, ihnen fehlen die für die Durchführung der Erhaltungsarbeiten notwendigen Details. Dazu kommt, daß bei der Durchführung der Erhaltungsarbeiten sowieso Absprachen des Arbeitgebers mit der örtlichen Streikleitung getroffen werden, die auch dafür Sorge zu tragen hat, daß die betreffenden Arbeitnehmer die Erhaltungsarbeiten verrichten.[607] Damit ist den örtlichen Streikleitungen im Grunde genommen aber auch schon die Organisation der Erhaltungsarbeiten übertragen, die durch eine Notdienstvereinbarung nur erleichtert wird. Absprachen über die Durchführung von Erhaltungsarbeiten gehören deshalb durchaus zum Aufgabengebiet der örtlichen Streikleitungen.[608]

---

600 Siehe dazu nur Däubler-*Wolter*, Arbeitskampfrecht, RdNr. 252f.

601 Vgl. Däubler-*Wolter*, Arbeitskampfrecht, RdNr. 252 und Brox/Rüthers-*Schlüter*, Arbeitskampfrecht, Rdnr. 477.

602 Vgl. Däubler- *Wolter*, Arbeitskampfrecht, RdNr. 252 und Brox/Rüthers-*Schlüter*, Arbeitskampfrecht, Rdnr. 477.

603 *Seiter*, Streikrecht, S. 229.

604 Siehe Däubler-*Wolter*, Arbeitskampfrecht, RdNr. 252.

605 *Seiter*, Streikrecht, S. 229.

606 Siehe zu diesem Argument *Fenn*, DB 1982, 430, 435.

607 Siehe dazu Brox/Rüthers-*Schlüter*, Arbeitskampfrecht, Rdnr. 477.

608 So auch *Hohenstatt*, Erhaltungsarbeiten, S. 151.

In die interne Hierarchie- und damit Bevollmächtigungsstrukturen einer Gewerkschaft hat ein Arbeitgeber in der Regel keinen tieferen Einblick.[609] Aufgrund des umfangreichen Aufgabenkreises einer örtlichen Streikleitung, die auch Informationen mit dem Arbeitgeber austauscht und bestimmte Absprachen trifft, kann er nach dem eben Gesagten erwarten, daß sein Verhandlungspartner bezüglich einer Vereinbarung über Erhaltungsarbeiten die entsprechende Vertretungsmacht besitzt.[610] Damit ist eine zumindest stillschweigende Bevollmächtigung der örtlichen Streikleitung aufgrund der ihr im Arbeitskampf übertragenen Aufgaben, also eine Duldungsvollmacht[611], anzunehmen. Die örtlichen Streikleitungen haben mithin Kompetenz bezüglich des Abschlusses von Vereinbarungen über die Durchführung von Erhaltungsarbeiten, die demzufolge auch die Gewerkschaften berechtigen und verpflichten.[612]

cc) Einhalten der Schriftform des § 1 Abs. 2 TVG

§ 1 Abs. 2 TVG bestimmt, daß ein Tarifvertrag der Schriftform bedarf. Die hier untersuchten „sonstigen Kollektivverträge“ sind keine Tarifverträge im Sinn des Tarifvertragsgesetzes. Zu fragen ist, ob eine Anwendung des § 1 Abs. 2 TVG auf derartige Vereinbarungen dennoch notwendig ist.

Grundsätzlich ist davon auszugehen, daß das Schriftformgebot des § 1 Abs. 2 TVG der Normenklarheit dient. [613] Es soll Unklarheiten bei Arbeitnehmern und Arbeitgebern vermeiden, hat aber nicht die häufig mit der Einhaltung der Schriftform verbundene Funktion, die Parteien vor übereiltem Handeln zu schützen. Den Betroffenen des Tarifvertrages, den Parteien der Einzelarbeitsverträge, soll die Möglichkeit gegeben werden, sich über den Tarifinhalt zu unterrichten.[614] Da mithin das Schriftformgebot nicht bezweckt, die Vorausset-

---

609 Vergleichbar ist dies mit der Begründung für die Beweislastumkehr bei der Produkthaftung, bei der ebenfalls ein solches Nichtwissen über innerbetriebliche Abläufe vorhanden ist.

610 Siehe hierzu auch Löwisch, BB 1997, 2161.

611 Zur Zulässigkeit einer stillschweigenden Bevollmächtigung allgemein BAG NZA 1997, 1064, 1066.

612 So auch *Hohenstatt*, Erhaltungsarbeiten, S. 151 sowie andeutungsweise *Däubler*, AuR 1981, 257, 264.

613 BAG AP Nr. 6 zu § 1 TVG Form unter 3. der Gründe und AP Nr. 7 zu § 1 TVG Form LS1 bzw. Bl. 2R sowie *Löwisch/Rieble*, TVG, § 1 RdNr. 374; *Mangen*, RdA 1982, 229, 230.

614 BAG AP Nr. 6 zu § 1 TVG Form unter 3. der Gründe, *Kempen*, TVG, § 1 RdNr. 368 mwN.

zungen der Wirksamkeit des Tarifvertrages festzuhalten, wird eine Anwendung des § 1 Abs. 2 TVG schon auf Tarifverträge, die einen rein schuldrechtlichen Inhalt haben, abgelehnt.[615] Bei einem sogenannten sonstigen Kollektivvertrag handelt es sich indes nicht einmal um einen Tarifvertrag im Sinn des Tarifvertragsgesetzes. Eine Klarstellungsfunktion durch die Schriftform ist daher nicht notwendig[616], es können auch mündliche Vereinbarungen zwischen den Tarifvertragsparteien abgeschlossen werden. Die Formvorschriften des Tarifvertragsgesetzes gelten nicht. Rein schuldrechtliche Vereinbarungen der Tarifpartner, die nicht Tarifvertrag sein sollen, müssen nicht schriftlich fixiert werden. Bei ihnen steht in der Regel der Zeitfaktor so im Vordergrund, daß ein Beharren auf der Schriftform reine Förmelei wäre. Es kann in diesem Zusammenhang geradezu vertrauensbildend wirken, wenn die Beteiligten sich auf mündliche Absprachen beschränken können. Gerade bei der Vereinbarung der Durchführung von Erhaltungsarbeiten sind oftmals nähere Absprachen zur Durchführung und Konkretisierung einer Grundsatzvereinbarung und zur Anpassung an unvorhergesehene Entwicklungen im konkreten Unternehmen notwendig.[617] Zu beachten ist zudem, daß dem Schriftformerfordernis bei Abschluß einer Vereinbarung über die Durchführung von Erhaltungsarbeiten in Form eines überwiegend schuldrechtlich wirkenden Tarifvertrages genüge getan wird.

Als Sicherungsmaßnahmen bei einer nur mündlich existierenden Absprache fungiert die weiter bestehende Befugnis der Gewerkschaft zu Erhaltungsarbeiten. Ist eine Durchführung der Vereinbarung nicht möglich, muß die Gewerkschaft die Erhaltungsarbeiten organisieren, wie es ihrer arbeitskampfrechtlichen Normalkompetenz entspricht. Dies um so mehr, wenn sich eine Seite darauf beruft, daß gar keine Vereinbarung existiert. Weigert sich die Gewerkschaft dieser Pflicht nachzukommen, greift die Notkompetenz des Arbeitgebers ein.

Einer Anerkennung des Abschlusses rein schuldrechtlicher Verträge durch die Tarifvertragsparteien außerhalb des Tarifvertragsgesetzes steht auch nicht das Problem des Rechtsweges im Wege. Die nach § 2 Abs. 1 Nr. 1 ArbGG begründete Zuständigkeit der Arbeitsgerichte für Streitigkeiten zwischen Tarifparteien

---

615 Siehe dazu *Plander*, ZTR 1997, 145, 149f.

616 So auch *Breitenstein*, Organisation, S. 119, *Hohenstatt*, Erhaltungsarbeiten, S. 153; *Müller*, RdA 1982, 86, 97.

617 Vgl. *Plander*, ZTR 1997, 145, 151.

aus dem Tarifvertrag kann dafür analog angewendet werden.[618] Der Sachzusammenhang solcher Vereinbarungen mit Tarifverträgen wie die besondere Sachnähe der Arbeitsgerichte sprechen dafür, hier eine Situation zu bejahen, die mit einer Streitigkeit über einen Tarifvertrag vergleichbar ist.

3. Zulässigkeit der Kombination einer Vereinbarung über die Durchführung von Erhaltungsarbeiten mit einem Beschäftigungsverbot für arbeitswillige Arbeitnehmer

Bei den in jüngster Zeit abgeschlossenen Vereinbarungen über die Durchführung von Erhaltungsarbeiten (meistens als Notdiensvereinbarungen bezeichnet) ist außer der Eigenschaft, daß sie größtenteils formell keine Tarifverträge sind, noch eine andere Besonderheit festzustellen. Die Vereinbarungen wurden mit einer Klausel verknüpft, wonach die Gewerkschaft nicht mehr an die Vereinbarung über die Durchführung der Erhaltungsarbeiten gebunden ist, wenn der Arbeitgeber im bestreikten Betrieb über die für Erhaltungsarbeiten notwendigen Arbeitnehmer hinaus arbeitswillige Arbeitnehmer arbeiten läßt.[619] Dies wurde ursprünglich als Aufhebung der Arbeitspflicht durch eine Vereinbarung zwischen Gewerkschaft und Arbeitgeber und damit als unzulässiger Vertrag zu Lasten Dritter wegen des unmittelbaren Eingriffs in ein bestehendes Vertragsverhältnis Dritter charakterisiert.[620] Dann aber änderte das Bundesarbeitsgericht seine Rechtsprechung und erklärte gerade solch eine Klausel für zulässig.[621] Begründet wurde dies damit, daß es dem Arbeitgeber möglich sei, einen bestreikten Betrieb für die Dauer und im Umfang des Streiks stillzulegen mit der Folge, daß die beiderseitigen Rechte und Pflichten aus dem Arbeitsverhältnis suspendiert werden und auch arbeitswillige Arbeitnehmer ihren Lohnanspruch verlieren.[622] Dies habe weiterhin zur Folge, daß die arbeitswilligen Arbeitnehmer während des Streiks keinen Anspruch auf Beschäftigung haben, selbst wenn ihr Einsatz möglich und zumutbar wäre. Damit greife eine Notdienstver-

---

618 Siehe *Plander*, ZTR 1997, 145, 151f.

619 Vgl. die Tatbestände in BAG AP Nr. 129 und 130 zu Art. 9 GG Arbeitskampf.

620 So BAG AP Nr. 129 zu Art. 9 GG Arbeitskampf unter I. 4. a. der Gründe; zum Verbot des Vertrages zu Lasten Dritter vgl. nur BGHZ 58, 216, 220; 61, 359, 361; 68, 225, 231; Palandt-*Heinrichs*, vor § 328 Rdnr. 10; MünchKom-*Gottwald*, § 328 Rdnr. 139.

621 BAG AP Nr. 130 zu Art. 9 GG Arbeitskampf.

622 BAG AP Nr. 130 zu Art. 9 GG Arbeitskampf, LS 1.

einbarung mit einer wie eben beschriebenen Klausel nicht in bestehende Rechte ein, wäre demzufolge kein Vertrag zu Lasten Dritter und daher zulässig.[623]

Zunächst ist die praktische Reichweite solcher Notdienstklauseln zu klären. Sie werden nur relevant, wenn der Arbeitgeber bei der Sicherung seines Betriebes auf betriebseigene Arbeitnehmer zur Durchführung der Erhaltungsarbeiten angewiesen ist. Kann er die notwendigen Tätigkeiten durch den Einsatz von Streikbrechern sicherstellen, die ohne gewerkschaftliche Einteilung nur unter seinem Direktionsrecht tätigwerden, braucht er eine Aufkündigung der Erhaltungsarbeiten nicht zu fürchten. Wie oben[624] bereits dargelegt, handelt es sich bei Erhaltungsarbeiten indes häufig um Tätigkeiten, die nicht von kurzfristig angelernten Arbeitnehmern, sondern von solchen Arbeitnehmern, die diese Arbeiten bereits unter Normalbedingungen erbringen, verrichtet werden müssen. Durch fachfremde Arbeitnehmer sind sie häufig nicht ersetzbar. In einem solchen Fall kommt es auf die Wirksamkeit der Klausel an.
Fraglich ist überhaupt, ob das erwähnte „Stillegungsrecht" auch wirklich die Rechtfertigung für den Eingriff in vertragliche Rechte bietet. Festzuhalten ist, daß die Konstruktion des Bundesarbeitsgerichts gedanklich an eine unter anderen von Nipperdey[625] und später Seiter[626] geleistete Überlegung anknüpft, wonach Leistungsstörungen im Arbeitskampfrecht nicht mittels Rückgriff auf das privatrechtliche Leistungsstörungsrecht bewältigt werden sollen, sondern daß dafür ein spezielles arbeitskampfrechtliches Leistungsverweigerungsrecht anzuwenden sei.[627] Daran schließt auch der Professorenentwurf für ein kodifiziertes Arbeitskampfrecht an.[628] Allerdings wurde dieses arbeitskampfrechtliche Leistungsverweigerungsrecht nur unter der Voraussetzung anerkannt, daß die Weiterbeschäftigung der im Betrieb beschäftigten Arbeitnehmer wirtschaftlich unmöglich oder unzumutbar sei.[629] Es wurde praktisch die für jeden Arbeitnehmer vorzunehmende Einzelabwägung über die Möglichkeit seiner Weiterbeschäftigung für alle arbeitswilligen Arbeitnehmer generalisiert. Das Bundesarbeitsgericht ging nun noch einen Schritt weiter und verzichtete auf einschrän-

---

623 BAG AP Nr. 130 zu Art. 9 GG Arbeitskampf, unter II. 4. der Gründe.
624 § 3. II. 1.
625 *Hueck/Nipperdey*, ArbR II (6.A.), 617.
626 in Streikrecht, 305 ff.
627 *Seiter*, Streikrecht, 312.
628 *Birk, Konzen*, Entwurf, in § 30 I 1 des Entwurfs.
629 *Seiter*, Streikrecht, 312.

kende tatbestandliche Voraussetzungen. Es will dieses Instrument der Betriebsstillegung als neues Arbeitskampfmittel verstanden wissen.[630] Mit der Anerkennung des „Stillegungs- und Suspendierungsrechtes“ wird auf eine richterliche Überprüfung der Möglichkeit zur Fortführung der betrieblichen Tätigkeit verzichtet, was die Bewertung der Lohnansprüche der Arbeitnehmer im Fall solcher arbeitskampfrechtlicher Störungen vereinfacht.[631] Damit bietet das Instrument der Betriebsstillegung dem Arbeitgeber eine gewisse Kalkulierbarkeit der Streikfolgen.[632] Bedenklich ist allerdings die fehlende rechtsdogmatische Legitimation der Betriebsstillegung, eine Frage, die vom Bundesarbeitsgericht nicht beantwortet wurde, so daß eine Rechtfertigung der Klauseln schon aus diesem Grund wohl nicht möglich ist.

Darauf kommt es indes gar nicht an. Betrachtet man die vorgenannte Klausel aus einer Vereinbarung über Erhaltungsarbeiten genauer, fällt auf, daß mit der Kombination von Notdienst und Verzicht auf Beschäftigung weiterer arbeitswilliger Arbeitnehmer eine Stillegung des Betriebes seitens der Gewerkschaft mit der Androhung, die Vereinbarung ansonsten scheitern zu lassen, erzwungen werden kann. Gerade in einem Fall, in dem der Arbeitgeber auf die Mitwirkung der Gewerkschaft angewiesen ist, ist dann die Zustimmung zu einer derartigen Klausel durch den Arbeitgeber verständlich.[633] Festzuhalten ist jedoch auch, daß damit die Außenseiterinteressen vernachlässigt werden. Es ist klar, daß die nicht gewerkschaftlich organisierten Arbeitnehmer nicht zum Angelpunkt des kollektiven Arbeitsrechts gemacht werden können, da es dann kein kollektives Arbeitsrecht mehr gäbe. Sie dürfen aber erwarten, daß ihren Rechtspositionen angemessen Rechnung zu tragen ist.[634]

Fraglich ist daher, ob der Arbeitgeber auf ein solches Nachgeben angewiesen ist. Aus dem bisher Dargestellten ergibt sich, daß die Gewerkschaft aus dem Übermaßverbot als Trägerin der arbeitskampfrechtlichen Normalkompetenz im Streik verpflichtet ist, die Erhaltungsarbeiten zu gewährleisten. Erfüllt sie diese

---

630 Siehe BAG AP Nr. 130 und 135, 137, 138 und 139 zu Art. 9 GG Arbeitskampf.

631 Siehe auch Fischer/Rüthers, Anm. zu EzA Art. 9 GG Arbeitskampf, Nr. 115, Bl. 38; *Oetker*, Anm. zu BAG AP Nr. 130 zu Art. 9 GG Arbeitskampf, unter II. 3. (Bl.6R) und aus der Sicht des BAG *Wißmann*, Akt. ArbR., S. 122.

632 Sie dazu auch *Wißmann*, Akt. ArbR., S. 122.

633 So *Fischer/Rüthers*, Anm. zu EzA zu Art. 9 GG Arbeitskampf Nr. 115, S. 14.

634 So *Fischer/Rüthers*, Anm. zu EzA zu Art. 9 GG Arbeitskampf Nr. 115, S. 38.

Pflicht nicht, ist der Streik rechtswidrig. Diese Pflicht kann die Gewerkschaft auch nicht durch eine Vereinbarung wie die genannten Klauseln aufheben. Weigert sie sich, die getroffene Vereinbarung über die Durchführung von Erhaltungsarbeiten zu erfüllen, weil der Arbeitgeber arbeitswillige Arbeitnehmer zusätzlich zu den Erhaltungsarbeitern beschäftigen will, handelt die Gewerkschaft demzufolge ebenfalls rechtswidrig. Schon von gewerkschaftlicher Seite ist damit eine solche Verknüpfungsklausel nicht zulässig.

Dazu kommt, daß dem Arbeitgeber wiederum verschiedene Instrumente zur Gewährleistung der Erhaltungsarbeiten zur Verfügung stehen. Er kann zum einen um gerichtlichen vorläufigen Rechtsschutz ersuchen, zum anderen hat er in einem solchen Fall das oben[635] entwickelte Recht, mittels seiner Notkompetenz die Erhaltungsarbeiten zu gewährleisten.[636] Der Arbeitgeber ist mithin nicht auf eine derartige Vereinbarung angewiesen. Er ist nicht dem Druck ausgesetzt, daß eine Ablehnung der Vereinbarung mit der Gewerkschaft beziehungsweise eine Verletzung der Klausel zur Existenzbedrohung seines Betriebes führt. Nur ein solcher Druck, der unausweichlich und existenzgefährdend wäre, kann auf einen Vertragspartner, hier den arbeitswilligen Arbeitnehmer, abgewälzt werden.[637] Da ein solcher Druck nicht besteht, kann er auch nicht weitergegeben werden. Die arbeitswilligen Arbeitnehmer dürfen einer Kartellabsprache von Arbeitgeber und Gewerkschaft nicht schutzlos ausgeliefert werden.[638] Eine Berufung auf die Nichtbeschäftigungsklausel zur Sicherung der Vereinbarung über die Erhaltungsarbeiten seitens des Arbeitgebers ist ein Eingriff in die Vertragsfreiheit dieser Arbeitnehmer und bei Außenseiter-Arbeitnehmern ein Eingriff in deren negative Koalitionsfreiheit. [639] Auch seitens des Arbeitgebers ist daraus folgend die Vereinbarung einer derartigen Klausel unzulässig.

Damit ist auch eine Kombination einer derartigen Klausel mit einer Vereinbarung über die Durchführung von Erhaltungsarbeiten („Notdienstvereinbarung")

---

635 § 5 II. 4.

636 Zum Selbstschutz des Arbeitgebers siehe auch *Konzen*, Anm. zu BAG AP Nr. 137, 138, 139 zu Art. 9 GG Arbeitskampf, Bl. 13R.

637 *Konzen*, Anm. zu BAG AP Nr. 137, 138, 139 zu Art. 9 GG Arbeitskampf, Bl. 13R mit dem Vergleichsbeispiel der Druckkündigung.

638 *Löwisch*, Festschr. Gitter, S. 533, 538.

639 So richtig *Konzen*, Anm. zu BAG AP Nr. 137, 138, 139 zu Art. 9 GG Arbeitskampf, Bl. 14; andeutungsweise bei *Thüsing*, Außenseiter, S. 131.

nicht erlaubt. Bei Bestehen einer Klausel ist auf die Vereinbarung § 139 BGB anzuwenden.

II. Vereinbarungen zwischen den Betriebspartnern

Neben den untersuchten Vereinbarungen zwischen den Tarifvertragsparteien ist zur Regelung der Durchführung der Erhaltungsarbeiten auch die Heranziehung der Betriebspartner überlegenswert. Betriebsrat und Arbeitgeber als „vor Ort" agierende Partner kennen die betrieblichen Umstände und sind aufgrund dieses Wissens als Parteien einer betrieblichen Vereinbarung prädestiniert. Voraussetzung dafür ist, daß sie die Kompetenz zum Abschluß einer solchen Vereinbarung besitzen beziehungsweise diese Kompentenz im Arbeitskampf ausüben dürfen. Falls dies nicht der Fall sein sollte, ist zu überlegen, inwieweit ihnen diese Kompetenz durch die Tarifparteien eingeräumt werden kann. Von Interesse ist weiterhin, ob der Betriebsrat an Maßnahmen im Zusammenhang mit der Durchführung von Erhaltungsarbeiten wie zum Beispiel der Ausgabe von Notdienstausweisen oder der Einrichtung einer Rufbereitschaft zu beteiligen ist.

1. Betriebsvereinbarungen betreffend die Durchführung von Erhaltungsarbeiten

Eine vom Betriebsrat und dem Arbeitgeber abzuschließende Vereinbarung findet ihre Rechtsgrundlage in den Mitbestimmungsrechten des Betriebsverfassungsgesetzes. Allerdings setzt eine Betriebsvereinbarung für den speziellen Fall einer Vereinbarung über Erhaltungsarbeiten voraus, daß auch im Arbeitskampf der Betriebsrat seine Mitbestimmungsrechte ausüben kann. Bevor daher auf eventuelle Mitbestimmungsrechte des Betriebsrates als Grundlage für den Abschluß von Betriebsvereinbarungen über die Durchführung von Erhaltungsarbeiten eingegangen werden kann, ist zu klären, ob die Beteiligungsrechte des Betriebsrates im Arbeitskampf überhaupt bestehen.

Da eine Betriebsvereinbarung als "Normenvertrag" nur im Aufgabenbereich des Betriebsrates zulässig ist,[640] ist danach zu untersuchen, ob, um eine sinnvolle Regelung hinsichtlich der Durchführung von Erhaltungsarbeiten treffen zu kön-

---

640 MünchArbR/*Richardi*, § 233 RdNr.26

nen, bezüglich der Festlegung des Umfanges der Erhaltungsarbeiten und der Auswahlkriterien sowie der Auswahl der entsprechenden Arbeitnehmer eine Regelungskompetenz der Betriebspartner vorhanden ist.

a) Beteiligungsrechte des Betriebsrates im Arbeitskampf

Im Betriebsverfassungsgesetz existiert über die Frage der Funktionsfähigkeit des Betriebsrates im Arbeitskampf keine Regelung. Da jedoch durch einen Arbeitskampf, speziell einen Streik, nur die arbeitsvertraglichen Hauptleistungspflichten, nicht aber die Amtspflichten und -rechte der Betriebsratsmitglieder suspendiert werden, bleiben die Betriebsratsmitglieder während eines Arbeitskampfes unabhängig von ihrer Beteiligung am Streik im Amt.[641] Auch die Rechtsstellung des Betriebsrates selbst wird durch den Arbeitskampf nicht berührt.[642]

Keine Einigkeit besteht jedoch über den Einfluß von Arbeitskämpfen auf die Beteiligungs-, also die Mitwirkungs- und Mitbestimmungsrechte des Betriebsrates während eines Arbeitskampfes. Das Meinungsspektrum schwankt zwischen dem Ruhen aller Beteiligungsrechte[643] einerseits und der Weitergeltung aller Beteiligungsrechte des Betriebsrates trotz Arbeitskampfes[644] andererseits. Dabei hat sich ein Schwerpunkt bei der Ansicht herausgebildet, daß zwar grundsätzlich die Beteiligungsrechte des Betriebsrates im Arbeitskampf erhalten bleiben, eine Einschränkung jedoch dann zu erfolgen hat, wenn durch die Ausübung der Mitbestimmungsrechte der Betriebsrat Einfluß auf Maßnahmen des Arbeitgebers im Arbeitskampf erhalten würde.[645]

---

641 BAG AP Nr. 70 zu Art. 9 GG Arbeitskampf und Brox/Rüthers-*Brox*, Arbeitskampfrecht, RdNr. 436; *Fitting*, BetrVG, § 74 RdNr. 16; GKSB-BetrVG, § 74 RdNr. 2; *Galperin/Löwisch*, BetrVG II, § 87 RdNr. 13; *Hess/Schlochauer/Glaubitz*, BetrVG, § 74 RdNr. 27; *Richardi*, BetrVG, § 74 RdNr. 25; *Seiter*, Streikrecht, S. 370/371.

642 BAG AP Nr. 43 (C III 5), 57 (Bl. 3), 58 (Bl. 7) zu Art. 9 GG Arbeitskampf; BVerfGE 38, 386, 395 = AP Nr. 50 zu Art. 9 GG Arbeitskampf unter I 1 und *Berg* in D/K/K - BetrVG, § 74 RdNr. 19; Brox/Rüthers-*Brox*, Arbeitskampfrecht, RdNr. 436; *Richardi*, BetrVG, § 74 RdNr. 22 mwN;.

643 Früher *Kraft*, ZfA 1973, 243, 259 f.

644 *Bieback-Mayer*, AuR 1982, 169, 169; Däubler- *Colneric*, Arbeitskampfrecht, RdNr. 680; *Schiffer*, Erhaltungsarbeiten, S. 102; *Weiss*, AuR 1982, 265, 268.

645 BAG AP Nr. 57, 58, 70, 71 zu Art. 9 GG Arbeitskampf und Brox/Rüthers-*Brox*, Arbeitskampfrecht, RdNr. 437; *Kraft*, Festschr. für *Müller*, S. 265, 274; MünchArbR/*Matthes*, § 323 RdNr. 12; *Reuter*, AuR 1973, 1 5; *Richardi* BetrVG, § 74 RdNr. 32; *Rost*, Akt. ArbR., S. 138/139; *Wiese*, NZA 1984, 378, 381.

aa) Gefahr einer Paritätsstörung

Gegen eine Einschränkung der Betriebsratsrechte im Arbeitskampf spricht, daß die Gefahr, daß der Betriebsrat diese Rechte gegen den Arbeitgeber richtet, das Interesse der Belegschaft an der Mitwirkung bei den betrieblichen Maßnahmen des Arbeitgebers nicht überwiegen kann.[646] Die Annahme einer derartigen Gefahr würde nämlich bedeuten, daß der Betriebsrat die Aufgabe hätte, das Gleichgewicht der Arbeitskampfparteien zu gewährleisten. Wenn dies aber so wäre, käme die Mitbestimmung im Zusammenhang mit dem Arbeitskampf praktisch zum Erliegen.[647] Bedenken gegen diese Ansicht bestehen hier aber insoweit, als der Betriebsrat im Arbeitskampf mit der Ausübung von Mitbestimmungsrechten praktisch doch die Arbeitnehmerseite, damit die Gewerkschaft, stärken und dadurch den Arbeitgeber an Abwehrmaßnahmen hindern, ihn also schwächen würde.[648] Es würde dadurch die Parität zwischen den Kampfparteien gestört.[649]

bb) Abwägung zwischen Arbeitgeber- und Betriebsratsinteressen

Dem stehen Bedenken gegenüber, daß bei einer Einschränkung der Mitbestimmungsrechte des Betriebsrates das Betriebsverfassungsgesetz durch das Arbeitskampfrecht modifiziert würde.[650] Man könnte deshalb den Schluß ziehen, daß damit Gesetzesrecht (nämlich das Betriebsverfassungsgesetz) dem Richterrecht (also dem Arbeitskampfrecht) untergeordnet und Richterrecht in Verfassungsrang erhoben würde. Gerade die Rechtsprechung ist aber durch Art. 20 Abs. 3 und 97 Abs. 1 GG an das Gesetz gebunden.[651] Dagegen ist einzuwenden, daß sowohl das normierte Betriebsverfassungsrecht als auch das richterrechtlich entwickelte Arbeitskampfrecht dem Rang nach einfaches Bundesrecht und damit gleichwertig sind.[652] Demnach ist ein Zurücktreten des Betriebsverfas-

---

646 *Reuter*, AuR 1973, 1, 5.

647 *Jahnke*, ZfA 1984, 69, 90.

648 BAG AP Nr. 63 (B II 2) und 70 (B II 3) zu Art. 9 GG Arbeitskampf und *Brill*, DB 1979, 403, 404; *Eich*, DB 1979, Beil. Nr. 9, S. 3; *Seiter*, Streikrecht, S. 371.

649 BAG AP Nr. 63 (B II 2), 70 (B II 3), 71 zu Art. 9 GG Arbeitskampf und *Buchner*, Anm. zu BAG, SAE 1973, 42, 44; Brox/Rüthers-*Brox*, Arbeitskampfrecht, RdNr. 442 ff; *Eich*, DB 1979, Beil. Nr. 9, S. 3; *Rost*, ArbR d. Gegenwart, Bd. 31/1994, S. 139; *Seiter*, Streikrecht, S. 371.

650 *Bieback/Mayer*, AuR 1982, 169, 170; *H. Dietz*, Friedenspflicht, S. 156.

651 *Bieback/Mayer*, AuR 1982, 169, 170; *H. Dietz*, Friedenspflicht, S. 156.

652 *Rüthers/Henssler*, Anm. zu BAG AP Nr. 13 zu § 87 BetrVG 1972, Ordnung des Betriebes.

sungsgesetzes gerechtfertigt, wenn entweder verfassungsrechtlich verankerte Grundprinzipien des Arbeitskampfrechts Priorität verlangen oder wenn unter Berücksichtigung des Normzwecks beider Rechtsgebiete ein Ausschluß der gesetzlich verankerten Mitwirkungsrechte des Betriebsrates geboten scheint.[653] Es ist also eine Interessenabwägung durchzuführen. Auf der Arbeitgeberseite besteht wegen der Möglichkeit einer effizienteren Kampfführung ohne die Gefahr einer Behinderung ein Interesse am Ausschluß der Mitbestimmungsrechte. Der Betriebsrat hingegen ist im Interesse des Belegschaftsschutzes gerade auch im Arbeitskampf an einer Aufrechterhaltung der Mitbestimmung interessiert.

(1) Kooperationsmodell des Betriebsrates als Ausschlußgrund?

Für ein überwiegendes Interesse des Arbeitgebers könnte sprechen, daß im Arbeitskampf eine Konfrontationslage zwischen Arbeitgeber und Betriebsrat und damit eine Überforderung des Betriebsrates eintreten könnte, durch die die Mitwirkung des Betriebsrates nach dem Betriebsverfassungsgesetz nicht mehr möglich ist.[654] Dem ist aber entgegenzuhalten, daß Kooperation nach dem Betriebsverfassungsgesetz keine Pflicht zur völligen Konfrontationsvermeidung beinhaltet. Es gehört gerade zu den Aufgaben des Betriebsrates, sich im Konfrontationsfall zu bewähren und die auftretenden Konflikte zu lösen,[655] so daß auch im Arbeitskampf nichts grundsätzlich anderes gelten kann. Der Betriebsrat bleibt auch im Arbeitskampf funktionsfähig, er ist deshalb auch nicht überfordert, wenn er seine Rechte im Arbeitskampf ausübt.

(2) § 74 Abs. 2 Satz 1 BetrVG als Schranke?

Eingeführt wird deshalb zur Einschränkung der Rechte des Betriebsrates § 74 Abs. 2 Satz 1 BetrVG, der den Betriebsrat als Organ zur Neutralität im Arbeitskampf verpflichtet.[656] Diese Norm gebietet dem Betriebsrat auch, daß er sich nicht an Maßnahmen beteiligen darf, die arbeitskampfbedingt und unmittelbar auf das Kampfgeschehen bezogen sind. Diese Maßnahmen müssen demnach mitbestimmungsfrei sein.[657] Gegen eine solche Herleitung spricht wiederum,

---

653 *Rüthers/Henssler*, Anm. zu BAG AP Nr. 13 zu § 87 BetrVG 1972, Ordnung des Betriebes. unter III 3 a.

654 BAG AP Nr. 57, 58, 63 zu Art. 9 GG Arbeitskampf und *Eich*, DB 1979, Beil. Nr. 9 S. 3.

655 Brox/Rüthers-*Brox*, Arbeitskampfrecht, RdNr. 440; *Weiss*, AuR 1982, 265, 268.

656 *Fitting*, BetrVG, § 74 RdNr. 13; *Hess/Schlochauer/Glaubitz*, § 87, Rdnr. 70; *Richardi*, BetrVG, § 74, 23.

657 *Heinze*, DB 1982, Beil. Nr. 23, S. 6; *Jahnke*, ZfA 1984, 69, 88; *Wiese*, NZA 1984, 378, 382.

daß mit diesem Lösungsweg nur eine Ausübungsschranke bezüglich des Umfanges gesetzt werden kann. Ein völliger Ausschluß der Mitbestimmungsrechte ist wegen dieser Funktion des § 74 Abs. 2 Satz 1 BetrVG nicht zu erreichen.[658]

Bei der Abwägung zwischen Arbeitgeber- und Betriebsratsinteressen ist deshalb auf den Sinn einer Beschränkung der Mitbestimmungsrechte des Betriebsrates abzustellen. Damit soll, um wie oben erörtert die Kampfparität beider Seiten zu erhalten, verhindert werden, daß der Betriebsrat die Kampffähigkeit des Arbeitgebers und zugleich den Arbeitskampf beeinträchtigt.[659] Bei einer Verschiebung des Gleichgewichts, die zu einem Übergewicht der einen oder anderen Seite führt, ist ein Aushandeln von Abschlüssen zur Verbesserung der Arbeits- und Wirtschaftsbedingungen nicht mehr möglich. Dann nämlich kann die stärkere Seite der schwächeren ihre Bedingungen oktroyieren. Nur bei Wahrung des Gleichgewichts ist ein fairer Streik, der einen fairen Abschluß ermöglicht, durchführbar. Der Grundsatz der Kampfparität, der mit der Einschränkung der Mitbestimmungsrechte des Betriebsrates im Arbeitskampf gewahrt werden soll, ist in der durch Art. 9 Abs. 3 GG geschützten Tarifautonomie verankert.[660] Der Vorrang der Arbeitgeberinteressen im Arbeitskampf gegenüber den Beteiligungsrechten des Betriebsrates ist deshalb insoweit verfassungsrechtlich abgesichert wie diese Verankerung reicht. Außerdem dient das Betriebsverfassungsgesetz nicht dem Ziel, die Kampffähigkeit des Arbeitgebers im Rahmen des Arbeitskampfes zu schwächen.[661] Aus diesen Gründen überwiegen die Interessen des Arbeitgebers an einer Einschränkung der Mitbestimmungsrechte im Arbeitskampf die des Betriebsrates, so daß bei arbeitskampfbedingten Maßnahmen eine Beteiligung des Betriebsrates ausscheidet. Bei der Klärung der folgenden Probleme ist darausfolgend immer auf den Einfluß auf das Kampfgeschehen abzustellen, um die Zulässigkeit der Betriebsratsbeteiligung festzustellen.

b) Mitbestimmungsrecht gemäß § 87 Abs. 1 Nr. 1 BetrVG

Bei der Frage von Vereinbarungen über die Durchführung von Erhaltungsarbeiten vorrangig in Betracht zu ziehen ist eine Betriebsvereinbarung, die auf einem Mitbestimmungsrecht des Betriebsrates nach § 87 BetrVG beruht. Ein solches

---

658 *Hohenstatt*, Erhaltungsarbeiten, S. 162; vgl. dazu *Rüthers/Henssler*, Anm. zu BAG AP Nr. 13 zu § 87 BetrVG 1972 Ordnung des Betriebes unter III 3 d.

659 BAG, SAE 1996, 323, 324, so auch *Oetker*, Erhaltungsarbeiten, S. 90.

660 Brox/Rüthers-*Brox*, Arbeitskampfrecht, RdNr. 441.

661 BAG AP Nr. 63 zu Art. 9 GG Arbeitskampf unter B II 2.

Mitbestimmungsrecht für die Festlegung des Umfangs der Erhaltungsarbeiten und für die Auswahl der Erhaltungsarbeiter sowie für die Einteilung der Arbeitnehmer zu Erhaltungsarbeiten kann sich aus § 87 Abs. 1 Nr. 1 BetrVG ergeben.

In den Bereich des § 87 Abs. 1 Nr. 1 BetrVG fallen Maßnahmen, die die allgemeine äußere Ordnung des Betriebes durch die Schaffung von Verhaltensregeln betreffen.[662] Außerdem sind darunter Regelungen des Verhaltens der Arbeitnehmer innerhalb dieser Ordnung zu fassen.[663] Das Mitbestimmungsrecht erstreckt sich deshalb auf die Gestaltung des Zusammenlebens und -wirkens von Arbeitnehmern.[664] Man könnte daher daran denken, in den durch eine fehlende Vereinbarung über die Durchführung von Erhaltungsarbeiten möglicherweise entstehenden Schäden eine Einwirkung auf die Belegschaft und dadurch eine Störung der Betriebsverfassung zu sehen.[665] Hier würde es dann um die Gestaltung des Zusammenlebens und Zusammenwirkens von Arbeitnehmern im Betrieb gehen, die den Betriebsrat zur Mitwirkung an der Notdienstvereinbarung verpflichten könnte. Es bestünde deshalb ein Mitbestimmungsrecht des Betriebsrates[666] aus dem sich eine Kompetenz zum Anschluß einer Betriebsvereinbarung ergeben würde.

Dem widerspricht eine genaue Betrachtung des Zwecks des Mitbestimmungsrechts aus § 87 Abs. 1 Nr. 1 BetrVG. Das Mitbestimmungsrecht „Ordnung des Betriebes" soll die Beteiligung der Arbeitnehmer an der Gestaltung der Arbeitsbedingungen, an der Zusammenarbeit von Arbeitnehmern und Arbeitgebern, und die Zusammenarbeit der Arbeitnehmer untereinander ermöglichen.[667] Mittels einer nach § 87 Abs. 1 Nr. 1 BetrVG abgeschlossenen Betriebsvereinbarung sollen objektive Verhaltensregeln aufgestellt werden. Es geht allein um die innere soziale Ordnung des Betriebes. Demzufolge soll nach § 87 Abs. 1 Nr. 1 BetrVG

---

662 MünchArbR/*Matthes*, § 325 RdNr. 1.

663 BAG AP Nr. 3 zu § 87 BetrVG 1972 Ordnung des Betriebes und *Fitting*, BetrVG, § 87 RdNr. 62; MünchArbR/*Matthes*, § 325 Rdnr.2.

664 *Fitting*, BetrVG, § 87 RdNr. 63.

665 *Schmidt*, DB 1978, 1278, 1278.

666 So *H. Dietz*, Friedenspflicht., S. 40/41; *Herschel, Anm. zu LAG* AuR 1970, 349, 352 bzgl. § 56 I lit.f BetrVG 1952; *Hiersemann*, BB 1966, 252, 254; *Schaub*, ArbR, § 194 V 3; *Schmidt*, DB 1978, 1278.

667 *Hess/Schlochauer/Glaubitz*, BetrVG, § 87, Rdnr. 99.

nicht die Organisation der Arbeit geregelt werden. Es geht in dieser Norm nicht um die Regelung des Arbeitsverhaltens.[668] Mit dem § 87 Abs. 1 Nr. 1 BetrVG sind allein die formellen Arbeitsbedingungen gemeint.

Die Frage der Auswahl und Suspendierung von Erhaltungsarbeitnehmern betrifft jedoch die materiellen Arbeitsbedingungen. Mit einer Vereinbarung über die Durchführung von Erhaltungsarbeiten sollen Regelungen über die Organisation der Arbeit unter den besonderen Bedingungen des Arbeitskampfes zur Sicherung der Produktionsmittel gewährleistet werden. Die Feststellung des Umfanges von Erhaltungsarbeiten und die Auswahl der hierfür notwendigen Arbeitnehmer stellt die Aktualisierung und gegebenenfalls Konkretisierung der Arbeitspflicht unter den Bedingungen des Arbeitskampfes dar.[669] Wie oben[670] bereits erläutert, erbringen die für Erhaltungsarbeiten ausgewählten Arbeitnehmer ihre vertraglich geschuldete Arbeitsleistung innerhalb der bestehenden betrieblichen Ordnung. Das ist etwas anderes als objektive Verhaltensregeln, wie von § 87 Abs. 1 Nr. 1 BetrVG verlangt. Diese Norm eröffnet demnach den Betriebspartnern nicht die Möglichkeit, über die Durchführung der Erhaltungsarbeiten eine Betriebsvereinbarung abzuschließen.

c) Kompetenz für eine freiwillige Betriebsvereinbarung gemäß § 88 BetrVG

Allenfalls kann daher zwischen Arbeitgeber und Betriebsrat eine freiwillige Betriebsvereinbarung gemäß § 88 BetrVG abgeschlossen werden. § 88 BetrVG enthält eine Aufzählung möglicher Gegenstände freiwilliger Mitbestimmung. Aufgrund des Wortlauts ("insbesondere") ist diese Aufzählung nicht erschöpfend, sondern nur beispielhaft, so daß § 88 BetrVG eine umfassende Zuständigkeit in sozialen Angelegenheiten eröffnet.[671] Es können durch Betriebsvereinbarung somit alle Maßnahmen getroffen werden, die der Ordnung des Betriebes im weitesten Sinn dienen, einschließlich aller arbeitsrechtlichen Gesamtzusammenhänge, wobei auch in die gegenseitigen Rechte und Pflichten aus dem Einzelarbeitsverhältnis eingegriffen werden kann, da zur Ordnung des Betriebes auch die mit gewissen persönlichen Beschränkungen verbundene Einfügung der

---

668 *Hess/Schlochauer/Glaubitz*, BetrVG, § 87, Rdnr. 107.
669 *Wiese*, NZA 1984, 378, 382; *Hässler*, Beteiligungsrechte, S. 77.
670 Vgl. § 3 II.
671 BAG AP Nr. 1 zu § 88 BetrVG 1972 und *Fitting*, BetrVG, § 88 RdNr. 2.

einzelnen Arbeitnehmer in den Betrieb gehört.[672] Das bedeutet, daß § 88 BetrVG alle Regelungen der Rechte und Pflichten aus dem Arbeitsverhältnis deckt.[673] Arbeitgeber und Betriebsrat haben also schon kraft Gesetzes die Befugnis, den gesamten Inhalt eines Arbeitsverhältnisses durch Betriebsvereinbarung zu regeln, soweit nicht besondere Grenzen eingreifen.[674] Bei der Bestimmung des Erhaltungsumfanges und der Auswahl der Erhaltungsarbeiter geht es um die Aktualisierung und gegebenenfalls Konkretisierung der Arbeitspflicht unter den Bedingungen des Arbeitskampfes.[675] Anders ausgedrückt: Es wird festgelegt, für wieviele und für welche Arbeitnehmer eine Teilnahme am Arbeitskampf ausscheidet und die vertragliche Arbeitspflicht fortbesteht,[676] womit es auch um arbeitsvertragliche Pflichten geht.[677] Festzuhalten ist damit, daß eine Entscheidung über Umfang, Auswahlkriterien und Auswahl von Erhaltungsarbeitern soziale Angelegenheiten i. S. v. § 88 BetrVG durchaus betrifft und demzufolge grundsätzlich eine Kompetenz des Betriebsrates zum Abschluß der genannten Vereinbarung besteht.

Allerdings könnte der Betriebsrat an der Ausübung dieser Kompetenz gehindert sein. Anders formuliert wird dies unter dem Stichwort diskutiert, daß dem Betriebsrat für die Regelung von Erhaltungsarbeiten die funktionelle Zuständigkeit fehle.[678] Diese Einschränkung wird vor dem Hintergrund gemacht, daß Arbeitgeber und Betriebsrat keine Normen beschließen könnten, die außerhalb des - allerdings weit zu fassenden - Rahmens des BetrVG und dadurch außerhalb ihres Aufgabenbereiches liegen.[679] Zu diesen Regelungen würden solche Normen gehören, die mit dem Inhalt des Arbeitsverhältnisses oder der betriebsverfassungsrechtlichen Gestaltung des Betriebes nichts mehr zu tun haben.[680] Der Be-

---

672 BAG AP Nr. 1 zu § 399 BGB und *Galperin/Löwisch*, BetrVG II, § 88 RdNr. 1.

673 *Galperin/Löwisch*, BetrVG II, § 88 RdNr. 2; *Löwisch*, AuR 1978, 97, 99.

674 BAG AP Nr. 23 zu § 77 BetrVG 1972 = NZA 1987, 779.

675 *Wiese*, NZA 1984, 378, 382.

676 *Hohenstatt*, Erhaltungsarbeiten, S. 158.

677 *Löwisch/Mikosch*, ZfA 1978, 153, 175; *Oetker*, Erhaltungsarbeiten, S. 85.

678 So *Breitenstein*, Organisation, S. 28; *Däubler*, AuR 1981, 257, 264; *Galperin/Löwisch*, BetrVG, II § 74 RdNr. 13d; *Löwisch/Mikosch*, ZfA 1978, 153, 175; Däubler-*Schumann*, Arbeitskampfrecht, RdNr. 230; ähnlich auch GKSB-BetrVG, § 74 RdNr. 2.

679 So *Fitting*, BetrVG, § 77 RdNr. 42.

680 BAG (20.12.1957) AP Nr. 1 zu § 399 BGB Bl. 2/3.

triebsrat müsse sich im Rahmen der Bestimmungen halten, zu deren Ausführung er geschaffen sei.[681]

Diese Begründung trifft jedoch nicht genau den Kern des Problems.[682] Vielmehr muß als Ansatz die besondere Situation der Betriebspartner im Arbeitskampf gewählt werden. Wie oben dargelegt, hat der Betriebsrat nach § 88 BetrVG grundsätzlich die Möglichkeit, mit dem Arbeitgeber in einer Betriebsvereinbarung materielle Arbeitsbedingungen zu vereinbaren. Dazu zählt auch die Auswahl und der Einsatz der Arbeitnehmer, die Erhaltungsarbeiten leisten sollen. Zu sehen ist, welche Folgen eine derartige Vereinbarung im Arbeitskampf hat. Wie oben[683] dargelegt, nimmt primär nicht der Arbeitgeber, sondern die Gewerkschaft mit ihrem Streikaufruf die für Erhaltungsarbeiten erforderlichen Arbeitnehmer vom Streik aus und besitzt auch die Organisationsbefugnis bezüglich der Erhaltungsarbeiten. Durch eine Betriebsvereinbarung, bei der die Betriebspartner vereinbaren, wieviele Arbeitnehmer eingeteilt werden und nach welchen Kriterien diese auszuwählen sind sowie welche Arbeiten diese Arbeitnehmer zu verrichten haben, würden nun die aufgrund der Betriebsvereinbarung ausgewählten Arbeitnehmer durch diese Vereinbarung von den Wirkungen des Streikaufrufes der Gewerkschaft ausgenommen.[684]

Die Betriebspartner würden damit aber in Koalitionsrechte, nämlich in Fragen der Arbeitskampf- und Tarifordnung eingreifen.[685] Die Regelung der Erhaltungsarbeiten als Rechtmäßigkeitsvoraussetzung eines Streiks ist Teil der Arbeitskampfordnung[686], die von den Koalitionen zu gestalten ist. Eine Betriebsvereinbarung über Erhaltungsarbeiten wäre dagegen eine betriebsverfassungsrechtliche Arbeitskampfordnung und damit eine Vorwegnahme von Aufgaben der Koalitionen.

---

681 *Fitting*, BetrVG, § 77 RdNr. 34 (17.A.).

682 Insoweit richtig *Kreutz*, GK-BetrVG, § 74, RdNr. 69ff.

683 § 3 II. 2. b.

684 Vgl dazu *Wiese*, NZA 1984, 378, 382.

685 *Galperin/Löwisch*, BetrVG II, § 74 RdNr. 13d.

686 *Breitenstein*, Organisation, S. 26; Brox/Rüthers-*Brox*, Arbeitskampfrecht, RdNr. 467; *Galperin/Löwisch*, BetrVG, II § 74 RdNr. 13d; *Hässler*, Beteiligungsrechte, S. 77/78; *Hohenstatt*, Erhaltungsarbeiten, S. 156; *Löwisch/Mikosch*, ZfA 1978, 153, 174, *Oetker*, Erhaltungsarbeiten, S. 83/85; *Schiffer*, Erhaltungsarbeiten, S. 106; Däubler-*Schumann*, Arbeitskampfrecht, RdNr. 230; *Wiese*, NZA 1984, 378, 382.

Gerade der Schutz der Existenz der Koalitionen und der Möglichkeit ihrer Betätigung hat aber im Betriebsverfassungsgesetz gesetzliche Bestätigung gefunden. § 2 Abs. 3 und § 77 Abs. 3 Satz 1 BetrVG sollen mit ihrer Sperre gegenüber betrieblichen Regelungen auch die Attraktivität der Koalitionen schützen,[687] das heißt, ihren Bestand und ihre Betätigung gewährleisten, wozu auch die Sicherung der Mittel der Koalitionen zur Erfüllung ihrer Aufgaben, also auch der Arbeitskampf, gehört. Betrachtet man den Ursprung dieser Regelungen, so ergibt sich, daß sie eine normative Umsetzung des aus Art. 9 Abs. 3 GG abgeleiteten Schutzes der Rechte der Koalitionen sind. Art. 9 Abs. 3 GG zieht demzufolge der Legitimation der Betriebspartner zum Abschluß derartiger Betriebsvereinbarungen eine Schranke.[688] Betriebsverfassungsrechtliche Arbeitskampfordnungen sind, auch in Hinblick auf die Hierarchie der Rechtsquellen, und vor allem aufgrund der eindeutigen Aufgabenzuweisung an die Koalitionen nicht zulässig. Die Regelung der Arbeitskampfordnung ist Aufgabe der den Arbeitskampf führenden Parteien, nicht der Betriebspartner.[689] Die Situation ist vergleichbar mit der Ausübung der Mitbestimmungsrechte des Betriebsrates im Arbeitskampf. Die grundsätzlich vorhandene Kompetenz der Betriebsparteien würde im Sonderfall des Arbeitskampfes zu einer Verletzung des Neutralitätsgebotes des § 74 Abs. 2 Satz 1 BetrVG und zu einem Eingriff in die Rechte der Arbeitskampfparteien führen. Der Betriebsrat kann deshalb keine Arbeitskampfordnung in Form einer Betriebsvereinbarung abschließen, die die Gewerkschaft rechtlich bindet.[690] Deren Regelungszuständigkeit geht der der Betriebspartner vor.

Zu beachten ist schließlich noch ein praktisches Problem. Gerade mit der Ausübung des Mitbestimmungsrechtes bei der Frage des Abschlusses einer Betriebsvereinbarung über die Durchsetzung von Erhaltungsarbeiten kann der Betriebsrat die Organisation der Erhaltungsarbeiten durch Ausübung seines Mitbestimmungsrechtes verhindern und dadurch dem Betrieb schaden. Eine solche Kompetenz liefe einem Notauswahlrecht des Arbeitgebers, falls die Gewerkschaft eine Organisation der Notdienste verweigert, diametral entgegen. Es

---

687 *Berg* in D/K/K - BetrVG, § 77 RdNr. 62.

688 So auch *Hergenröder*, Anm. zu BAG SAE 1996, 323 in SAE 1996, 326, 327.

689 Richtig insoweit *Berg* in D/K/K- § 74 RdNr. 21 a; *Fitting*, BetrVG, § 74, RdNr. 22; im Ergebnis so auch *Galperin/Löwisch*, BetrVG II, § 74 RdNr. 13d; *Buschmann*, AuR 1980, 230, 233; *Leinemann*, DB 1971, 2309, 2315; *Löwisch/Mikosch*, ZfA 1978, 153, 175.

690 *Löwisch/Mikosch*, ZfA 1978, 153, 175.

würde also genau der Fall eintreten, mit dem die Beschränkung der Mitbestimmungsrechte des Betriebsrates im Arbeitskampf gerechtfertigt wird: Die Freiheit des Arbeitgebers, Folgen des Arbeitskampfes zu begegnen, würde unmittelbar in ihrem Kernbereich beeinträchtigt.[691]

2. Kompetenzerlangung durch Zulassung im Tarifvertrag

Ausgehend von der Prämisse, daß die Betriebspartner die sachnächsten Parteien einer Vereinbarung über Erhaltungsarbeiten sind, die zum Abschluß einer solchen Vereinbarung notwendige Kompetenz im Arbeitskampf jedoch nicht ausüben dürfen, ist zu überlegen, wie den Betriebspartnern diese Kompetenz verschafft werden kann. In Frage kommt eine Eröffnung von Regelungskompetenz zum Abschluß von Betriebsvereinbarungen über die Festlegung des konkreten Umfanges der Erhaltungsarbeiten und die Auswahl der benötigten Arbeitnehmer durch ausdrückliche Zulassung im Tarifvertrag, der die Erhaltungsarbeiten nur abstrakt regelt. Dies wurde auch in Literatur und Rechtsprechung so benannt[692], ohne daß jedoch bisher eine rechtliche Einordnung in das System von tariflicher und betrieblicher Mitbestimmung erfolgt wäre. Zu untersuchen ist deshalb, ob die Tarifvertragsparteien überhaupt eine solche Kompetenzeröffnung zugunsten der Betriebspartner ermöglichen können und wie diese im Fall ihrer Zulässigkeit konkret auszusehen hat.

a) Regelungsmacht der Tarifvertragsparteien zur Zulassung einer Betriebsvereinbarung durch Tarifvertrag

aa) Tarifliche Regelungsmacht aufgrund Art. 9 Abs.3 GG

Bedenken gegen eine Vereinbarung der Tarifvertragsparteien, in der die Koalitionen auf ihre vorrangige Regelungskompetenz verzichten und den Betriebsparteien das Recht zum Abschluß von Vereinbarungen in Hinblick auf die Regelung von Erhaltungsarbeiten einräumen, könnten sich zunächst unter dem Gesichtspunkt des Verbotes der Selbstentmachtung der Tarifvertragsparteien ergeben. Mit der Zulassung solcher Vereinbarungen darf der Wesensgehalt der ver-

---

691 Vgl. dazu nur BAG SAE 1996, 323, 324.

692 Vgl. nur LAG Niedersachsen AP Nr. 69 zu Art. 9 GG Arbeitskampf Bl. 3R und *Gamillscheg*, Koll.ArbR, S.1170; *Fitting*, BetrVG, § 74 RdNr. 22; *Kreutz*, GK-BetrVG, § 74 RdNr. 69ff; *Hohenstatt*, Erhaltungsarbeiten, S. 165; *Oetker*, Erhaltungsarbeiten, S. 84 bezgl. der Bestimmung des Umfangs der Arbeiten; *Löwisch/Mikosch*, ZfA 1978, 153, 175.

fassungsrechtlich vorgesehenen Regelung der Arbeits- und Wirtschaftsbedingungen durch Tarifverträge nicht in Frage gestellt werden. Tarifvertragsparteien dürfen sich ihrer Regelungskompetenz nicht vollständig entledigen[693], so daß festzustellen ist, ob die Zulassung einer Betriebsvereinbarung auf einem Gebiet, auf dem die Tarifvertragsparteien die vorrangige Regelungskompetenz haben, noch von der tariflichen Regelungsbefugnis gedeckt wird. Dazu ist es notwendig, den Umfang dieser Regelungsbefugnis zu bestimmen.

Die ausdrückliche Ermächtigung des § 1 Abs.1 TVG zur Regelung betriebsverfassungsrechtlicher Fragen bedeutet nicht, daß die tarifliche Regelungsbefugnis erst durch das Tarifvertragsgesetz begründet wird. Das Tarifvertragsgesetz ist nur eine Konkretisierung der durch Art. 9 Abs.3 GG verfassungsrechtlich begründeten Tarifautonomie.[694] Für die Bestimmung von Umfang und Grenzen der tariflichen Regelungsbefugnis muß deshalb auf Art. 9 Abs.3 GG zurückgegriffen werden.[695]

Art. 9 Abs.3 GG schützt den Bestand und die Betätigung der Koalitionen als solche.[696] Dieser Schutz umfaßt, wie ausgeführt[697], in erster Linie die Verfolgung der in Art. 9 Abs.3 GG genannten Zwecke, nämlich die Wahrung und Förderung der Arbeits- und Wirtschaftsbedingungen.[698] Zu diesen durch Art. 9 Abs.3 GG geschützten Beteiligungsrechten der Koalitionen gehört dann aber auch das Recht, die Arbeits- und Wirtschaftsbedingungen zu regeln, also die Tarifautonomie.[699] Diese gewährleistet den tariffähigen Koalitionen, also den Tarifvertragsparteien, das Recht, die Arbeitsbedingungen ihrer Mitglieder autonom im Tarifvertrag durch Vereinbarung von Rechtsnormen mit bindender Wirkung zu regeln.[700] Die tarifautonome Regelungsbefugnis der Koalitionen ist begrenzt auf die Gegenstände, die unter das Begriffspaar der Arbeits- und Wirtschaftsbedingungen fallen.[701] Um durch die Tarifautonomie geschützt zu sein,

---

693 *Kempen*, TVG, Einl. RdNr. 266.

694 *Meier-Krenz*, Beteiligungsrechte, S. 40.

695 *Wiedemann/Stumpf*, TVG, Einl. RdNr. 159.

696 Vgl auch BVerfGE 4, 96, 101; 50, 290, 367; 58, 233, 246.

697 Siehe § 2 I.

698 Vgl auch BVerfGE 17, 319, 333; 19, 303, 312; 28, 295, 304; 50, 290, 367.

699 BVerfGE 4, 96, 106; 58, 233, 246.

700 BVerfGE 55, 7, 23 und *Löwisch/Rieble*, TVG, § 1 RdNr. 124.

701 BVerfGE 44, 322, 349.

müssen deshalb die betriebsverfassungsrechtlichen Fragen als Arbeits- und Wirtschaftsbedingungen i. S. d. Art. 9 III GG anzusehen sein.

Unter Arbeits- und Wirtschaftsbedingungen fällt die Gesamtheit der wirtschaftlichen und sozialen Bedingungen, unter denen abhängige Arbeit geleistet wird.[702] Die im Betriebsverfassungsrecht enthaltenen Möglichkeiten der Arbeitnehmerbeteiligung haben einen unmittelbaren Bezug zur Erbringung der Arbeitsleistung, nehmen also auf deren Umstände und Gestaltung Einfluß und sind deshalb auch eine Bedingung, unter der abhängige Arbeit zu leisten ist.[703] Demzufolge gehört der Bereich des Betriebsverfassungsrechts zu den Arbeits- und Wirtschaftsbedingungen im Sinne des Art. 9 III GG. Da aber die Regelung der Zulassung einer Betriebsvereinbarung eine Regelung im Bereich der Betriebsverfassung ist, haben damit die Tarifvertragsparteien grundsätzlich die Kompetenz zur Zulassung von Betriebsvereinbarungen im Tarifvertrag.

Diese Zulassung wiederum muß sich im Rahmen der Regelungsbefugnis der Tarifvertragsparteien bewegen, das heißt konkret Bedingungen betreffen, unter denen abhängige Arbeit geleistet wird. Dazu gehören die Regeln, nach denen kollektivrechtliche Regelungen erkämpft werden können.[704] Zu den Bedingungen, unter denen abhängige Arbeit geleistet wird, zählen dann aber auch die Umstände der Leistung von Erhaltungsarbeit im Streik. Die Koalitionen können deshalb diese Angelegenheiten in einem Tarifvertrag regeln[705] beziehungsweise, da sie nicht darauf beschränkt sind, die Arbeitsbedingungen selbst zu regeln,[706] darüber auch eine Betriebsvereinbarung zulassen.

Dies darf aber nicht so weit gehen, daß sich die Tarifvertragsparteien aller Macht entledigen. Wann genau das der Fall ist, ist unsicher. Es ist jedoch davon auszugehen, daß dies dann vorliegt, wenn die Betriebspartner ohne jegliche

---

702 *Kempen*, TVG, Einl. RdNr. 99; *Löwisch/Rieble*, TVG, § 1 RdNr. 124; Alternativkommentar-GG-*Kittner*, Art. 9 III RdNr. 30ff.

703 *Schwarze*, Betriebsrat, S. 91; *Meier-Krenz*, Beteiligungsrechte, S. 43.

704 *Reuß*, AuR 1975, 1, 5.

705 BAG AP Nr. 43 zu Art. 9 GG Arbeitskampf und *Breitenstein*, Organisation, S. 117; *Fenn*, DB 1982, 430, 435; *Herschel*, AuR 1970, 349, 352; *Hohenstatt*, Erhaltungsarbeiten, S. 166; *Leinemann*, DB 1971 2309, 2315; *Löwisch/Mikosch*, ZfA 1978, 153, 172; *Oetker*, Erhaltungsarbeiten , S. 65; *Steinert*, Notstandsarbeit, S. 59; *Wiese*, NZA 1984, 378, 382.

706 *Löwisch/Rieble*, TVG, Grundl. RdNr. 15.

Bindung und Begrenzung handeln dürfen.[707] Den Tarifvertragsparteien ist es untersagt, den Kernbereich ihrer Koalitionsbetätigung, vor allem ihre eigene Normsetzungsbefugnis, aufzugeben.[708] Bezüglich dessen, was den Betriebspartnern zur Regelung freigegeben wird, müssen Inhalt, Zweck und Ausmaß bestimmt sein. Die Tarifvertragsparteien begeben sich in solch einem Fall nicht so weit ihrer Rechte, daß der Wesensgehalt ihrer verfassungsrechtlich gewährleisteten Regelungsbefugnis in Frage gestellt wird. Nach dem Gesetz können die Tarifvertragsparteien selbst entscheiden, was sie im konkreten Einzelfall und was sie üblicherweise regeln. Das spricht dafür, daß es ihnen erst recht möglich sein muß Regelungen zu vereinbaren, die den Betriebsparteien das Recht zum Abschluß von Betriebsvereinbarungen zu einem Thema einräumen, das eigentlich der Regelungsmacht der Tarifvertragsparteien unterliegt.[709] Ein Verzicht auf Kompetenzausübung und eine Übertragung von Aufgaben an die Betriebsparteien bedeutet eben nicht völlige Aufgabe der Kompetenz der Tarifvertragsparteien, sondern nur einen teilweisen Verzicht auf die Ausübung von Rechtsmacht.

Aus Art. 9 Abs.3 GG ergeben sich damit keine Beschränkungen. Es liegen deshalb keine Bedenken gegen eine Regelungskompetenz der Tarifvertragsparteien vor, die demzufolge in ihrem Tarifvertrag eine Betriebsvereinbarung zur Regelung von Erhaltungsarbeiten zulassen dürfen.

bb) Normsetzungsbefugnis der Tarifvertragsparteien aus § 1 I TVG

Ist es aufgrund von Art. 9 Abs.3 GG zulässig, daß die Tarifvertragsparteien den Betriebsparteien die Möglichkeit eröffnen, Betriebsvereinbarungen über die Regelung der Erhaltungsarbeiten abzuschließen, heißt das noch nicht, daß diesbezüglich auch wirklich tarifliche Regelungsmacht besteht. Weitere Voraussetzung dafür, daß eine solche Angelegenheit überhaupt durch die Tarifvertragsparteien in einem Tarifvertrag festgelegt werden kann, ist daher, daß sich die Zulassung von Betriebsvereinbarungen über die Regelung von Erhaltungsarbeiten einem bestimmten Normentyp des Tarifvertragsgesetzes zuordnen läßt.[710]

---

707 *Kempen*, TVG, Einl. RdNr. 266.

708 BAG AP Nr. 63 zu Art. 9 GG; vgl. auch *Wendeling-Schröder*, NZA 1998, 624, 625.

709 Vgl. dazu *Walker*, ZTR 1997, 193, 196.

710 Vgl. dazu die Ausführungen von *Schleusener*, ZTR 1998, 545 und 547.

Der Umfang der tariflichen Normsetzungsbefugnis (tarifliche Regelungsmacht oder Tarifmacht) ergibt sich aus der Aufzählung der Normarten in § 1 I TVG.[711] Deshalb muß ermittelt werden, ob es bei der hier interessierenden tariflichen Zulassungsnorm um die Regelung von Inhalt, Abschluß oder Beendigung des Arbeitsverhältnisses oder um die Regelung von betrieblichen oder betriebsverfassungsrechtlichen Fragen geht.

Mit der Regelung der Erhaltungsarbeiten in einer Betriebsvereinbarung soll kein Arbeitsverhältnis neu begründet oder beendet werden. Die Zulassung der Betriebsvereinbarung ist deshalb weder Beendigungs- noch Abschlußnorm.

In Frage käme desweiteren die Einordnung als Inhaltsnorm, wenn es bei der Frage der Betriebsvereinbarung über die Durchführung von Erhaltungsarbeiten um die Regelung des Inhaltes von Arbeitsverhältnissen geht.[712] Wie oben[713] bereits ausgeführt, würden durch eine derartige Betriebsvereinbarung die Pflichten aus dem Arbeitsverhältnis konkretisiert, also der Inhalt des Arbeitsverhältnisses geregelt. Dies könnte für eine Indienstnahme des Betriebsrates aufgrund tariflicher Inhaltsnorm sprechen.

Andererseits wird durch den Tarifvertrag der Abschluß einer Betriebsvereinbarung zugelassen. Damit werden aber Fragen der Beteiligungsbefugnisse geregelt. Es geht um die Schaffung eines Tatbestandes für § 88 BetrVG im Rahmen eines Tarifvertrages und somit um das Verhältnis der Belegschaft und ihrer Organe zum Arbeitgeber. Solche Angelegenheiten werden aber wiederum durch betriebsverfassungsrechtliche Normen geregelt.[714] Damit wäre die Zulassung einer Betriebsvereinbarung zur Regelung der Erhaltungsarbeiten als betriebsverfassungsrechtliche Norm anzusehen.[715] Es kommen demnach sowohl eine Charakterisierung der tarifvertraglichen Abrede als Inhalts- als auch als betriebsverfassungsrechtliche Norm in Betracht. Die Abrede könnte deshalb sogar einen Doppelcharakter haben.

---

711 *Löwisch/Rieble*, TVG, § 1 RdNr. 23.

712 *Kempen*, TVG, § 1 RdNr. 38.

713 § 6 II 1. b.

714 *Wiedemann/Stumpf*, TVG, § 1 RdNr. 248; *Kempen*, TVG, § 1 RdNr. 34, § 3 RdNr. 14.

715 So *Oetker*, Erhaltungsarbeiten, S. 84; *Löwisch/Mikosch*, ZfA 1978, 153, 175.

Betriebsverfassungsrechtliche Normen sind jedoch nur dann zugleich Inhaltsnormen, wenn sie sich auf die Gestaltung des Einzelarbeitsverhältnisses auswirken können und nach dem Willen der Tarifvertragsparteien auch auswirken sollen.[716] Entscheidend ist deshalb, welche Angelegenheit durch die Tarifvertragsnormen vorrangig geregelt werden soll.[717] Die rechtliche Einordnung einer Tarifnorm hängt vom verobjektivierten Willen der tarifschließenden Koalitionen ab. Ein Anhaltspunkt für die Auslegung ist im allgemeinen aus dem jeweiligen Themenbereich und der Regelungsdichte abzuleiten.[718] Bei einem Tarifvertrag, der den Abschluß von Vereinbarungen zwischen Arbeitgeber und Betriebsrat über Umfang der Erhaltungsarbeiten und Auswahl der Arbeitnehmer ermöglicht, geht es hauptsächlich um die Zulassung der Betriebsvereinbarung. Welchen konkreten Einfluß diese dann auf die Einzelarbeitsverhältnisse haben wird, ist im Tarifvertrag nicht bestimmt. Eine relative Unbestimmtheit des Beteiligungstatbestandes spricht aber für eine betriebsverfassungsrechtliche Tarifnorm, während bei einer relativ detaillierten Vorgabe eine Inhaltsnorm vorliegen wird.[719] In einem derartigen Tarifvertrag werden keine detaillierten Angaben über den näheren Umfang notwendig sein, es wird ausreichen, nur eine relativ unbestimmte Festlegung des Umfanges der Betriebsvereinbarung zu treffen. Vorrangig geht es darum, die Betriebspartner zu ermächtigen, eine Betriebsvereinbarung abzuschließen. Anzunehmen ist, daß es den Tarifvertragsparteien nicht auf die nähere inhaltliche Veränderung der Einzelarbeitsverhältnisse für den Fall der Erhaltungsarbeiten ankommt. Die Zulassung der Regelung der Erhaltungsarbeiten durch Betriebsvereinbarung fällt daher in den Regelungsbereich des § 1 I TVG in Form einer betriebsverfassungsrechtlichen Norm.[720]

b) Ausgestaltung einer solchen Kompetenzeröffnung

Damit ist jedoch noch nicht gesagt, wie die konkrete Umsetzung einer solchen tariflichen Zulassung von Betriebsvereinbarungen erfolgen muß.

---

716 *Dietz/Richardi*, BetrVG I, § 2 RdNr. 126.

717 *Hagemeier*, TVG, § 3 RdNr. 14a (2.A.).

718 *Schwarze*, Betriebsrat, S. 344.

719 *Schwarze*, Betriebsrat, S. 344.

720 Allgemein zur tariflichen Zulassung von Betriebsvereinbarungen bemerkt *Fitting*, BetrVG, § 77 Rdnr. 108, daß es sich dabei um eine betriebsverfassungsrechtliche Norm handelt.

aa) Öffnungsklausel oder Bestimmungsklausel

Grundsätzlich können die Tarifvertragsparteien mittels einer Öffnungsklausel oder einer Bestimmungsklausel den Betriebsparteien Kompetenzen einräumen.[721]

Mit einer Öffnungsklausel werden den Betriebspartnern durch den Tarifvertrag Rechte eröffnet, die sie nach der gesetzlichen Regelung des BetrVG wegen des Vorranges der Koalitionen ansonsten nicht wahrnehmen dürfen.[722] Die Tarifvertragsparteien treffen eine Vereinbarung über Arbeitsbedingungen, lassen also insoweit aber ergänzende oder abweichende Betriebsvereinbarungen ausdrücklich zu.[723] Die Betriebspartner können dadurch Betriebsvereinbarungen über Angelegenheiten abschließen, deren Regelung sonst Sache der Tarifvertragsparteien ist. Diese geben insoweit ihre Kompetenzen frei und ermöglichen den Betriebspartnern die Ausführung ihrer ihnen originär zustehenden Normsetzungsbefugnis[724], die zuvor durch die tarifliche Kompetenz überdeckt wurde. Die Betriebsparteien werden bei der Vereinbarung einer betrieblichen Regelung i. S. d. § 88 BetrVG auf der Grundlage eigener Rechtssetzungsbefugnis und in eigener Verantwortung tätig. Die Betriebsvereinbarung beruht auf der demokratischen Legitimation des gewählten Betriebsrates. Wenn die Betriebspartner eine Regelung treffen, setzen sie eigenes betriebliches Recht, nicht aus der tariflichen Rechtssetzungsmacht abgeleitete Ausführungsvorschriften zu den Tarifvertragsnormen.[725] Daraus folgend ist eine derartige Regelung in gleicher Weise für tarifgebundene und nichttarifgebundene Arbeitnehmer verbindlich.

Die Alternative zur Öffnungsklausel ist die sogenannte Bestimmungsklausel.[726] Der Einsatz einer solchen Klausel bedeutet, daß einem Dritten gemäß § 317 Abs. 1 BGB die Konkretisierung tariflicher Normen überlassen wird.[727] Grundsätzlich könnte der Arbeitgeber allein zur Konkretisierung der Tarifnorm ermächtigt werden.[728] Aber selbst eine gemeinsame Einbindung der Betriebspart-

---

[721] Vgl. BAG AP Nr. 23 zu § 77 BetrVG 1972.

[722] *V. Hoyningen-Huene/Meier-Krenz*, ZfA 1988, 293, 302.

[723] *Walker*, ZTR 1997, 193, 196.

[724] *V. Hoyningen-Huene/Meier-Krenz*, ZfA 1988, 293, 307.

[725] Vgl. BAG AP Nr. 2 zu § 77 BetrVG 1972 Tarifvorbehalt und *Buchner*, DB 1985, 913, 916 f.

[726] Davon ausgehend *Hohenstatt*, Erhaltungsarbeiten, S. 166 mwN unter FN 76.

[727] BAG AP Nr. 23 zu § 77 BetrVG 1972 = NZA 87, 779, 781 unter II 3 a.

[728] *Kittner*, Festschr. Schaub, S. 389, 401.

ner hätte zur Folge, daß diese nur die im Tarifvertrag aufgestellten Rahmenbedingungen konkretisieren[729] und lediglich aufgrund einer derivativen Kompetenz tätig wären.

Bei der Frage, welche Konstruktion besser zur Umsetzung des angestrebten Ziels geeignet ist, ist auf verschiedene Aspekte abzustellen. Auf den ersten Blick ermöglicht die Verwendung einer Bestimmungsklausel eine bessere Kontrolle der Kompetenzübertragung durch die Koalitionen, was in Hinblick auf die Folgen, die durch Fehler, die bei der Organisation von Erhaltungsarbeiten entstehen können, durchaus sinnvoll sein kann. Gegen eine solche tarifvertragliche Regelung, die es den Betriebspartnern durchaus ermöglicht, eine Betriebsvereinbarung abzuschließen, könnten aber Legitimationsbedenken gegenüber den nichtorganisierten Arbeitnehmern, den sogenannten „Außenseitern“, bestehen.

Grundsätzliche Voraussetzung für die Befugnis, Tarifnormen zu setzen, ist die Legitimation der normsetzenden Parteien für ein solches Tun gegenüber den Normunterworfenen.[730] Diese Normsetzungsbefugnis erstreckt sich aber nur auf die Mitglieder der tarifvertragschließenden Parteien.[731] Indem das Tarifvertragsgesetz die Tarifgebundenheit auf die Mitglieder der Tarifparteien beschränkt, trägt es in seinem § 3 Abs.1 dem Grundsatz Rechnung, daß der Staat seine Normsetzungsbefugnis nicht in beliebigem Umfang außerstaatlichen Stellen überlassen und den Bürger nicht schrankenlos der normsetzenden Gewalt autonomer Gremien ausliefern darf, die dem Bürger gegenüber nicht demokratisch oder mitgliedschaftlich legitimiert sind. Die Koalitionen haben deshalb keinen weitergehenden Rechtssetzungsauftrag, der alle am Arbeitsleben beteiligten Personen ohne weiteres umgreift.[732] Damit ist eine tarifvertragliche Klausel zwecks Zulassung einer Betriebsvereinbarung zwar gegenüber dem verbandsgebundenen Arbeitgeber und dem gewerkschaftlich organisierten Teil der Belegschaft, nicht aber gegenüber den Außenseiterarbeitnehmern legitimiert.

Diese Problem kann jedoch vernachlässigt werden, wenn die tarifvertragliche Klausel bereits gar keine unmittelbaren Rechtswirkungen auf die Arbeitsver-

---

729 Vgl dazu BAG AP Nr. 1 (unter A II 1) und 2 (unter 1 b) zu § 4 TVG Bestimmungsrecht und *Kempen*, TVG, § 1 RdNr. 324.

730 MünchArbR/*Matthes*, § 251 RdNr. 1.

731 BVerfGE 44, 322, 347.

732 BVerfGE 44, 322, 348.

hältnisse der Außenseiterarbeitnehmer hat. Genau das ist aber bei einer Öffnungsklausel der Fall. Bei einer Charakterisierung der Zulassung von Betriebsvereinbarungen im Tarifvertrag als Öffnungsklausel werden die Außenseiter aufgrund der Wirkung einer Öffnungsklausel nicht der Normsetzungsbefugnis der Koalitionen unterworfen, die Betriebsvereinbarung ist auch für die Außenseiterarbeitnehmer verbindlich. Demgegenüber würden bei der Verwendung einer Bestimmungsklausel die nicht gewerkschaftlich organisierten Arbeitnehmer der Normsetzung der Koalitionen unterworfen, obwohl sie keine Tarifvertragspartei durch ihren Beitritt dazu legitimiert haben.

Dagegen wird eingewandt, daß es bei der Regelung von Erhaltungsarbeiten durch Betriebsvereinbarung mittels Öffnungsklausel im Tarifvertrag um die Erweiterung der Mitbestimmungsrechte des Betriebsrates gehe.[733] Es handele sich beim Abschluß der Betriebsvereinbarung nicht um die Wahrnehmung einer eigenen Funktion nach dem Betriebsverfassungsgesetz durch die Betriebspartner, nämlich um die Regelung einer sozialen Angelegenheit, sondern um die Einschaltung der Betriebspartner in die Arbeitskampfordnung.[734]

Dem ist zuzugeben, daß Grundlage für die Erhaltungsarbeiten nach wie vor der Streikaufruf der Gewerkschaft ist. Nur diese bestimmt darin, daß die Erhaltungsarbeiter von der Suspendierungswirkung des Streiks ausgenommen werden.[735] Dadurch geht es bei der Ausgestaltung der Durchführung der Erhaltungsarbeiten auch um Gegenstände der Arbeitskampfordnung. Wie oben[736] aber bereits erörtert, betreffen die Angelegenheiten, die nach dem Tarifvertrag einer Regelung durch die Betriebspartner offenstehen, den Inhalt der Arbeitsverhältnisse der betreffenden Arbeitnehmer und damit vorrangig soziale Angelegenheiten. Der Unterschied ist nur der, daß dies für den besonderen Fall des Arbeitskampfes geschieht. Aus diesem Grund hat das Gesetz den Koalitionen, um überhaupt einen Arbeitskampf führen zu können, gerade die Regelungskompetenz vorbehalten. Das ändert aber nichts daran, daß es hier um die Regelung von Gegenständen geht, die ursprünglich der Kompetenz der Betriebspartner unterfallen. Aufgrund einer solchen Betriebsvereinbarung wird dann aber auch die konkrete Maßnahme durch die Betriebsvereinbarung normiert, die

---

733 *Löwisch/Mikosch*, ZfA 1978, 153,175.
734 *Löwisch/Mikosch*, ZfA 1978, 153,175.
735 So auch *Hohenstatt*, Erhaltungsarbeiten, S. 165.
736 § 6 II. 1 b. und c.

Gewerkschaft liefert mit ihrem Streikaufruf nur den rechtlichen Rahmen. Damit handelt es sich aber nicht um eine Maßnahme der Gewerkschaft[737], so daß es hier um die betriebliche Mitbestimmung geht, die aufgrund der oben aufgezeigten Kompetenz des Betriebsrates durch eine Öffnungsklausel wie die im Tarifvertrag vorliegende auch nicht erweitert wird. Läßt daher ein Tarifvertrag den Abschluß von Betriebsvereinbarungen ausdrücklich zu und sollen die Betriebspartner damit die Möglichkeit zum Abschluß einer eigenen Betriebsvereinbarung erhalten, liegt mit der Zulassung einer Betriebsvereinbarung über die Erhaltungsarbeiten im Tarifvertrag eine Öffnungsklausel[738] und keine Bestimmungsklausel[739] vor.

bb) Wirksamkeit einer Öffnungsklausel

Weitere Voraussetzung für die Ermöglichung einer derartigen Betriebsvereinbarung ist die Wirksamkeit einer solchen Öffnungsklausel. Wegen der Verantwortung der Tarifvertragsparteien als primäre Rechtssetzungsinstanz müssen sie ihre grundgesetzliche Verantwortung für die Gesamtregelung dadurch wahrnehmen, daß sie Inhalt, Zweck und Ausmaß der betrieblichen Öffnungsklausel selbst regeln.[740] Lassen die Tarifvertragsparteien den Abschluß von Betriebsvereinbarungen über die Regelung von Erhaltungsarbeiten zu, sind diese damit als Regelungsgegenstand anzusehen. Bezüglich des Umfanges ermöglicht der Tarifvertrag die Festlegung einer Betriebsvereinbarung, durch die der Umfang der Erhaltungsarbeiten, die Anzahl der dafür benötigten Arbeiter, Auswahlkriterien und das Auswahlverfahren geregelt werden kann. Diese Angelegenheiten sollen nun den Betriebspartnern durch die entsprechende Klausel im Tarifvertrag zur Regelung überlassen werden, sie sollen demnach in diesem Umfang Regelungen treffen können. Hinsichtlich dieser Anforderungen wäre eine derartig gestaltete Öffnungsklausel wirksam.

Weiterhin muß eine Öffnungsklausel aber § 77 Abs. 3 Satz 2 BetrVG genügen, um zulässig zu sein. Diese Norm ordnet an, daß durch eine Öffnungsklausel in

---

737 So aber auch für diesen Fall *Hohenstatt*, Erhaltungsarbeiten, S. 165.

738 So BAG AP Nr. 23 zu § 77 BetrVG 1972 und LAG Niedersachsen, DB 1980, 2041; LAG Frankfurt/M. AP Nr. 40 zu Art. 9 GG Arbeitskampf = DB 1970, 933 sowie *Fitting*, BetrVG, § 77 Rdnr. 104; *Löwisch/Mikosch*, ZfA 1978, 153, 175; *Oetker*, Erhaltungsarbeiten, S. 84; *Wiese*, NZA 1984, 378, 382.

739 So *Hohenstatt*, Erhaltungsarbeiten, S. 166.

740 *Kempen*, TVG, Einl. RdNr. 94 mit Bezug auf Art. 80 I 2 GG.

einem Tarifvertrag die Sperrwirkung eines Tarifvertrages beziehungsweise eines sonst üblicherweise bestehenden Tarifvertrages aufgehoben wird.[741] Üblicherweise werden jedoch, wie oben[742] bereits gesagt, keine Tarifverträge über Regelungen von Erhaltungsarbeiten im Arbeitskampf abgeschlossen. Es geht hier deshalb nicht um die Aufhebung der Sperrwirkung des Tarifvertrages. Im Grunde soll mit einer Öffnungsklausel erreicht werden, daß die Betriebspartner anstelle der Koalitionen im Bereich der Gestaltung der Arbeitskampfordnung tätig werden. Die Tarifvertragsparteien entsperren also nicht einen Tarifvertrag, der vorrangig alles regelte, sondern bestimmen, daß die Betriebsparteien Kompetenz ausüben können, die sie eigentlich gar nicht ausüben dürfen. Seinem Wortlaut nach ist deshalb § 77 Abs. 3 Satz 2 BetrVG nicht einschlägig.

§ 77 Abs. 3 Satz 2 BetrVG könnte aber analog anwendbar sein. Voraussetzung für eine analoge Anwendung ist, daß eine planwidrige Regelungslücke besteht.Weiterhin müssen die direkte Anwendung des § 77 Abs. 3 Satz 2 BetrVG auf sperrende Tarifverträge und die hier vorliegende Kompetenzrücknahme vergleichbare Tatbestände und vergleichbare Interessenlagen darstellen,[743] so daß eine abweichende Behandlung des vorliegenden Falles gegen den Grundsatz der Gleichbehandlung verstoßen würde.[744]

Eine planwidrige Regelungslücke ist nicht vorhanden, wenn bereits § 4 Abs. 3 Fall 1 TVG einschlägig ist und hier den Abschluß der Betriebsvereinbarung unabhängig von § 77 Abs. 3 Satz 2 BetrVG ermöglicht. Für die Anwendung des § 4 Abs. 3 Fall 1 TVG spricht, daß er seinem Wortlaut nach die Gestattung abweichender Betriebsvereinbarungen mittels einer Öffnungsklausel in einem Tarifvertrag erlaubt. Insoweit könnte es gar nicht mehr erforderlich sein, eine Zulassung nach dem BetrVG begründen zu müssen. Zwar ermöglicht § 4 Abs. 3 Fall 1 TVG nach seinem Wortlaut jedwede abweichende Abmachung, die Betriebspartner können indes nur dann tätig werden, wenn sie dazu ausdrücklich ermächtigt werden. Dies ergibt sich daraus, daß § 77 Abs. 3 Satz 2 BetrVG als lex specialis Vorrang vor § 4 Abs. 3 TVG hat.[745] § 77 Abs. 3 BetrVG sperrt

---

741 *Fitting*, BetrVG, § 77 RdNr. 104; *Berg* in DKK - BetrVG, § 77 Rdnr. 68.

742 § 6 I 2. a.

743 Vgl. *Larenz*, Methodenlehre, S. 381 ff; *Pawlowski*, Methodenlehre, RdNr.208 ff.

744 Diese Feststellung als Voraussetzung für eine Analogie bei *Pawlowski*, Methodenlehre, RdNr. 214.

745 *Fitting*, BetrVG, § 77, Rdnr.86.

abweichende Betriebsvereinbarungen von vornherein. Die Öffnungsklausel hat hier den weiteren, von § 77 Abs. 3 BetrVG selbst genannten Zweck, Betriebsvereinbarungen überhaupt erst zu ermöglichen.[746] Die abweichende Vereinbarung muß also auch betriebsverfassungsrechtlich zulässig sein.[747] Eine solche Ermächtigung kann deshalb nur im Rahmen des BetrVG erfolgen.[748] § 4 Abs. 3 Fall 1 TVG stellt mithin keine derartige Regelung dar, so daß der Annahme einer Regelungslücke nichts entgegensteht.

Es müssen aber auch vergleichbare Tatbestände und vergleichbare Interessenlagen vorliegen. § 77 Abs. 3 Satz 2 BetrVG gewährt den Tarifparteien eine Normsetzungsprärogative gegenüber der Normsetzung der Betriebspartner nach dem BetrVG[749], also eine Vorrangkompetenz zugunsten der Koalitionen. Diese Einschränkung der Betriebsautonomie dient der Funktionssicherung der gewerkschaftlichen Betätigung und soll insbesondere deren Mitgliederstand wahren, d. h. ihre Attraktivität sichern.[750] Auf diese Sperrwirkung können die Tarifvertragsparteien jedoch verzichten, weil sie zum Beispiel (wie bei der Einführung flexibler Arbeitszeitregelungen durch Tarifvertrag) der Meinung sind, daß durch Betriebsvereinbarung betriebsnahe und effektivere Lösungen als mittels eines Tarifvertrages zu erreichen sind.

Vergleicht man nun diese Situation mit der bei der Regelung der Erhaltungsarbeiten im Streik, so ist festzustellen, daß es auch bezüglich der Erhaltungsarbeiten sinnvoller sein kann, eine betriebsnahe Lösung zu ermöglichen als überbetriebliche Vereinbarungen zu treffen. Gerade weil die Betriebspartner die Erfordernisse vor Ort besser kennen als die Gewerkschaften, wird eine gemeinsame Lösung dieser Partner den betrieblichen Erfordernissen wohl oft besser gerecht als eine Anordnung oder Vereinbarung der Gewerkschaft. Dann aber geht es auch hier darum, daß die Koalitionen auf ihre Kompetenzausübung zugunsten der Betriebspartner verzichten. Es wird zwar nicht die Sperrwirkung des Tarifvertrages aufgehoben, aber die bestehende Vorrangkompetenz bezüglich der Regelung der Erhaltungsarbeiten zurückgenommen. Damit liegt aber eine

---

746 *Löwisch/Rieble*, TVG, § 4, Rdnr. 127.

747 *Beuthien*, BB 1983, 1992, 1992.

748 *Bakopoulos*, Zuständigkeitsverteilung, S. 16 ("Die Konkurrenz zwischen Tarifvertrag und Betriebsvereinbarung wird durch die §§ 77 III und 87 I BetrVG geregelt.").

749 *Kreutz*, GK-BetrVG, § 77 RdNr. 65.

750 *Kreutz*, GK-BetrVG, § 77 RdNr. 66.

durchaus vergleichbare Interessenlage zwischen Aufhebung der Sperrwirkung des Tarifvertrages und bloßer Rücknahme der Kompetenzen vor. Dadurch ist der Weg frei für eine analoge Anwendung des § 77 Abs. 3 Satz 2 BetrVG für die Fälle, in denen weder üblicherweise noch wirklich ein Tarifvertrag besteht, aber trotzdem die Koalitionen ihre Vorrangkompetenz zugunsten der Betriebspartner zurücknehmen wollen. Damit steht aber der Vereinbarung einer solchen Öffnungsklausel nichts im Wege.[751]

Dadurch kann den Betriebspartnern durch die Zurücknahme der Kompetenz der Tarifvertragsparteien, wie oben dargestellt, wirksam Kompetenz verschafft werden. Es lebt demzufolge durch die Zulassung einer Betriebsvereinbarung über die Regelung der Erhaltungsarbeiten die originäre Kompetenz der Betriebspartner wieder auf, so daß diese Regelungskompetenz zum Abschluß der gewünschten Betriebsvereinbarung besitzen.

cc) Mögliche Arten von Öffnungsklauseln

Zur Umsetzung des Ziels, den Betriebspartnern den Abschluß von Betriebsvereinbarungen über Erhaltungsarbeiten zu ermöglichen, eignen sich mehrere Arten von Öffnungsklauseln. Grundsätzlich wird heute zwischen sogenannten eingeschränkten Öffnungsklauseln, Optionslösungen, Korridorlösungen und Menülösungen unterschieden.[752]

Bei einer eingeschränkten Öffnungsklausel lassen die Tarifvertragsparteien abweichende beziehungsweise ergänzende Betriebsvereinbarungen nur unter bestimmten Voraussetzungen zu. Sonderformen dieser Öffnungsklausel sind die sogenannten Optionslösungen, bei denen die im Tarifvertrag festgelegten Arbeitgeberverpflichtungen durch eine ergänzende oder abweichende Betriebsvereinbarung ganz oder teilweise durch andere Arbeitgeberleistungen ersetzt werden können.[753] Um eine Korridorlösung handelt es sich, wenn die Tarifvertragsparteien keine vollständige Regelung vereinbaren, sondern nur einen aus-

---

[751] Ebenso für die Eröffnung von Kompetenz mittels tariflicher Öffnungsklausel *Bauer/Haußmann*, DB 1996, 881, 883.

[752] Vgl. dazu *Walker*, ZTR 1997, 193, 196ff und *Gaumann/Schafft*, NZA 1998, 176, 185.

[753] *Gaumann/Schafft*, NZA 1998, 176, 185.

füllungsbedürftigen Rahmen, der auf betrieblicher Ebene auszufüllen ist.[754] Menülösungen sind Kombinationen aus Korridor- und Optionslösungen.[755]

Da es bei der Frage der Ermöglichung von Betriebsvereinbarungen zur Durchführung der Erhaltungsarbeiten nicht um Optionen, also die Ersetzung bestimmter Leistungen durch andere geht, kommt als Möglichkeit für die Tarifvertragsparteien entweder die Vereinbarung einer eingeschränkten Öffnungsklausel oder einer Korridorlösung in Betracht. Der Unterschied zwischen eingeschränkter Öffnungsklausel und Korridorlösung besteht darin, daß neben einer eingeschränkten Öffnungsklausel eine tarifliche Regelung weiter besteht, die im Fall fehlender Einigung der Betriebsparteien eingreift. Demgegenüber ist die Korridorlösung als solche unvollständig, so daß ohne eine Ausfüllung durch die Betriebspartner gar keine Regelung vorhanden ist.[756] Mit beiden Varianten kann aber eine Umsetzung des angestrebten Erfolgs, der Freigabe der Kompetenz der Betriebspartner, erfolgen.

c) Rechtsschutz bei der Zulassung des Abschlusses von Betriebsvereinbarungen durch tarifliche Öffnungsklauseln im konkreten Fall der Erhaltungsarbeiten

Gegen den Abschluß von Betriebsvereinbarungen aufgrund einer solchen Öffnung des Tarifvertrages zur Regelung von Erhaltungsarbeiten durch die Betriebspartner könnten sich jedoch Bedenken in Hinblick auf das oben entwickelte Rechtsschutzsystem bei fehlerhaft oder gar nicht durchgeführten Erhaltungsarbeiten ergeben. Problematisch ist nämlich die Verantwortlichkeit und darausfolgend die Haftung für den Fall, daß gar keine Betriebsvereinbarung abgeschlossen wurde beziehungsweise die Betriebsvereinbarung fehlerhaft ist und demzufolge zu Schäden führen kann oder führt.

Eine eindeutige Lösung gibt es nur für den Fall, daß eine eingeschränkte Öffnungsklausel vereinbart und daraufhin keine Betriebsvereinbarung durch die Betriebsparteien abgeschlossen wurde. Hier greift nach der Konstruktion der eingeschränkten Öffnungsklausel die trotzdem bestehende tarifliche Regelung ein.

---

754 *Walker*, ZTR 1997, 193, 197.
755 *Gaumann/Schafft*, NZA 1998, 176, 185.
756 *Walker*, ZTR 1997, 193, 198.

Für den Fall des Abschlusses einer fehlerhaften Betriebsvereinbarung sowohl bei eingeschränkter Öffnungsklausel als auch bei einer Öffnungsklausel als Korridorlösung wie für den Fall des Nichtabschlusses einer Betriebsvereinbarung bei einer Korridorlösung ist jedoch die Verantwortlichkeit nicht von vornherein eindeutig, womit im Extremfall die Zulassung von Betriebsvereinbarungen zu einem Unterlaufen des Rechtsschutzes führen könnte. Fraglich ist nämlich, wer in einem solchen Fall haftet.

Da der Betriebsrat keine eigene Rechtspersönlichkeit besitzt und demzufolge im allgemeinen Rechtsverkehr nicht rechtsfähig ist, haftet er nicht als Organ aus unerlaubter Handlung.[757]

Eine Haftung der Gewerkschaft setzt eigenes Handeln voraus. Im Fall des Abschlusses einer Betriebsvereinbarung aufgrund einer tariflichen Öffnungsklausel verzichtet die Gewerkschaft aber gerade auf die Ausübung der ihr vorrangig zustehenden Kompetenzen. Folge einer solchen Öffnungsklausel ist demnach, daß ein Übergang des Handlungsrechts ohne einen entsprechenden Übergang der Verantwortlichkeit stattfindet. Diese könnte wiederhergestellt werden, indem man der Gewerkschaft das Handeln des Betriebsrates entsprechend § 278 BGB zurechnet beziehungsweise sie entsprechend § 831 BGB für dieses Fehlverhalten haftet. Eine solche Einordnung würde bedeuten, den Betriebsrat als „Hilfsperson" der Gewerkschaft auch beim Abschluß einer Betriebsvereinbarung auftreten zu lassen. Diese Konstruktion entspricht damit aber überhaupt nicht der obigen Wertung, daß durch die Öffnungsklausel die Koalitionen den Gegenstand der Regelung durch Betriebsvereinbarung, also die Durchführung der Erhaltungsarbeiten im Arbeitskampf, gerade zur Regelung durch die Betriebspartner freigeben. Die Freigabe des Rechtes der Organisation der Erhaltungsarbeiten mittels Betriebsvereinbarung ist mit der Einordnung des Betriebsrates als „Hilfsperson" der Gewerkschaft nicht vereinbar. Die Gewerkschaft müßte für dessen Fehler einstehen, ohne daß sie das Heft des Handelns in der Hand hat. Dazu kommt, daß eine derartige Einordnung der Rolle des Betriebsrates beim Abschluß solcher Betriebsvereinbarungen einen Verstoß gegen § 74 II 1 BetrVG darstellen würde. Der Betriebsrat würde dann als „Vertreter" einer Arbeitskampfpartei tätig.

---

[757] *Fitting*, BetrVG, § 1 RdNr. 185ff.

Als Alternative könnte man an eine generelle Haftung der Gewerkschaft bei Abschluß einer fehlerhaften Betriebsvereinbarung durch die Betriebspartner denken. Dann aber würden die Betriebsparteien ohne Mitwirkung der Gewerkschaft eine Betriebsvereinbarung abschließen, die im Fall des Fehlers bei der Durchführung der Erhaltungsarbeiten zu einer Verpflichtung der Gewerkschaft führen würde. Gerade eine derartige Verpflichtung eines Dritten können Vertragsparteien aber nicht begründen. Anzuwenden sind die Gedanken, die hinter dem Verbot des Vertrages zu Lasten Dritter stehen. Die Handlungs- und Willensfreiheit des Dritten würde in einer nicht zu rechtfertigenden Weise gebunden und stünde in unüberbrückbarem Gegensatz zu den Grundsätzen der Privatautonomie und zur allgemeinen Handlungsfreiheit.[758] Die oben dargelegte Haftung der Gewerkschaft ist das Äquivalent für das Recht, Erhaltungsarbeiten organisieren zu dürfen. Mit Haftung ist also Verantwortlichkeit gemeint und zwar mit der Folge einer Schadenersatzpflicht. Das setzt voraus, daß jemand für ein bestimmtes eigenes Verhalten oder für das anderer Personen oder für bestimmte Gefahren in der Weise verantwortlich ist, daß er dem dadurch Geschädigten Ersatz zu leisten hat.[759] Fehlt die eigene Einflußnahme und damit die Ursache für Verantwortlichkeit, besteht auch kein Grund, der Gewerkschaft eine Verantwortlichkeit aufzuerlegen. Dies würde der Funktion der Haftung im Zivilrecht widersprechen. Als Ergebnis bleibt demzufolge allerdings, daß der Arbeitgeber bei einem Fehler in der Betriebsvereinbarung keinen Rechtsschutz gegen die Gewerkschaft hat.

Damit stellt sich die Frage, ob dies dazu führen soll, Betriebsvereinbarungen aufgrund tarifvertraglicher Öffnungsklauseln abzulehnen oder ob nicht Lösungen gerade auch auf der Grundlage der Gestaltung der Öffnungsklausel möglich sind. Um den Abschluß fehlerhafter Betriebsvereinbarungen durch die Betriebspartner generell zu vermeiden, bietet sich der Einbau entsprechender Kautelen in den Tarifvertrag an. Die Tarifvertragsparteien können dort ihre eigenen Bestimmungen über Abschluß und Inhalt der Betriebsvereinbarungen treffen.[760] Die Zulassung der Betriebsvereinbarung kann von der Erfüllung bestimmter tariflicher Vorgaben abhängig gemacht werden. Dazu kann die Unterrichtung der Tarifvertragsparteien innerhalb bestimmter Fristen über die Verhandlungen

---

758 Vgl. Staudinger-*Jagmann*, Vorbm. zu §§ 328ff Rdnr. 77.

759 Vgl. dazu *Larenz*, SchR AT, § 2 IV, S. 22.

760 GK-*Kreutz*, BetrVG, § 77 Rdnr. 134; *Fitting*, BetrVG, § 77 Rdnr. 107; *Richardi*, BetrVG, § 77 Rdnr. 284.

der Betriebsparteien gehören.[761] Die Tarifvertragsparteien können sich zudem ein Zustimmungs- oder Vetorecht vorbehalten oder ein einverständliches Votum der Betriebsparteien verlangen.[762] Mittels derartiger Auflagen und Einschränkungen kann sichergestellt werden, daß Fehler bei der Frage des Umfanges, der Auswahl der Erhaltungsarbeiter etc. in der Betriebsvereinbarung vermieden werden.

Selbst wenn trotz solcher Kontrollmechanismen eine Betriebsvereinbarung fehlerhaft ist, so daß die Gefahr einer Schädigung des bestreikten Arbeitgebers besteht, ist darauf abzustellen, aus welcher Sphäre dieser Fehler stammt. Haben die Betriebsparteien den Fehler verursacht, beruht dieser Fehler auf der autonom getroffenen Entscheidung der beiden Vertragsparteien. Der Arbeitgeber als eine Vertragsseite ist in diesem Fall genauso am Zustandekommen der fehlerhaften Betriebsvereinbarung beteiligt wie der Betriebsrat. Er kann die Betriebsvereinbarung mitgestalten. Enthält diese einen von ihm vor Abschluß erkennbaren Fehler, so muß er die Vereinbarung nicht abschließen. § 88 BetrVG spricht ausdrücklich von freiwilligen Betriebsvereinbarungen. Schließt der Arbeitgeber trotzdem die Betriebsvereinbarung ab, trägt er dafür auch die Verantwortung. Da die Haftung das Äquivalent für das Recht zur Organisation der Erhaltungsarbeiten ist, entfällt die Schutzfunktion der gewerkschaftlichen Haftung bei eigener Einflußnahme des Arbeitgebers. Dieser Gedanke ist dem Arbeitsrecht auch nicht fremd. Die Grundsätze zur Haftung des Arbeitnehmers gegenüber dem Arbeitgeber bei einer betrieblich veranlaßten Tätigkeit gehen ausdrücklich von diesem Verantwortungsmoment aus. Die Zurechnung der Mithaftung des Arbeitgebers nach § 254 BGB folgt aus der tatsächlichen Organisations- und Personalhoheit.[763] Anders ausgedrückt: aus der Eigenverantwortung des Arbeitgebers folgt die Verantwortung für wesentliche Schadensrisiken.

Eine Haftung der Gewerkschaft ist daher gar nicht notwendig. Selbst wenn sich jedoch ein Fehler in der Betriebsvereinbarung erst im Verlauf des Arbeitskampfes herausstellt, ist der Arbeitgeber nicht schutzlos, so daß es keiner Haftung der Gewerkschaft bedarf. In einem solchen Fall kann der Arbeitgeber immer noch selbst eingreifen, um mittels seiner Notkompetenz Schäden, die durch Unterlas-

---

761 *Wendeling-Schröder*, NZA 1998, 624, 626; vgl. auch *Fitting*, BetrVG, § 77 Rdnr. 107.

762 *Walker*, ZTR 1997, 193, 197.

763 BAG GS AP Nr. 101 zu § 611 BGB Haftung des Arbeitnehmers.

sen der Erhaltungsarbeiten entstehen oder entstanden sind, von seinem Unternehmen abzuwenden.

Beruht dagegen die fehlerhafte Betriebsvereinbarung auf einem Fehler aus dem Bereich der Kontrollmechanismen der Koalitionen, speziell der Gewerkschaft, haftet diese. Der betroffene Arbeitgeber hat aber auch hier wiederum die Möglichkeit, seine Notkompetenz auszuüben.

Zu klären bleibt noch die Konstellation, in der eine Korridorlösung als Öffnungsklausel vorliegt und keine Betriebsvereinbarung abgeschlossen wird. Da die Betriebspartner nicht verpflichtet sind, eine Betriebsvereinbarung abzuschließen, greift in einem solchen Fall die Verantwortung der Tarifvertragsparteien wieder ein.[764] Liegt eine Einigung der Tarifvertragsparteien nicht vor, bleibt es bei der Normalkompetenz der Gewerkschaft zur Organisation der Erhaltungsarbeiten, bei der im Fall fehlender Organisation der Arbeitgeber eine Notkompetenz hat.

Zusammenfassend ist festzuhalten, daß auch im Fall der Zulassung von Betriebsvereinbarungen zur Regelung von Erhaltungsarbeiten durch eine Öffnungsklausel eindeutige Gestaltungen der Verantwortlichkeit für Fehler oder fehlende Vereinbarungen existieren. Eine rechtsschutzlose Situation liegt nicht vor, so daß kein Grund besteht, Betriebsvereinbarungen zur Regelung der Durchführung von Erhaltungsarbeiten mittels einer Öffnungsklausel im Tarifvertrag zuzulassen.

3. Konkrete Mitbestimmungsrechte des Betriebsrates bei Maßnahmen des Arbeitgebers im Zusammenhang mit Erhaltungsarbeiten

Eine Beteiligung des Betriebsrates erschöpft sich nicht in der Mitwirkung an Vereinbarungen über die Auswahl der Erhaltungsarbeiter und dem Umfang, den diese Tätigkeiten annehmen sollen. Wenn die Erhaltungsarbeiten von der Gewerkschaft oder von dieser und dem Arbeitgeber zusammen ordnungsgemäß organisiert werden, kann es notwendig sein, die Arbeitnehmer, die Erhaltungsarbeiten leisten, zum Beispiel mit besonderen Ausweisen auszurüsten. Unter Umständen ist eine Veränderung der Arbeitszeit oder die Einrichtung einer

[764] So wohl auch *Gamillscheg*, Koll. ArbR.I, S. 1172.

Rufbereitschaft notwendig. Denkbar sind auch die Anordnung besonderer Verhaltensvorschriften oder eine Versetzung eines Arbeitnehmers an einen anderen Arbeitsplatz. Im Normalfall ist in solchen Fällen ein Mitbestimmungsrecht des Betriebsrates nach dem Betriebsverfassungsgesetz in Betracht zu ziehen. Wenn ein Betriebsrat auch im Fall eines Arbeitskampfes, speziell im Fall eines Streiks, innerhalb eines gewissen Rahmens diese Mitbestimmungsrechte ausüben kann, ist für die am Streik Beteiligten von Interesse, inwieweit der Betriebsrat für die genannten Maßnahmen ein Mitbestimmungsrecht hat.

a) Ausweise für Erhaltungsarbeiter

Ein Mitbestimmungsrecht des Betriebsrates bezüglich der Einführung von Werksausweisen ergibt sich aus § 87 Abs. 1 Nr. 1 BetrVG. Wie bereits gesagt, fallen unter § 87 Abs. 1 Nr. 1 BetrVG alle Maßnahmen, die die allgemeine Ordnung des Betriebes und/oder das Verhalten der Arbeitnehmer oder von Gruppen von Arbeitnehmern im Betrieb regeln. Da es also um Entscheidungen geht, die das Zusammenleben und Zusammenwirken der Arbeitnehmer im Betrieb gestalten, zählt dazu auch die Einführung, Ausgestaltung und Nutzung eines Werksausweises.[765]

Bei der Ausstellung von Ausweisen für Erhaltungsarbeiter geht es jedoch nicht um die Einführung eines Werksausweises[766], der allgemein zum Betreten des Betriebsgeländes berechtigen soll, sondern um einen Ausweis, der sicherstellen soll, daß die für Erhaltungsarbeiten eingeteilten Arbeitnehmer nicht durch Streikposten am Zutritt zum Betriebsgelände gehindert werden. Dabei handelt es sich gerade nicht um eine Maßnahme des Arbeitgebers, die sichern soll, daß kein Unbefugter den Betrieb betritt.[767] Vielmehr ruft die Gewerkschaft zum Streik auf und nimmt dabei nur die Arbeitnehmer, die Erhaltungsarbeiten leisten sollen, von der Suspendierung aus. Dann stellt sich aber für diese Arbeitnehmer nicht das Problem, den Betrieb selbst betreten zu dürfen (denn dies will der Arbeitgeber ja gerade, um seinen Betrieb zu erhalten), sondern an den Streikposten vorbeizukommen. Mit diesem Ausweis soll demnach nicht die Betriebszugehörigkeit, also das Recht auf Betriebszutritt gegenüber dem Arbeitgeber, sondern die Erhaltungstätigkeit, also das Recht auf Zutritt gegenüber den Streikposten

---

765 BAG AP Nr. 13 zu § 87 BetrVG 1972 Ordnung des Betriebes unter II. 3. und *Rüthers/Henssler*, Anm. zu obigem Urteil; *Fitting*, BetrVG, § 87 RdNr. 71.

766 So aber *Hohenstatt*, Erhaltungsarbeiten, S. 170 und *Wiese*, NZA 1984, 378, 382.

767 So aber in BAG AP Nr. 13 zu § 87 BetrVG 1972 Ordnung des Betriebes.

der Gewerkschaft, dokumentiert werden. Damit wird aber nicht die Ordnung des Betriebes, sondern eine Angelegenheit im Verhältnis von Erhaltungsarbeitern und Gewerkschaft geregelt, so daß der Betriebsrat in dieser Frage kein Mitbestimmungsrecht aus § 87 Abs. 1 Nr. 1 BetrVG hat.[768]

b) Einrichtung einer Rufbereitschaft

Sinnvoll für die Zeit eines Streiks kann hinsichtlich der Durchführung bestimmter Erhaltungstätigkeiten die Einrichtung einer Rufbereitschaft für die betreffenden Arbeitnehmer sein. Die Kompetenz des Betriebsrates zur Mitbestimmung in diesem Fall ergibt sich aus § 87 Abs. 1 Nr. 2 BetrVG, da es sich bei der Einführung einer Rufbereitschaft anstelle der sonst üblichen Anwesenheit der betreffenden Arbeitnehmer um eine Veränderung von Beginn und Ende der täglichen Arbeitszeit handelt.

Rufbereitschaft als solche bedeutet zunächst nur die Verpflichtung des Arbeitnehmers, sich an einem von ihm selbst gewählten, dem Arbeitgeber mitzuteilenden Ort aufzuhalten, um auf Abruf die Arbeit in der Regel unverzüglich aufzunehmen.[769] Die Rufbereitschaft ist zwar keine Arbeitszeit i. S. d. Arbeitszeitgesetzes.[770] Zweck des Mitbestimmungsrechtes des § 87 Abs. 1 Nr. 2 BetrVG ist aber, zu gewährleisten, daß die Interessen der Arbeitnehmer an der Lage der für sie verbindlichen Arbeitszeit zur Geltung gebracht werden können. Ausgehend von der Tatsache, daß durch Beginn und Ende der täglichen Arbeitszeit zugleich die Freizeit des Arbeitnehmers fixiert und damit festgelegt wird, welche Zeiten ihm für die Gestaltung seines Privatlebens zur Verfügung stehen,[771] ist es deshalb gerechtfertigt, auch Rufbereitschaftszeiten als mitbestimmungspflichtig im Sinn von § 87 Abs. 1 Nr. 2 BetrVG anzusehen.[772]

---

768 So auch Richardi, BetrVG, § 87, Rdnr.233. Dem entgegen *Hohenstatt*, Erhaltungsarbeiten, der grundsätzlich ein Mitbestimmungsrecht des Betriebsrates annimmt, dieses jedoch wegen des Zusammenhangs mit einer Kampfmaßnahme im Arbeitskampf ausschließt, siehe S. 171.

769 BAG AP Nr. 9 zu § 87 BetrVG 1972 Arbeitszeit = SAE 1983, 321, 322 und *Schaub*, ArbR, § 45 VI 3; *Wiese*, Anm. zu obigen BAG - Urteil in SAE 1983, 325, 328.

770 *Schaub*, ArbR, § 45 VI 3.

771 *Richardi*, BetrVG, § 87 RdNr. 339.

772 BAG AP Nr. 9 zu § 87 BetrVG Arbeitszeit = SAE 1983, 321 (324) und *Berg* in D/K/K - BetrVG, § 87 RdNr. 83; *Fitting*, BetrVG, § 87 RdNr. 126; *Galperin/Löwisch*, BetrVG II, § 87 RdNr. 88a.

Einzuwenden ist hier, daß diese Ergebnisse allein aus dem Zweck der gesetzlichen Regelung abgeleitet werden, mit dem Wortlaut, der ein Mitbestimmungsrecht nur hinsichtlich der Arbeitszeit vorsieht, aber nicht zu vereinbaren sind.[773] Der Gesetzgeber dürfte aber bei Einführung des Begriffes "Arbeitszeit" in das Betriebsverfassungsgesetz kaum an die besonders geartete Leistung des Arbeitnehmers bei Rufbereitschaft gedacht haben.[774] Gerade durch eine Rufbereitschaft ist der Arbeitnehmer in der Gestaltung seiner Freizeit durch Bindung seiner Dispositionsmöglichkeiten beschränkt.[775] Zudem werden durch die Regelung der Rufbereitschaft mittelbar auch Beginn und Ende der Zeit der eigentlichen Arbeit, die bei Abruf zu leisten ist, festgelegt.[776] Dies darf aber nicht allein dem Weisungsrecht des Arbeitgebers überlassen werden, sondern erfordert eine Beteiligung des Betriebsrates.[777]

Es darf sich bei der Frage der Mitbestimmung bei der Einführung der Rufbereitschaft aber auch nicht um eine Regelung einer Angelegenheit der Gewerkschaft handeln. Wie bereits[778] dargelegt, hat die Gewerkschaft durch ihren Streikaufruf nur die Befugnis, festzulegen, ob der Arbeitnehmer arbeitet oder nicht. Sie kann aber das Arbeitsverhältnis nicht inhaltlich ändern. Die konkrete Einteilung zu Erhaltungsarbeiten steht dem Arbeitgeber im Rahmen seines Direktionsrechtes zu. Dieser hat also die Befugnis, im Rahmen der von der Gewerkschaft vorgegebenen Auswahl das Wie der Erhaltungsarbeiten zu regeln. Diese Auswahl der Gewerkschaft erfolgt, wie oben dargelegt, anhand des Maßstabes, daß nur insoweit Erhaltungsarbeiten notwendig sind, als ohne sie wegen Zerstörung der Produktionsmittel nach Beendigung des Streiks die Arbeit nicht wieder aufgenommen werden könnte. Diesen Maßstab darf der Arbeitgeber durch eigene Vereinbarungen nicht verändern, damit das Organisationsmonopol der Gewerkschaft nicht leerläuft.

Durch die Festlegung, bei welchen der Erhaltungsarbeiten während des Arbeitskampfes anstelle der sonst üblichen Anwesenheit der betreffenden Arbeit-

---

773 *Hess/Schlochauer/Glaubitz*, BetrVG, § 87 RdNr. 167; *Wiese*, GK BetrVG, § 87 RdNr. 339.

774 *Wiese*, Anm. zu BAG SAE 1983, 325, 325, 328.

775 BAG SAE 1983, 321, 324 = AP Nr. 9 zu § 87 BetrVG Arbeitszeit und *Wiese*, Anm. zu BAG SAE 1983, 325, 328.

776 *Galperin/Löwisch*, BetrVG II, § 87 RdNr. 88a.

777 *Galperin/Löwisch*, BetrVG II, § 87 RdNr. 88a.

778 § 3 II. 2. b.

nehmer eine Rufbereitschaft ausreicht, erfolgt jedoch eine streikbezogene Veränderung der sonst üblichen Betriebsorganisation, auf die die Gewerkschaft ja ihre Auswahl bezieht. Für die Erhaltungsarbeiten werden nun weniger Arbeitnehmer benötigt. Damit erfolgt aber eine indirekte Beeinflussung des Maßstabes der Erforderlichkeit: Er wird nach unten verschoben. Die Frage ist nun, ob der Arbeitgeber dies darf oder ob er dadurch schon die Möglichkeit der Gewerkschaft, den Umfang der Erhaltungsarbeiten festzulegen, begrenzt und damit eine Angelegenheit der Gewerkschaft regelt. Auszugehen ist dabei von den Auswirkungen einer solchen Festlegung. Natürlich hat die Gewerkschaft ein Interesse daran, so wenig Erhaltungsarbeiter wie möglich von ihrem Streikaufruf auszunehmen. Bei der Festlegung einer Rufbereitschaft im Streikfall werden jedoch bei Vollarbeit an sich notwendige Arbeitnehmer eingespart. Diese werden also als Erhaltungsarbeiter nicht gebraucht und können demnach zum Streik aufgerufen werden. Ihnen muß aber, falls es sich um Gewerkschaftsmitglieder handelt, Streikgeld gezahlt werden, ohne daß der als Druckmittel erwünschte Streikschaden gegenüber Vollarbeit der Erhaltungsarbeiter erhöht wird. Die von ihnen bei Vollzeitarbeit zu verrichtende Erhaltungsarbeit wird ja von der Rufbereitschaft mit verrichtet. Außerdem muß der Arbeitgeber für diese Arbeitnehmer, die zum Streik aufgerufen werden, keinen Lohn etc. zahlen. Es erfolgt also eine Paritätsverschiebung zugunsten des Arbeitgebers.

Fraglich ist nun, ob diese Paritätsverschiebung auch legitim ist. Mit der Ausübung des Mitbestimmungsrechts seitens des Betriebsrates erhält der Arbeitgeber für den Fall des Streiks ein umfangreicheres Direktionsrecht. In der Vereinbarung wird aber nur die Möglichkeit der Einführung einer Rufbereitschaft festgelegt werden, also inwieweit eine Rufbereitschaft ausreicht. Dadurch wird aber nicht bestimmt, daß diese Rufbereitschaft im Streik zwingend einzuführen ist. Es geht dann nur um die inhaltliche Ausgestaltung des Arbeitsverhältnisses. Im Gegensatz dazu würde eine zwingende Einführung der Rufbereitschaft, also eine Festlegung, daß die Erhaltungsarbeiten nur als Rufbereitschaft geleistet werden können, bedeuten, daß die Gewerkschaft hinsichtlich der Festlegung des Umfanges durch den Arbeitgeber gebunden wird. Dann aber wäre eine solche Festlegung eine Anhangsregelung zur Regelung der Erhaltungsarbeiten und würde unmittelbar die Arbeitskampfordnung beeinflussen. Es würde eine Regelung von Gewerkschaftsbefugnissen bedeuten. Das ist nicht der Fall, wenn nur Festlegungen für den Fall der Bestimmung des Umfanges der Erhaltungsarbeiten durch die Gewerkschaft getroffen werden, also nur eine gegebenenfalls effizientere Variante der Durchführung von Erhaltungsarbeiten ermöglicht wird.

Die Gewerkschaft ist an diese aber nicht gebunden, sondern kann durchaus anders entscheiden. Sie hat dann zwar das Problem, daß sie wegen der möglichen Maßstabsveränderung das Risiko der Bestimmung des erforderlichen Umfanges trägt, das trägt sie aber immer. Dies will sie ja auch gerade, da bei einer Organisation durch den Arbeitgeber, wie oben[779] dargelegt, das Risiko einer Verwässerung oder Zerstörung des Streiks sehr viel größer ist. Mit der Ausübung seines Mitbestimmungsrechts nach § 87 Abs. 1 Nr. 2 BetrVG durch den Betriebsrat wird demzufolge keine Angelegenheit der Gewerkschaft geregelt.

Die Mitbestimmung des Betriebsrates könnte allerdings aus arbeitskampfbedingten Gründen ausgeschlossen sein. Hier ist indes zu berücksichtigen, daß es sich bei der Ermöglichung der Rufbereitschaft nicht um eine Maßnahme des Arbeitskampfes, sondern um eine solche handelt, die zur Durchführung des Arbeitskampfes notwendig ist beziehungsweise sogar nur der Förderung der Durchführung dient. Es stellt sich deshalb die Frage, ob auch solche Anhangsmaßnahmen wie das Einführen einer Rufbereitschaft mitbestimmungsfrei sein sollen. Dabei ist im Rahmen der Interessenabwägung hier die Zumutbarkeit eines Mitbestimmungsrechts des Betriebsrats für den Arbeitgeber miteinzubeziehen. Diese Zumutbarkeit ist dann nicht gegeben, wenn die Beteiligung des Betriebsrates geeignet ist, die Kampffähigkeit des Arbeitgebers zu beeinträchtigen.[780] Es sind also die Beteiligungsrechte des Betriebsrates arbeitskampfkonform auszulegen.[781] Jedenfalls für diejenigen Fälle, in denen eine Mitbestimmung des Betriebsrates zu einer Verzögerung oder Verhinderung von Abwehrmaßnahmen des Arbeitgebers führen würde, ist bereits eine Beeinträchtigung der Kampfparität anzunehmen.[782]

Dem ist nicht so, wenn zum Beispiel die Vereinbarung nicht während des Arbeitskampfes, sondern zeitlich davor abgeschlossen worden wird. Zwar ist der Inhalt der Vereinbarung dann trotzdem als Vorsorge für den Fall eines Arbeitskampfes gedacht. Der Unterschied zu einer Mitbestimmung in Form einer Betriebsvereinbarung im Arbeitskampf selbst besteht aber darin, daß in einem solchen Fall beide Betriebspartner völlig unabhängig von den Koalitionen eine

---

779 § 4 III. 1.

780 Vgl. *Richardi*, BetrVG, § 74 RdNr. 32.

781 BAG AP Nr. 57, 58, 63 zu Art. 9 GG Arbeitskampf und *Richardi*, BetrVG, § 74 Rdnr. 32f.

782 *Oetker*, Erhaltungsarbeiten, S. 90.

freie Willensentscheidung treffen. Die Gefahr einer Verhinderung oder zeitlichen Verzögerung von Arbeitgebermaßnahmen besteht also nicht. Selbst wenn es sich aber um eine Maßnahme direkt im Arbeitskampf handelt, so bringt die Rufbereitschaft nur eine Erleichterung für den Arbeitgeber, hindert diesen aber nicht an Abwehrmaßnahmen. Natürlich besteht die Gefahr der Gegnerabhängigkeit. Indes hindert die Einführung einer Rufbereitschaft den Arbeitgeber in keiner Weise daran, etwaige Verbandsbeschlüsse, wie etwa eine Aussperrung, umzusetzen. Ein Mitbestimmungsrecht des Betriebsrates hinsichtlich der Einführung einer Rufbereitschaft scheidet daher nicht arbeitskampfbedingt aus.

c) Änderung der Arbeitszeit, zeitliche Ausgestaltung von Schichtplänen

In einem ähnlichen Rahmen bewegt sich die Frage der Änderung des Beginns und Endes der Arbeitszeit eines Arbeitnehmers, der Erhaltungsarbeiten leistet. Besonders bei der zeitlichen Ausgestaltung von Schichtplänen[783] kann eine solche Änderung relevant werden. Auch hier ergibt sich wie bei der Frage der Rufbereitschaft aus § 87 Abs. 1 Nr. 2 BetrVG ein Mitbestimmungsrecht des Betriebsrates.[784]

Bezüglich der Frage eines Ausschlusses der Mitbestimmungsrechte des Betriebsrates aus arbeitskampfbedingten Gründen gilt das zur Rufbereitschaft Gesagte. Eine Beeinträchtigung des Arbeitgebers stellt die Ausübung des Mitbestimmungsrechts durch den Betriebsrat nicht dar. Auch hier wird im Gegenteil eine Erleichterung für den Arbeitgeber möglich, indem durch eine Änderung eine bessere Anpassung an die Streiksituation möglich ist, es handelt sich also nicht um eine konkrete Kampfmaßnahme gegen den Arbeitgeber.

d) Überstunden und Mehrarbeit

Die Kompetenz des Betriebsrates zur Mitbestimmung bei der Anordnung von Überstunden oder Mehrarbeit ergibt sich aus § 87 Abs. 1 Nr. 3 BetrVG. Es handelt sich dabei um den klassischen Fall der in dieser Norm genannten Verlängerung der betrieblichen Arbeitszeit.[785] Mehrarbeit liegt dann vor, wenn über die gesetzlich zulässige regelmäßige Arbeitszeit hinausgegangen wird.[786]

---

783 Vgl. das Beispiel bei *Fitting*, BetrVG, § 74, Rdnr. 23.

784 *Fitting*, BetrVG, § 87, Rdnr. 121 zur Änderung bei Schichtarbeit, § 87, Rdnr. 112.

785 *Fitting*, BetrVG, § 87, Rdnr. 137.

786 *Fitting*, BetrVG, § 87, Rdnr. 137.

Allerdings ist auch hier zu fragen, ob die Mitbestimmung des Betriebsrates aus arbeitskampfbedingten Gründen ausgeschlossen ist. Die Anordnung von Überstunden oder Mehrarbeit bei Erhaltungsarbeitnehmern entspringt originär der Maßnahme Erhaltungsarbeiten, die wegen des Arbeitskampfes notwendig ist. Trotzdem wird dadurch der Arbeitskampf nicht beeinflußt. Überstunden oder Mehrarbeit können nur innerhalb des von der Gewerkschaft oder von Gewerkschaft und Arbeitgeber zusammen festgelegten Umfanges angeordnet werden. Der Arbeitgeber darf auf keinen Fall darüber hinausgehen. Er kann deshalb mittels Überstunden beziehungsweise Mehrarbeit nur eine effizientere Aufteilung der ihm insgesamt zur Verfügung stehenden Arbeitszeit der einzelnen Arbeitnehmer erreichen. Dann aber wahrt das Mitbestimmungsrecht des Betriebsrates lediglich die Arbeitnehmerinteressen und ist mithin keine Kampfmaßnahme gegen den Arbeitgeber. Der Umfang der Arbeitszeit insgesamt wird durch die Ausübung des Mitbestimmungsrechts nicht beeinträchtigt, so daß der Arbeitgeber keine Einschnitte im ihm zur Verfügung stehenden Erhaltungsumfang hinnehmen muß. Es besteht deshalb ein Mitbestimmungsrecht des Betriebsrates.[787]

e) Versetzung auf andere Arbeitsplätze, personelle Ausgestaltung von Schichtplänen

Diese Wertung trifft auch auf eventuell notwendig werdende personelle Einzelmaßnahmen zu. Gerade bei der personellen Ausgestaltung von Schichtplänen, aber auch sonstigen Maßnahmen kann zur effizienten Gestaltung der Durchführung der Erhaltungsarbeiten eine Versetzung von Arbeitnehmern auf andere Arbeitsplätze notwendig werden. In einem solchen Fall hat der Betriebsrat ein Mitbestimmungsrecht nach § 99 BetrVG. Er ist vom Arbeitgeber über die personelle Maßnahme zu unterrichten und der Arbeitgeber hat vom Betriebsrat dessen Zustimmung einzuholen, wobei letzterer die Zustimmung bei Vorliegen der Gründe des § 99 Abs. 2 BetrVG verweigern kann.

Auch in diesem Fall besteht keine Gefahr, daß die Mitbestimmung des Betriebsrates eine Arbeitskampfmaßnahme gegen den Arbeitgeber darstellt. Die personelle Grenze ist durch die Auswahl der Erhaltungsarbeiter vorgegeben. Versetzungen dienen nur der konkreten Umsetzung. Dann aber greift wiederum der Schutzgedanke des Betriebsverfassungsgesetzes ein. Es handelt sich nicht um Kampfmaßnahmen des Betriebsrates gegen den Arbeitgeber, wenn dieser Unter-

---

[787] So auch *Wiese*, NZA 1984, 378, 383.

richtung über die personelle Maßnahmen verlangt und eventuell seine Zustimmung verweigert, da damit nicht die Erhaltungsarbeiten als solche torpediert werden. Nur in dem außergewöhnlichen Fall, daß von einer Versetzung, zu der die Zustimmung verweigert wird, die Durchführung von Erhaltungsarbeiten abhängt, ist die Verweigerung der Zustimmung als Arbeitskampfmaßnahme des Betriebsrates anzusehen. Dann besteht allerdings kein Mitbestimmungsrecht desselben.

§ 7 Zusammenfassung

Erhaltungsarbeiten sind Tätigkeiten, die sowohl eine Schädigung der Rechtsgüter des Arbeitgebers verhindern als auch die Weiterarbeit nach dem Ende des Streiks ermöglichen sollen. Durch ein Minimum an produktiver Tätigkeit soll ein Maximum an betrieblicher Substanz erhalten bleiben. **(§ 1)**

Die dogmatische Begründung dafür, daß das Erbringen dieser Arbeiten im Streik notwendig ist, kann nicht aus Gewohnheitsrecht gewonnen werden. Ebenfalls nicht geeignet ist das Heranziehen sowohl individualrechtlicher Pflichten aus dem Arbeitsverhältnis als auch einer Dauerrechtsbeziehung zwischen den Kampfparteien, um eine Grundlage für das Erbringen von Erhaltungsarbeiten zu erlangen. Bei der Anwendung kollektivrechtlicher Regeln des Arbeitskampfes ist indes nicht der Grundsatz der Kampfparität maßgebend bei dem Bemühen, eine derartige Grenze des Streiks zu begründen. Heranzuziehen ist vielmehr der Grundsatz der Verhältnismäßigkeit, auch Übermaßverbot genannt. Zu unterscheiden ist zwischen dem öffentlich-rechtlichen Verhältnismäßigkeitsprinzip und dem privatrechtlichen Übermaßverbot. Nur letzteres ist für das Verhältnis der streitenden Parteien fruchtbar zu machen. Da mit dem Übermaßverbot nur überprüft wird, ob angewendete Maßnahmen einer Exzeßkontrolle standhalten, ist es auch im Arbeitskampfrecht bei der Bewertung von Streiks anwendbar. Mit der genannten Exzeßkontrolle sollen Grenzen statuiert werden, die verhindern, daß die Gegenseite in ihren koalitionsrechtlichen Grundsätzen beeinträchtigt wird. Für die Erhaltungsarbeiten bedeutet dies, daß bei Unterlassung dieser Arbeiten die mit der Zerstörung der betrieblichen Substanz betriebene technische Existenzvernichtung die genannte Grenze darstellt. Das Übermaßverbot macht deshalb das Erbringen der Erhaltungsarbeiten im Streik notwendig.

Darausfolgend ist die Festlegung des Umfanges der Erhaltungsarbeiten möglich. Zur Sicherung der Sachsubstanz des Betriebes ist die Wahrung und der Schutz der Produktionsanlagen notwendig, wobei auch teilweise produktive Tätigkeiten zu leisten sind. Dazu gehören auch die sogenannten Annexarbeiten. Ebenfalls zu den Erhaltungsarbeiten ist der Werksschutz zu rechnen. Die Verarbeitung empfindlicher Rohstoffe gehört dagegen grundsätzlich nicht zum Mindestumfang von Erhaltungsarbeiten. Eine Ausnahme besteht nur dann, wenn die

Rohstoffverarbeitung die Substanz des Betriebes darstellt. Die Verarbeitung gelieferter Rohstoffe, die Auslieferung gefertigter Ware und die Entgegennahme von Lieferungen sind als Abwicklungsarbeiten nicht zu den Erhaltungsarbeiten zu rechnen. (§ 2)

Die Arbeitnehmer erbringen die Erhaltungsarbeiten aufgrund ihrer individualrechtlichen Hauptleistungspflicht. Die dem entgegenstehende Suspendierung der arbeitsvertraglichen Hauptleistungspflicht der Streikteilnehmer aufgrund des Streikaufrufes der Gewerkschaft wird beseitigt, indem die Gewerkschaft die benötigten Erhaltungsarbeiter aus ihrem Streikaufruf herausnimmt. (§ 3)

Die dafür notwendige Auswahl trifft die streikführende Gewerkschaft. Ihr kommt aufgrund des Einsatzes des Kampfmittels das Recht zu, innerhalb der genannten Grenzen dessen Reichweite zu bestimmen. Die als Ideallösung anzustrebende Einigung zwischen Arbeitgeber und Gewerkschaft ist als regelmäßige Grundlage für die Auswahlbefugnis nicht geeignet, da im Fall einer Nichteinigung keine Lösung erzwungen werden kann. Eine Auswahl durch den Arbeitgeber ist wegen der größeren möglichen Mißbrauchsgefahr abzulehnen. (§ 4)

Bei der Bewertung der rechtlichen Folgen des Unterlassens der Organisation der Erhaltungsarbeiten ist danach zu differenzieren, ob dies als Methode Teil des Kampfplanes oder aus anderen als kampftaktischen Gründen enstanden ist. Erstere Kampfweise ist stets als rechtswidrige Streikhanddlung zu charakterisieren. Bei letzterem Handeln hängt die Feststellung der Rechtswidrigkeit sowohl von der Schwere des Verstoßes der Gewerkschaft als auch von der Ausdehnung des Streiks ab. Der Arbeitgeber hat aber als Sanktion gegen ein teilweises beziehungsweise vollständiges Unterlassen der Gewerkschaft einen Unterlassungsanspruch aus § 1004 BGB, den er im Wege der einstweiligen Verfügung durchsetzen kann. Entstehen durch das Fehlverhalten der Gewerkschaft Schäden am Eigentum des Arbeitgebers, hat dieser zusätzlich einen Anspruch auf Schadenersatz aus § 823 I BGB. Die genannten Ansprüche kann auch der Arbeitgeberverband geltend machen. Gegen Erhaltungsarbeiter, die ihren arbeitsvertraglichen Pflichten nicht nachkommen, hat der Arbeitgeber einen Schadenersatzanspruch aus §§ 611, 325 BGB sowie ein Kündigungsrecht.

Zusätzlich wird dem Arbeitgeber bei vollständig fehlender Auswahl durch die Gewerkschaft ein Notauswahlrecht zugestanden. Bis der Arbeitgeber einstweiligen Rechtsschutz erlangen kann, geht das Recht zur Auswahl der Erhaltungsarbeiter auf ihn über, wobei der Arbeitgeber die Beschränkung des Streikaufrufes durch die Gewerkschaft fingiert. (§ 5)

Zwischen den Tarifvertragsparteien sind schuldrechtliche Vereinbarungen bezüglich der Regelung des Umfangs der Erhaltungsarbeiten und deren Organisation möglich. Die Kompetenz zum Abschluß derartiger Regelungen ergibt sich wie beim normativen Teil des Tarifvertrages aus der in Art. 9 III GG festgelegten Aufgabe der Wahrung und Förderung der Wirtschafts- und Arbeitsbedingungen, somit aus der Tarifautonomie. Allerdings dürfen die Tarifvertragsparteien den durch den Verhältnismäßigkeitsgrundsatz vorgegebenen Mindestumfang an Erhaltungsarbeiten nicht unterschreiten. Innerhalb dieses Rahmens können sie jedoch Vereinbarungen treffen. Eine solche tarifvertragliche Regelung über Erhaltungsarbeiten ist nicht nur als Flächen- sondern auch als Firmentarifvertrag zwischen Gewerkschaft und einem einzelnen Arbeitgeber abschließbar.

Wegen der oftmals bei Regelungen über Erhaltungsarbeiten nicht eingehaltenen Formvorschriften für Tarifverträge existieren neben Tarifverträgen im formellen Sinn auch Vereinbarungen über Erhaltungsarbeiten, die als „sonstige Kollektivverträge" einzuordnen sind. Auch bei Abschluß dieser Verträge üben die Tarifvertragsparteien ihre Regelungskompetenz aus. Die Abschlußvollmacht für örtliche Streikleitungen beziehungsweise gewerkschaftliche Untervertretungen ergibt sich aus schlüssiger Bevollmächtigung. Derartige Verträge können auch mündlich wirksam abgeschlossen werden, das Schriftformgebot des § 1 II TVG muß nicht eingehalten werden.

Nicht zulässig ist eine Kombination einer Notdienstvereinbarung mit einem Beschäftigungsverbot für streikwillige Arbeitnehmer.

Der Betriebsrat hat betreffend die Durchführung von Erhaltungsarbeiten kein Mitbestimmungsrecht aus § 87 Abs. 1 Nr. 1 BetrVG, da die Frage der Regelung der Erhaltungsarbeiten, insbesondere der Auswahl und des Einsatzes der Arbeitnehmer, die Erhaltungsarbeiten verrichten, nicht unter § 87 Abs. 1 Nr. 1 BetrVG zu fassen ist. Eine freiwillige Betriebsvereinbarung nach § 88 BetrVG scheitert an der Beschränkung der Mitbestimmungsrechte des Betriebsrates im Arbeitskampf, dessen Regelungszuständigkeit hinter der der Koalitionen zurückstehen muß. Allerdings kann der Betriebsrat die Kompetenz dafür zurückgewinnen, wenn eine entsprechende Zulassung im Tarifvertrag erfolgt. Die Normsetzungsbefugnis der Tarifvertragsparteien zur Schaffung einer solchen Klausel ergibt sich aus Art. 9 Abs. 3 GG und § 1 Abs. 1 TVG. Die Übertragung von Aufgaben an den Betriebsrat darf nicht soweit gehen, daß sich die Tarifvertragsparteien selbst entmachten. Derartige tarifvertragliche Normen sind als Öffnungsklauseln einzuordnen. Die Zulässigkeit richtet sich nach § 77 Abs. 3 Satz 2 BetrVG analog. Rechtsschutzprobleme, die gegen die Zulassung derartiger Öffnungsklauseln sprechen könnten, ergeben sich nicht. Zum einen kann durch den Einbau von Kautelen im Tarifvertrag den Tarifvertragsparteien eine entsprechende Kontrolle ermöglicht werden. Zum anderen greift auch hier die Notkompetenz des Arbeitgebers, so daß keine Rechtsschutzhürde besteht.

Im Zusammenhang mit Erhaltungsarbeiten hat der Betriebsrat kein Mitbestimmungsrecht bei der Einführung von Ausweisen für Erhaltungsarbeiter. Dagegen ist er bei der Einführung einer Rufbereitschaft, bei der Änderung der Arbeitszeit, der zeitlichen und personellen Ausgestaltung von Schichtplänen, der Anordnung von Überstunden und Mehrarbeit sowie der Versetzung auf andere Arbeitsplätze im Rahmen der Organisation der Erhaltungsarbeiten zu beteiligen. (§ 6)

Literaturverzeichnis*

Alternativkommentar	Siehe Kommentar zum Grundgesetz der Bundesrepublik Deutschland
Anderson, Nils	Die verbandsrechtliche Stellung des Gewerkschaftsmitglieds im Streik Frankfurt am Main 1989
Apfel, Georg	Die Sicherung und Erhaltung des Betriebes bei Arbeitskämpfen Frankfurt/M., Düsseldorf 1976
Arbeitskampfrichtlinien des DGB	AuR 1974, 272 zit.: Arbeitskampfrichtlinien (DGB)
Arbeitskampfrichtlinien des Gesamtverbandes der metallindustriellen Arbeitgeberverbände e.V. Köln (Gesamtmetall)	Köln 7. Aufl. 1989 zit.: Arbeitskampfrichtlinien (Gesamtmetall)
Baeck, Ulrich, Markus Deutsch	Arbeitszeitgesetz Kommentar München 1999
Bakopoulos, Konstantinos	Zuständigkeitsverteilung zwischen tarifvertraglicher und innerbetrieblicher Normsetzung Berlin 1991
v. Bar, Christian	Anmerkung zu BAG AP Nr. 111 zu Art. 9 GG Arbeitskampf, Urteil vom 8.11.1988, 1 AZR 417/86
Bassenge, Peter	Bearbeiter in Palandt, BGB-Kommentar

* In den Fußnoten verwendete Kurztitel sind im Literaturverzeichnis, soweit nicht anders angegeben, durch Unterstreichungen markiert.

Bauer, Jobst-Hubertus, Katrin Haußmann	Der Notdienst im Arbeitskampf DB 1996, 881
Behrens, Peter	Die ökonomischen Grundlagen des Rechts Tübingen 1986
Berg, Peter	Bearbeiter von Däubler/Kittner/Klebe/Schneider, Kom. zum BetrVG
Bertele, Franz	Rechtsnatur und Rechtsfolgen der Aussperrung Heidelberg 1960
Bestmann, Uwe	Kompendium der Betriebswirtschaftslehre München Wien 6. Auflage 1992
Beuthien, Volker	Tariföffnungsklausel zwecks Arbeitsplatzsicherung BB 1983, 1992
Bieback, Karl-Jürgen, Udo Mayer	Mitbestimmung des Betriebsrates während des Arbeitskampfes AuR 1982, 169 zugleich in Arbeitskampfrecht, Kritik und Perspektiven zur neueren Rechtsprechung Köln 1983
Binkert, Gerhard	Gewerkschaftliche Boykottmaßnahmen im System des Arbeitskampfrechts Berlin 1980
Birk, Rolf	Innerbetriebliche Absprachen - Typen und Rechtswirkungen ZfA 1986, 73
Birk, Rolf, Horst Konzen, Manfred Löwisch, Thomas Raiser, Hugo Seiter	Gesetz zur Regelung kollektiver Arbeitskonflikte - Entwurf und Begründung - Tübingen 1988

Blomeyer, Wolfgang
Bearbeiter im Münchener Handbuch zum Arbeitsrecht

Brehm, Wolfgang
Bearbeiter in Stein/Jonas, ZPO-Kommentar

Breitenstein, Jürgen
Die Befugnis zur Organisation der Erhaltungsarbeiten im Arbeitskampf
Frankfurt/M. 1987

Brill, Werner
Betriebsrat und Arbeitskampf
DB 1979, 403

Brox, Hans, Wolf-Dietrich Walker
Zwangsvollstreckungsrecht
Köln Berlin Bonn München
5. Aufl. 1996
zit.: Brox/Walker, Zwangsvollstreckungsrecht, Rdnr.

Brox, Hans, Bernd Rüthers, Wilfried Schlüter, Friedrich Jülicher
Arbeitskampfrecht
Stuttgart Berlin Köln Mainz
2. Aufl. 1982
zit.: Brox/Rüthers-Bearbeiter, Arbeitskampfrecht, Rdnr.

Brox, Hans
Bearbeiter in Brox/Rüthers, Arbeitkampfrecht

Brox, Hans
Die Folgen des Streiks für die kämpfenden Verbände
JA 1981, 74

Buchner, Herbert
Anm. zu BAG Urteil vom 26.10.1971, 1 AZR 113/68
SAE 1973, 42

Buchner, Herbert
Übermaßverbot als Grenze tarifbezogener Arbeitskämpfe
in: Manfred Lieb, Dietrich v. Stebut und Wolfgang Zöllner „Arbeitskampfrecht“ -Symposium Hugo Seiter zum Gedenken-
Berlin 1990
zit.: Buchner in Lieb, u.a., Arbeitskampfrecht

Buchner, Herbert	Rechtswirksamkeit der tarifvertraglichen Regelung über die Flexibilisierung der Arbeitszeit in der Metallindustrie DB 1985, 913
Büchner, Michael	Die Streikarbeit in der Arbeitskampfordnung Frankfurt/M.1987
Buschmann, Rudolf	Notdienstmaßnahmen im Arbeitskampf AuR 1980, 230
Buschmann, Rudolf	Anm. zu BAG Urteil vom 30.3.1982, 1 AZR 265/80 AuR 1983, 254
Buschmann, Rudolf	Anm. zu BAG EzA Art. 9 GG Arbeitskampf Nr. 46, Urteil vom 30.3.1982, 1 AzR 265/80
Canaris, Claus-Wilhelm	Ansprüche wegen „positiver Vertragsverletung“ und „Schutzwirkung für Dritte“ bei nichtigen Verträgen JZ 1965, 475
Coester, Michael	Vorrangprinzip des Tarifvertrages Heidelberg 1974
Colneric, Ninon	Bearbeiterin in Däubler, Wolfgang; Arbeitskampfrecht
Cramer, Wiegand (Hrsg.), Dieter Jung, Thomas Klebe	Hardware, Software, Gegenwehr Köln 1994
Czerweny von Arland, Katharina	Die Arbeitskampfmittel der Gewerkschaften und der Verhältnismäßigkeitsgrundsatz Frankfurt 1993
Däubler, Wolfgang	Aktuelle Grenzen des Streikrechts AuR 1997, 13
Däubler, Wolfgang (Hrsg.)	Tarifvertragsrecht Baden-Baden

3. Auflage 1993
zit.: Däubler, TV-Recht, RdNr.

Däubler, Wolfgang (Hrsg.) — Arbeitskampfrecht
Baden-Baden
2. Aufl. 1987
zit.: Däubler-Bearbeiter, Arbeitskampfrecht, RdNr.

Däubler, Wolfgang — Der Notdienst im Arbeitskampfrecht
AuR 1981, 257

Däubler, Wolfgang, Michael Kittner, Thomas Klebe, Wolfgang Schneider — Betriebsverfassungsgesetz
Kommentar für die Praxis
Frankfurt / Main
6. Auflage 1998
zit.: Bearbeiter in D/K/K - BetrVG, § RdNr.

Dietz, Helmut W. — Friedenspflicht und Mitbestimmung des Betriebsrates in Arbeitskämpfen
Gießen 1989
zit.: H. Dietz, Friedenspflicht

Dietz, Rolf — Grundfragen des Streikrechts
JuS 1968, 1

Dietz/Richardi — Siehe unter Richardi, Reinhard, Rolf Dietz, BetrVG - Kommentar

D/K/K - BetrVG — Siehe unter Däubler, Kittner, Klebe, Schneider, BetrVG-Kommentar

Eich, Rolf-Achim — Mitbestimmungsrechte des Betriebsrates bei arbeitskampfbedingten Maßnahmen des Arbeitgebers
Beilage Nr. 9 zu DB 1979

Enneccerus, Ludwig — Allgemeiner Teil des Bürgerlichen Rechts
15. Aufl. 1959 von Hans Carl Nipperdey
1. Halbband
zit.: Enneccerus-Nipperdey, BGB AT I, §

Erman | Handkommentar zum Bürgerlichen Gesetzbuch in 2 Bänden
bis zur 4. Auflage herausgegeben. von Walter Erman
herausgegeben von Harm Peter Westermann
1. Band
Münster 9. Auflage 1993

Fabricius, Fritz | Einwirkungen von Streik und Aussperrungen auf den Arbeitsvertrag
RdA 1962, 94

Fenn, Herbert | Zur Problematik der Erhaltungsarbeiten im Arbeitskampf
DB 1982, 430

Fenn, Herbert | Anm. zu LAG Frankfurt Urteil vom 22.4.1969, 5 Sa 627/68
SAE 1970, 189

Fischer, Christian
Bernd Rüthers | Anm. zu EzA Art. 9 GG Arbeitskampf Nr. 115, Urteil vom 22.03.1994, 1 AZR 622/93

Fitting | Betriebsverfassungsgesetz
Handkommentar, hrsg. von Karl Fitting
München 17. Aufl. 1992
bearbeitet von Fritz Auffarth, Friedrich Heither, Heinrich Kaiser und Gerd Engels
zit.: Fitting, BetrVG, § Rdnr. (17.A.)

Fitting | Betriebsverfassungsgesetz
Handkommentar, hrsg. von Karl Fitting
bearbeitet von Friedrich Heither,
Heinrich Kaiser und Gerd Engels
München 19. Aufl. 1998
zit.: Fitting, BetrVG, § RdNr.

Flume, Werner | Allgemeiner Teil des Bürgerlichen Rechts
Band 2 - Das Rechtsgeschäft -
Berlin 4. Aufl. 1992
zit.: Flume, Rechtsgeschäft, Bd.2, § S.

Galperin, Hans, Manfred Löwisch	Kommentar zum Betriebsverfassungsgesetz Band II Heidelberg 6. Aufl. 1982 zit.: Galperin/Löwisch, BetrVG II, § RdNr.
Gamillscheg, Franz	Kollektives Arbeitsrecht Ein Lehrbuch Band I München 1997 zit.: Gamillscheg, Koll. ArbR.
Gaumann, Ralf, Schafft, Marcus	Tarifvertragliche Öffnungsklauseln - ein sinnvolles Flexibilisierungsinstrument NZA 1998, 176
Gemeinschaftskommentar zum Betriebsverfassungsgesetz von Fritz Fabricius, Alfons Kraft, Günther Wiese, Peter Kreutz, Hartmut Oetker	Band II, §§ 74-132 mitbegr. von Wolfgang Thiele Neuwied 6. Aufl. 1998 zit.: Bearbeiter, GK-BetrVG, § RdNr.
Germelmann, Claas-Hinrich, Hans Christoph Matthes, Hanns Prütting	Arbeitsgerichtsgesetz München 2. Aufl. 1995 zit.: Germelmann/Matthes/Prütting, ArbGG, § RdNr.
Gift, Emil, Hansjörg Baur	Das Urteilsverfahren vor den Gerichten für Arbeitssachen München 1993
GK - BetrVG	Siehe unter Gemeinschaftskommentar - BetrVG
GKSB - BetrVG	Siehe unter Gnade, Kehrmann, Schneider, Klebe, BetrVG - Basiskommentar
Gnade, Albert, Karl Kehrmann, Wolfgang Schneider, Hermann Blanke, Thomas Klebe	BetrVG-Basiskommentar Köln 7. Aufl. 1997 zit.: GKSB-BetrVG, § RdNr.

Gottwald, Peter	Bearbeiter im Münchener Kommentar zum BGB
Grote, Hermann	Der Streik - Taktik und Strategie - Köln 1952
Grunsky, Wolfgang	Arbeitsgerichtsgesetz München 7. Aufl. 1995 zit.: Grunsky, ArbGG, § RdNr.
Grunsky, Wolfgang	Bearbeiter in Stein/Jonas, ZPO-Kommentar
Gursky, Karl-Heinz	Bearbeiter in Staudinger, BGB-Kommentar
Gutenberg, Erich	Grundlagen der Betriebswirtschaftslehre Berlin Heidelberg New York 24. Auflage 1983
Hagemeier, Christian, Otto Ernst Kampen, Ulrich Zachert, Jan Zillius	Tarifvertragsgesetz: Kommentar für die Praxis Köln 2. Aufl. 1990 zit.: Hagemeier, TVG, § RdNr. (2.A.)
Hässler, Kay	Beteiligungsrechte des Betriebsrates Ammersbek bei Hamburg 1992
Heckelmann, Dieter	Erhaltungsarbeiten im Arbeitskampf Berlin New York 1984
Heckelmann, Dieter	Die einstweilige Verfügung im Arbeitskampf AuR 1970, 166
Heinrichs, Helmut	Bearbeiter in Palandt, BGB-Kommentar
Heinze, Manfred	Regelungsabrede, Betriebsvereinbarung und Spruch der Einigungsstelle NZA 1994, 580
Heinze, Manfred	Mitbestimmung des Betriebsrates und Arbeitskampf

	Beilage Nr. 23 in DB 1982
Henniges, Rolf-Hermann	Einstweiliger Rechtsschutz gegen gewerkschaftliche Streiks Luchterhand 1987
Hergenröder, Curt Wolfgang	Anm. zu BAG Beschluß vom 30.08.1994, 1 ABR 10/94, SAE 1996, 326
Hernekamp, Karl	Arbeitskampf Berlin New York 1975
Herschel, Wilhelm	Anm. zu LAG Niedersachsen EzA Art. 9 GG Arbeitskampf Nr. 40, Urteil vom 01.02.1980, 10 Sa 110/79
Herschel, Wilhelm	Anm- zu LAG Frankfurt Urteil vom 22.04.1969 5 Sa 627/68), AuR 1970, 352
Hess, Harald, Ursula Schlochauer, Werner Glaubitz	Kommentar zum Betriebsverfassungsgesetz Neuwied, Kriftel, Berlin 5. Aufl. 1997 zit.: Hess/Schlochauer/Glaubitz, BetrVG, § RdNr.
Hiersemann, Walter	Die Stellung des Betriebsrates im Arbeitskampf BB 1966, 252
Hindrichs, Wolfgang, Claus Mäulen, Günter Scharf	Neue Technologien und Arbeitskampf Opladen 1990
Hirschberg, Lothar	Erhaltungsarbeiten im Arbeitskampf RdA 1986, 355
Hirschberg, Lothar	Der Grundsatz der Verhältnismäßigkeit Göttingen 1981
Hoeninger, Heinrich	Einige Gedanken zum Recht des Arbeitskampfes RdA 1953, 204

Hohenstatt, Klaus-Stefan	Erhaltungsarbeiten im Arbeitskampf Frankfurt/M. 1993.
v. Hoyningen-Huene, Gerrick	Die Rolle der Verbände bei Firmenarbeitskämpfen ZfA 1980, 453
v. Hoyningen-Huene, Gerrick, Ulrich Meier-Krenz	Flexibilisierung des Arbeitsrechts durch Verlagerung tariflicher Regelungskompetenzen auf den Betrieb ZfA 1988, 293
Hromadka, Wolfgang	Anm. zu BAG Urteil vom 30.03.1982, 1 AZR 265/80 SAE 1983, 59
Hueck, Alfred, Hans Carl Nipperdey	Lehrbuch des Arbeitsrechts 1. Band Berlin Frankfurt/M. 7. Aufl. 1963 zit.: Hueck/Nipperdey, ArbR I
Hueck, Alfred, Hans Carl Nipperdey	Lehrbuch des Arbeitsrechts Band 2 Berlin Frankfurt/M. 6. Aufl. 1957 zit.: Hueck/Nipperdey, ArbR II (6.A.)
Hueck, Alfred, Hans Carl Nipperdey	2. Band / 2. Halbband unter Mitarbeit von Franz Jürgen Säcker Berlin Frankfurt/M. 7. Aufl. 1970 zit.: Hueck/Nipperdey-Säcker, ArbR II/2
Jagmann, Rainer	Bearbeiter in Staudinger, BGB-Kommentar
Jahnke, Volker	Betriebsrisiko und Mitbestimmung des Betriebsrates ZfA 1984, 69
Käppler, Renate	Voraussetzungen und Grenzen tarifdispositiven Richterrechts Berlin 1977

Kempen, Otto Ernst, Ulrich Zachert	Tarifvertragsgesetz Kommentar für die Praxis begr. von Christian Hagemeier, Otto Ernst Kempen, Ulrich Zachert, Jan Zilius Köln 3. Aufl. 1997 Fortführung von Hagemeier, TVG (siehe auch dort) zit.: Kempen, TVG, § RdNr.
Kittner, Michael	Öffnung des Flächentarifvertrages in: Festschrift für Günter Schaub Tarifautonomie für ein neues Jahrhundert hrsg. von Monika Schlachter, Reiner Ascheid und Hans-Wolf Dietrich München 1998 zit.: Kittner, Festschr. Schaub
Kittner, Michael	Aktuelle Fragen des Arbeitskampfrechts AuR 1981, 289
Kittner, Michael	Bearbeiter im Alternativkommentar zum GG der Bundesrepublik Deutschland
Kommentar zum Grundgesetz der Bundesrepublik Deutschland Reihe Alternativkommentare Gesamtherausgeber: Rudolf Wassermann	Band 1 Art. 1-37 Neuwied 2. Aufl. 1989 zit.: Bearbeiter in Alternativkommentar-GG, Art. RdNr.
Konzen, Horst	Anm. zu BAG AP Nr. 137, 138 und 139 zu Art. 9 GG Arbeitskampf, Urteile vom 11.7.1995, 1 AZR 1016/94, 1 AZR 63/95, 1 AZR 161/95
Konzen, Horst	Grundlagen und Grenzen des vorbeugenden Tarifschutzes unter Tarifvertragsparteien in „Arbeitsrecht in der Bewährung“ Festschrift für Otto Rudolf Kissel hrsg. von Meinhard Heinze und Alfred Söllner

	München 1994 zit.: Konzen, Festschr. Kissel
Konzen, Horst	Anm. zu BVerfG, Beschluß vom 26.06.1991 1 BvR 779/85, SAE 1991, 335
Konzen, Horst	Tarifvertragliche Kampfklauseln ZfA 1980, 77
Konzen, Horst	Der Arbeitskampf im Verfassungs- und Privatrechtssystem AcP 177 (1977), 473
Kraft, Alfons	Die Mitbestimmungs- und Mitwirkungsrechte des Betriebsrates während des Arbeitskampfes in „Arbeitsleben und Rechtspflege" Festschrift für Gerhard Müller hrsg. von Theo Mayer-Maly, Reinhard Richardi, Herbert Schambeck, Wolfgang Zöllner Berlin 1981 zit.: Kraft, Festschr. Müller
Kraft, Alfons	Probleme im Spannungsfeld zwischen Betriebsverfassungsrecht und Koalitionsfreiheit ZfA 1973, 243
Kramer, Ernst A.	Bearbeiter im Münchener Kommentar zum BGB
Krauß, Ernst-Friedrich	Bearbeiter in Löwisch, Schlichtungs- und Arbeitskampfrecht
Kreutz, Peter	Bearbeiter im GK - BetrVG
Kreuz, Harald	Der Grundsatz der Verhältnismäßigkeit im Arbeitskampfrecht Berlin 1980
Künster; Marion	Die culpa in contrahendo in vortariflichen Rechtsbeziehungen

	Mainz 1994 zit.: Künster, cic
Larenz, Karl	Methodenlehre der Rechtswissenschaft Heidelberg 6. Aufl. 1991
Larenz, Karl	Allgemeiner Teil des deutschen bürgerlichen Rechts München 7. Aufl. 1989 zit.: Larenz, BGB AT, § S.
Larenz, Karl	Lehrbuch des Schuldrechts Erster Band Allgemeiner Teil München 14. Aufl. 1987 zit.: Larenz, SchuldR AT, § S.
Lauschke, Gerhard	Die Notarbeiten im Arbeitskampf als kollektivrechtliche Maßnahme DB 1970, 1175
Lauschke, Gerhard	Die Notarbeiten im Arbeitskampf Dissertation Köln 1967
Leinemann, Wolfgang	Erhaltungsarbeiten nach Beginn eines Arbeitskampfes und Arbeitsverhältnis DB 1971, 2309
Leinemann, Wolfgang	Bearbeiter im Münchener Handbuch zum Arbeitsrecht
Lieb, Manfred	Anm. zu BAG Urteile vom 14.12.1993, 1 AZR 550/93 und 22.3.1994 1 AZR 622/93 SAE 1995, 257
Lieb, Manfred	Kritische Gedanken zum tarifdispositiven Richterrecht RdA 1972, 129
Lindacher, Walter F.	Unterlassungs- und Beseitigungsanspruch GRUR 1985, 423

Löwisch, Manfred	Vertretung ohne Vertretungsmacht beim Abschluß eines Tarifvertrags BB 1997, 2161
Löwisch, Manfred	Suspendierende Stillegung als Arbeitskampfmaßnahme? in Festschrift für Wolfgang Gitter hrsg. von Manfred Heinze und Jochem Schmitt Wiesbaden 1995 zit.: Löwisch, Festschr. Gitter
Löwisch, Manfred, Volker Rieble	Tarifvertragsgesetz-Kommentar München 1992 zit.: Löwisch/Rieble, TVG, § RdNr.
Löwisch, Manfred (Hrsg.)	Schlichtungs- und Arbeitskampfrecht Schriften zur AR-Blattei, Band 17 von Manfred Löwisch, Ernst-Friedrich Krauß, Claudia Bittner, Volker Rieble, Marie-Theres Rumler Wiesbaden 1989 zit.: Löwisch/Bearbeiter, Arbeitskampfrecht, Rdnr.
Löwisch, Manfred	Die Wahrung der Arbeitgebersolidarität bei eng geführten Teilstreiks BB 1987, 1030
Löwisch, Manfred, Ernst Mikosch	Erhaltungsarbeiten im Arbeitskampf ZfA 1978, 153
Löwisch, Manfred	Möglichkeiten und Grenzen der Betriebsvereinbarung AuR 1978, 97
Löwisch, Manfred (Hrsg.)	Arbeitskampf und Vertragserfüllung AcP 174 /1974), 202
Löwisch, Manfred	Das Übermaßverbot im Arbeitskampfrecht

ZfA 1971, 319

Löwisch, Manfred — Bearbeiter im Münchener Handbuch zum Arbeitsrecht

Luckscheiter, Uwe — Der einstweilige Rechtsschutz gegen Streiks
Konstanz 1989

Mangen, Günter — Die Form des Tarifvertrages gemäß § 1 Abs.2 TVG
RdA 1982, 229

Matthes, Hans-Christoph — Bearbeiter im Münchener Handbuch zum Arbeitsrecht

Medicus, Dieter — Allgemeiner Teil des BGB
Heidelberg 6. Aufl. 1994
zit.: Medicus, BGB AT, § RdNr.

Meier-Krenz, Ulrich — Die Erweiterung von Beteiligungsrechten des Betriebsrates durch Tarifverträge
Frankfurt/M. 1988

Müller, Gerhard — Der Einsatz von Beamten auf Arbeitnehmerplätzen bei einem legitimen Teilstreik im öffentlichen Dienst
RdA 1982, 86

Münchener Handbuch zum Arbeitsrecht
hrsg. von Reinhard Richardi und Otfried Wlotzke — Band 3
Kollektives Arbeitsrecht
München 1993
zit.: MünchArbR-Bearbeiter, § RdNr.

Münchener Kommentar zum Bürgerlichen Gesetzbuch
hrsg. von Kurt Rebmann und Franz Jürgen Säcker — Band 2
Schuldrecht Allgemeiner Teil
(§§ 241-432)
München 3. Aufl. 1994
zit.: MünchKom-Bearbeiter, § RdNr.

Nicolai, Andrea — Verweigerung von Streikarbeit
Baden-Baden 1993

Oetker, Hartmut	Anm. zu BAG AP Nr. 130 Art. 9 GG Arbeitskampf, Urteil vom 22.3.1994, 1 AZR 622/93
Oetker, Hartmut	Die Durchführung von Not-und Erhaltungsarbeiten bei Arbeitskämpfen Heidelberg 1984
Otto, Hansjörg	Zur Abwehr rechtswidriger Arbeitskampfmaßnahmen durch die Verbände und zu den Grundlagen der Abwehraussperrung SAE, 1991, 45
Otto, Hansjörg	Bearbeiter im Müchener Handbuch zum Arbeitsrecht
Palandt	Bürgerliches Gesetzbuch Kurzkommentar München 58. Auflage 1999 zit.: Palandt-Bearbeiter, § RdNr.
Pawlowski, Hans-Martin	Methodenlehre für Juristen Heidelberg 2. Aufl. 1991
Picker, Eduard	Der Warnstreik und die Funktion des Arbeitskampfes in der Privatrechtsordnung Berlin Bonn München 1983
Plander, Harro	Was sind Tarifverträge? ZTR 1997, 145
Reuß, Wilhelm	Autonome Arbeitskampfordnungen AuR 1975, 1
Reuter, Dieter	Die (persönliche und amtliche) Rechsstellung des Betriebsrates im Arbeitskampf AuR 1973, 1
Reuter, Dieter	Die unfaßbare „Neue Beweglichkeit" BAG NJW 1985, 85 JuS 1986, 19

Richardi, Reinhard, Rolf Dietz	Betriebsverfassungsgesetz-Kommentar Band I München, 6. Aufl. 1981 zit.: Dietz/Richardi, BetrVG I, § RdNr.
Richardi, Reinhard	Betriebsverfassungsgesetz-Kommentar begr. von Rolf Dietz München, 7. Aufl. 1998 zit.: Richardi, BetrVG, § RdNr.
Richardi, Reinhard	Bearbeiter im Münchener Handbuch zum Arbeitsrecht
Rieble, Volker	Arbeitsmarkt und Wettbewerb: Der Schutz von Vertrags- und Wettbewerbsfreiheit im Arbeitsrecht Berlin 1996
Rieble, Volker	Anm. zu BVerfG EzA Art. 9 GG Arbeitskampf Nr. 97, Beschluß vom 26.6.1991 1 BvL 779/85
Rost, Friedhelm	Die neuere Rechtsprechung des BAG zum Arbeitskampfrecht in „Das Arbeitsrecht der Gegenwart" hrsg. von Otto Rudolf Kissel Band 31, 1994 Berlin 1994 zit.: Rost, Akt. ArbR
Roth, Günter H.	Bearbeiter im Müchener Kommentar zum BGB
Rüthers, Bernd	Der Abbau des „ultima-ratio"-Gebotes im Arbeitskampfrecht durch das Bundesarbeitsgericht DB 1990, 113
Rüthers, Bernd, Martin Henssler	Anm. zu BAG AP Nr. 13 zu § 87 BetrVG Ordnung des Betriebes, Urteil vom 5.2.1986 5 AZR 564/84
Rüthers, Bernd	Die Sicherung und Erhaltung des Betriebes bei

	Arbeitskämpfen -Notdienst und Notstandsarbeiten- ZfA 1973, 125
Rüthers, Bernd	Bearbeiter in Brox/Rüthers, Arbeitskampfrecht
Säcker, Franz-Jürgen, Hartmut Oetker	Grundlagen und Grenzen der Tarifautonomie München 1992 zit.: Säcker/Oetker, Tarifautonomie
Schäfer, Horst	Der einstweilige Rechtsschutz im Arbeitsrecht Berlin 1996
Schaub, Günther	Arbeitsrecht München 8. Aufl. 1996 zit.: Schaub, ArbR, §
Schell, Heinz	Notdienstarbeiten im Streik BB 1969, 1179
Schiffer, Jack	Erhaltungsarbeiten im Arbeitskampf Diss Berlin 1975
Schleusener, Axel Aino	Der Begriff der Arbeits- und Wirtschaftsbedingungen und das TVG als Regelungsschranke der Tarifautonomie ZTR 1998, 545.
Schlüter, Wilfried	Bearbeiter in Brox/Rüthers, Arbeitskampfrecht
Schmidt, Eberhard	Mitwirkungspflicht des Betriebsrates bei der Notdienstbestellung vor dem Arbeitskampf DB 1978, 1278
Schmidt, Karsten	Handelsrecht Köln 4. Aufl. 1994
Schmidt, Jürgen	Bearbeiter im Staudinger, BGB-Kommentar
Scholz, Rupert	Verfassungsrechtliche Grundlagen des Arbeitskampfrechts

ZfA 1990, 377

Scholz, Rupert, Horst Konzen — Die Aussperrung im System von Arbeitsverfassung und kollektiven Arbeitsrecht
Berlin 1980

Schünemann, Wolfgang — Selbsthilfe im Rechtssystem
Tübingen 1985

Schumann, Manfred — Bearbeiter in
Däubler, Wolfgang; Arbeitskampfrecht

Schwarze, Roland — Der Betriebsrat im Dienst der Tarifvertragsparteien
Berlin 1991

Seiter, Hugo — Dauerrechtsbeziehungen zwischen Tarifparteien? - Zur Lehre vom gesetzlichen Schuldverhältnis im kollektiven Arbeitsrecht
ZfA 1989, 283

Seiter, Hugo — Zur Gestaltung der Arbeitskampfordnung durch den Gesetzgeber
RdA 1986, 165

Seiter, Hugo — Arbeitskampfparität und Übermaßverbot
Düsseldorf Frankfurt/M. 1979

Seiter, Hugo — Streikrecht und Aussperrungsrecht
Tübingen 1975

Siebrecht, Fritz — Das Recht im Arbeitskampf
Köln 3. Aufl. 1964

Söllner, Alfred — „Gute Gewohnheit - Gutes Recht“
Zur Rechtmäßigkeit alter und neuer Verhaltensweisen im Arbeitskampf
in: Festschrift für Karl Molitor
hrsg. von Franz Gamillscheg, Bernd Rüthers und Eugen Stahlhacke
München 1988

zit.: Söllner, Festschr. Molitor

Soergel — Bürgerliches Gesetzbuch
Kohlhammer - Kommentar
begr. von Hs. Th. Soergel, neu hrsg. von W. Siebert
Band 2 Schuldrecht I
(§§ 241 - 432)
Stuttgart Berlin Köln 12. Auflage 1990

Band 5/2 Schuldrecht IV/2
(§§ 823 - 853)
Stuttgart Berlin Köln 12. Aufl. 1998
zit.: Soergel-Bearbeiter, § RdNr.

Staudinger — Kommentar zum Bürgerlichen Gesetzbuch mit Einführungsgesetz und Nebengesetzen
Zweites Buch
Recht der Schuldverhältnisse
Einleitung zu §§ 241ff, §§ 241, 242, AGB-Gesetz
Berlin 12. Aufl. 1983
zit.: Staudinger-Bearbeiter (12.A.), § RdNr.

Zweites Buch
Recht der Schuldverhältnisse §§ 328-361
Berlin 13. Bearbeitung 1995

Drittes Buch
Sachenrecht §§ 985 - 1011
Berlin 13. Bearbeitung 1993
zit.: Staudinger-Bearbeiter, § RdNr.

v. Stebut, Dietrich — Anm. zu BAG AP Nr. 74 zu Art. 9 GG Arbeitskampf, Urteil vom 30.3.1982 1 AZR 265/80

Stein/Jonas — Kommentar zur Zivilprozeßordnung
Band 7, Teilband 1 (§§ 864-945)
Tübingen 21. Aufl. 1996
zit. Stein/Jonas-Bearbeiter, ZPO.Kom., § Rdnr.

Steinert, Joachim — Notstands-und Streikarbeit bei Arbeitskämpfen
Schriftenreihe der Landesvereinigung der industriellen Arbeitgeberverbände NRW e.V.
Heft 26
Düsseldorf 1968

Stern, Klaus — Das Staatsrecht der Bundesrepublik Deutschland
Band I
München 2. Aufl. 1984

Teichmann, Arndt — Bearbeiter in Sorgel, BGB-Kommentar

Thüsing, Gregor — Der Außenseiter im Arbeitskampf
Berlin 1996

Waas, Bernd — Der Verhandlungsanspruch tariffähiger Verbände und schuldrechtliche Dauerbeziehungen zwischen den Tarifvertragsparteien
AuR 1991, 334

Walker, Wolf-Dietrich — Der rechtliche Rahmen für tarifpolitische Reformen
ZTR 1997, 193.

Walker, Wolf-Dietrich — Einstweiliger Rechtsschutz im Arbeitskampf
ZfA 1995, 185

Walker, Wolf-Dietrich — Der einstweilige Rechtsschutz im Zivilprozeß und im arbeitsgerichtlichen Verfahren
Tübingen 1993

Wank, Rolf — Grundlagen des Arbeitskampfrechts
in: „Arbeitsrecht in der Bewährung“
Festschrift für Otto Rudolf Kissel
hrsg. von Meinhard Heinze und Alfred Söllner
München 1994
zit.: Wank, Festschr. Kissel

Weiss, Manfred — Die Rolle des Betriebsrates im Arbeitskampf
AuR 1982, 265

Wendeling-Schröder, Ulrike — Betriebliche Ergänzungstarifverträge
NZA 1998, 624.

Werner, Olaf — Bearbeiter im Erman, BGB-Kommentar

Wieacker, Franz — Geschichtliche Wurzeln des Prinzips der verhältnismäßigen Rechtsanwendung
in
Festschrift für Robert Fischer
hrsg. von Marcus Lutter, Walter Stimpel, Herbert Wiedemann
Berlin New York 1979
zit.: Wieacker, Festschr. Fischer

Wiedemann, Herbert, Hermann Stumpf — Tarifvertragsgesetz - Kommentar
München 5. Aufl. 1977
zit.: Wiedemann/Stumpf, TVG, § RdNr.

Wiese, Günther — Stellung und Aufgaben des Betriebsrates im Arbeitskampf
NZA 1984, 378

Wiese, Günther — Anm. zu BAG Beschluß vom 21.12.1982, 1 ABR 14/81
SAE 1983, 325

Wiese, Günther — Bearbeiter im GK - BetrVG

Wißmann, Hellmut — Die aktuelle Rechtsprechung des BAG zum Arbeitskampfrecht
in: Das Arbeitsrecht der Gegenwart
hrsg. von Thomas Dieterich
Band 35
Berlin 1998
zit.: Wißmann, Akt. ArbR.

Wolter, Henner — Bearbeiter in Däubler, Wolfgang, Arbeitskampfrecht

Zeuner, Albrecht	Anm. zu BAG AP Nr. 45 zu Art. 9 GG Arbeitskampf, Urteil vom 26.10.1971 1 AZR 245/68
Zeuner, Albrecht	Arbeitskampf und einstweilige Verfügung RdA 1971, 1
Zeuner, Albrecht	Bearbeiter in Soergel, BGB-Kommentar
Zöllner, Wolfgang, Karl-Georg Loritz	Arbeitsrecht München 4. Aufl. 1992 zit.: Zöllner/Loritz, ArbR, §

www.ingramcontent.com/pod-product-compliance
Ingram Content Group UK Ltd.
Pitfield, Milton Keynes, MK11 3LW, UK
UKHW021234031026
15588UKWH00001B/80

9 783631 368077